上海法学文库

知识产权出资风险的法律规制研究

王娟　著

上海人民出版社

总　序

编辑出版《上海法学文库》是一项很有意义的工作，它有助于推动上海的法学研究和培育法学新人。近两年，上海市法学会发布了几十项课题，通过招投标的形式让会员承接，在已完成的项目中，有的产生了较好的社会影响，有的还得到了较高层次的奖项。法学会每年还组织一些规模不等的研讨会、报告会，为会员更好地从事教学、科研和法律事务工作搭建交流的平台。上述服务会员、凝聚会员的努力，得到了广大会员的肯定。在2005年年初的理事会和常务理事会上，大家对法学会工作提出了新的要求，希望采取一些措施，有利于多出成果、出好成果；多出人才，尤其是扶持一批有潜质的法学新人。法学会采纳了大家的建议，经酝酿筹备后，《上海法学文库》（以下简称《文库》）正式起步了。

在起步之际，我想就《文库》的编辑理念向大家作以下说明。

作为《文库》，它应当具有包容性。法学学科所有专业的论著，包括论及法律实务中理论问题的专著，都可以纳入《文库》之中；只要坚持宪法确立的各项原则，凡言之有物、言之有据的学术著作，都可以纳入《文库》之中。

作为《文库》，它应当具有学术性。我们希望列入《文库》的著作，理论上应有所创新，即使是实务类的著作也是如此，当然，实务类的著作还应当具有很强的应用价值。为了保证《文库》的质量，我们借鉴了国内已有的做法，采用较严格的评审制度对书稿加以筛选。

作为《文库》，它应当具有连续性。独木不成林，几本书则免称《文库》。我们将着眼于长远，以记录我国法治进程、民主政治建设的轨迹为己任，不断推出能够反映上海法学研究新水平的作品，不断推出上海的作者，特别是青年作者。这项工作如果能够得以持续，若干年后，我们一定会为《文库》积厚流广而感到万般欣慰。法学会是"铁打的营盘流水的兵",但愿今天我们所作的决策,因为它的正确,而为后人所沿用。

最近几年,社会科学迎来了又一个春天。国家高度重视社会科学的发展,对社会科学的投入大大加强,文化体制改革给出版、发行领域也带来了深刻的变化,学术著作出版难的情况明显缓解,精品学术书稿更是"抢手货"。在这样的背景下,编辑出版《文库》,没有质量意识、市场意识是不行的。我们要为精品学术著作的出版提供方便,也要为有光彩但还略嫌稚嫩又出版无门的作品提供出路,更要防止降低要求,让不符合《文库》标准的作品滥竽充数、"出外快",那样,最终砸的是《文库》的牌子。

《文库》已经起步了,所有的作者、评审者、编辑、编务和发行人员,以及法学会的同人如果能够齐心协力将它做好,那可是功德无量啊!

沈国明

2005 年 10 月 1 日

序 言

随着国家知识产权战略的深入实施，知识产权的转化运用也引起了各行各业的重视，可以说，知识产权的运用从未像今天这样活跃，知识产权不仅可以通过转让、许可与质押等方式为权利人带来经济收益，而且可以通过作价入股的方式，与企业的资金、人员等有形生产要素相结合，实现知识产权价值的最大化。

我国目前的知识产权法律制度和企业法律制度对知识产权出资的规定比较笼统、原则，再加上知识产权的复杂性和价值易变性，因此，知识产权出资会给出资人、受资企业、企业债权人带来直接或间接的风险。其结果是，一方面，企业往往因担心知识产权出资带来的风险而采取谨慎保守的态度；另一方面，也使得很多知识产权的运用受到限制，转化率比较低。如何防范和规制这些风险，平衡三者之间的利益，是值得研究的问题。

本书在分析知识产权出资的理论基础、实践要求的基础上，结合62个知识产权出资纠纷案例，探索引发知识产权出资风险的原因以及相关法律制度背后的理论依据。本书由七个部分组成，除了导论和第六章外，第一至五章分析论述知识产权出资中存在的五大风险及其法律规制问题，以期为完善我国知识产权出资制度提供支持。

本书是在我的博士学位论文的基础上修改完成的。在此，深深感谢我的博士生导师高旭军教授，高老师著作等身，具有超越常人的勤奋和眼界。从本书的选题、结构的安排以及内容的充实上，高老师不厌其烦、生动举例，让我体会、了解问题的核心及解决方法，他的思辨、深刻和勤勉使我终身受益；还要感谢上海市法学会将本书纳入上海法学文库资助范围，这对我来说，是莫大的肯定和鼓励；最后要感谢的是上海人民出版社的曹培雷副总编辑和秦堃编辑，没有他们不懈的支持和督促，本书的出版也难以如此及时顺利。

知识产权出资风险问题涉及法学、管理学、经济学等多个学科，由于实践中的司法案例纷繁复杂，以及作者学术能力的有限，书中难免存在瑕疵和纰漏，恳请各位同行专家给予指正！

目 录

导 论

一、研究背景

随着国家知识产权战略的深入实施，我国已经建设成为知识产权大国。2015年，我国实现了发明专利申请量100万件的突破，达到了110万件之多，已经连续五年居世界首位，也是世界上首个年度发明专利申请量突破100万件的国家。此外，2016年，我国国内有效发明专利拥有量突破100万件，是继美国、日本之后世界上第三个国内发明专利拥有量超过100万件的国家。①此外，至2016年，我国商标注册申请量也已经连续15年位居世界首位，著作权登记量已经突破200万件大关。②但是，我国这些丰富的知识产权资源却并没有被有效利用，不仅以知识产权为核心的科技成果转化率远远低于发达国家水平，而且科技进步对经济发展的贡献率与发达国家相比也相差甚远。在经济发展新常态背景下，知识产权数量和质量已经成为国家发展的核心竞争力，建设知识产权强国应该着力实现两个目标：一是知识产权创造从注重数量增长向“质量取胜”转变；二是加强知识产权的转化运用，这是推进产业创新的有效途径。因此，党的十八届三中全会在《中共中央关于全面深化改革若干重大问题的决定》中提出要加强知识产权运用和保护，健全技术转移机制，促进科技成果资本化、产业化。国家知识产权局在2014年发布《关于知识产权支持小微企业发展的若干意见》，提出：“鼓励小微企业以出资入股等方式拓展知识产权价值实现渠道，建立健全省、市、县三

---

① 详见国家知识产权局：《2016年国家知识产权局主要工作统计数据及有关情况新闻发布会》，http://www.sipo.gov.cn/twzb/2016ngjzscqjzygztjsjjygqkxwfbh/。访问日期：2017年1月19日。

② 《国新办就2016年中国知识产权发展状况举行发布会》，中国网，http://www.china.com.cn/zhibo/2017-04/24/content_40678428.htm，访问时间：2017年5月12日。

级知识产权服务网络，完善对小微企业投资融资等方面的知识产权服务功能。”

知识产权保护的目的应当是运用，这也是知识产权制度的落脚点。知识产权实施运用的一个重要方式就是出资入股。与其他的实物出资形式相比，知识产权作为无形资产，其出资方式本身就是种创新，值得研究。但我国当前的知识产权法律制度及知识产权理论研究领域，涉及知识产权出资的并不多，普遍存在着“重确权、保护，轻流转、运用的倾向”，①我国现行《专利法》、《商标法》、《著作权法》等知识产权法律制度均是确权、保护内容占了绝大部分篇幅，而对知识产权的流转和运用的规定却过于简单，也许其主要原因在于知识产权法律制度客观上均是应确权、保护需求而诞生，并以确权、保护为起点。我们毫不怀疑确权和保护在知识产权制度中的重要性，但也要清楚地看到，知识产权运用才是知识产权制度的落脚点，知识产权保护的目的应当是运用，有效的运用能够给知识产权人带来收益，从而鼓励其进行新的研发投资，创造出新的知识产权，形成良性循环。就知识产权出资的情况而言，对于出资人来说，将知识产权作价入股，一方面，可以作为股东对出资知识产权进行管理和运用，并不会像转让那样完全丧失对知识产权的控制；另一方面，出资人不仅获得了股权和长期分红，而且还解决了知识产权转化过程中所需要的资金、配套设备、专业制造人员、销售人员等问题。对于受资公司来说，接受企业所需的知识产权出资，并将其与企业资金、人员等生产要素相结合，可以促进知识产权的产品化——商品化——商业化过程以及对知识产权的进一步深化研发，获取知识产权带来的经济收益。而且实践中的知识产权出资方与受资公司往往在公司章程中约定：公司为知识产权的产业化提供实验基地、配套资金，而出资人承诺将后续改进的知识产权与公司分享，这样使得技术研究和技术成果产业化相互促进，有着良好的发展趋势。②

在我国，知识产权出资的法律规定多为原则性的法律规定，而且存在矛盾和冲突的地方，不仅造成了实践中做法的不统一，还会给受资企

① 张林鸿：《保护的目的还是应用——评〈知识产权资本化研究〉》，《产业与科技论坛》2010年第8期。

② 朱双庆：《技术入股型公司治理》，法律出版社2013年版，第48页。

业带来风险。主要体现在以下几个方面：

第一，“知识产权”出资适格性要求。虽然我国《公司法》、《合伙企业法》及三部外商投资企业法都赋予了知识产权出资入股的合法性，但对出资的“知识产权”范围的界定却有所不同。(1)《公司法》对知识产权出资适格性的要求。《公司法》第27条规定，股东可以用知识产权等“可以用货币估价并可以依法转让的非货币财产作价出资”，法律、行政法规规定不得作为出资的财产除外。这里的“不得作为出资财产”主要是指《公司登记管理条例》第14条的规定：“股东不得以劳务、信用、自然人姓名、商誉、特许经营权或设定担保的财产等作价出资。”可见，商誉不得作为出资标的；(2)《合伙企业法》对知识产权出资适格性的要求。《合伙企业法》第16条规定，合伙人可以用“货币、实物、知识产权……出资”。第64条规定，有限合伙人可以“用知识产权作价出资”；(3)外商投资企业法对知识产权出资适格性的要求。我国《外资企业法实施细则》第25条规定，外国投资者可以用“工业产权、专有技术等作价出资”。《外资企业法实施细则》第27条对出资的“工业产权、专有技术”提出了进一步的要求：出资人必须对其享有合法的所有权，而且还要提供详细的资料，如所有权证书的复制件、有效状况及技术性能、实用价值，作价的计算根据和标准等。并将上述材料报送审批机关。《中外合资经营企业法》第5条第1款规定，合资各方可以“工业产权”出资，外国合营者投资的技术“必须是适合我国需要的先进技术”。《中外合资经营企业法实施条例》第25条进一步要求出资的“工业产权、专有技术”必须能够“显著改进现有产品的性能、质量，提高生产效率”、“能显著节约原材料、燃料、动力”。《中外合作经营企业法》第8条规定，中外合作者的投资可以是“工业产权、非专利技术”。

综上所述，不同的企业类型，可出资的“知识产权”的范围是不同的，三种类型的外资企业法将出资的知识产权的范围限定为先进的“工业产权、专有技术”，也就是说，除此之外的其他类型知识产权都不能作为出资标的。《合伙企业法》和《公司法》都采用了“知识产权”的表述，属于开放性的规定，但《公司登记管理条例》否定了“商誉”的出资适格性。其结果是：一方面，上述法律规定的不统一，会影响人们对于哪些知识产权具有出资适格性的判断；另一方面，知识产权包括专有权、使用权和申请权，专有权作为出资方式的适格性是毋庸置疑的，那么使用权和申请权能否作为出资方式呢？上述法律法规并未规定，这也造成实践中各地企业设立登记机关对知识产权出资适格性的判断采取不一样的标准。面对不统一且模糊的法律规定，出资人为了顺利通过登记机关的审核，往往采取隐瞒出资知识产权信息的手段，如在出资协议中约定出资人以专利使用权出资，但在公司章程中却规定该出资人的出资方式是专利权，或者有些出资人采用隐性知识产权出资，这些都有可能引发出资交付争议、出资不实等风险，损害受资公司及其他股东、公司债权人的利益。

第二，对出资知识产权的价值控制。为了避免出资知识产权的价值被高估或低估，我国相关法律规定了对出资知识产权的价值控制，但法律要求却不相同。(1)《公司法》第27条第2款规定，对作为出资的非货币财产应当评估作价，核实财产，不得高估或者低估作价，法律、行政法规对评估作价有规定的，从其规定。根据财政部和国家知识产权局2006年联合发布的《关于加强知识产权资产评估管理工作若干问题的通知》(财企〔2006〕109号)的规定，以知识产权作价出资成立公司的，应当委托财政部门批准的资产评估机构进行评估。(2)《合伙企业法》第16条规定，对出资的知识产权需要评估作价的，可以由全体合伙人协商确定，也可由全体合伙人或委托法定评估机构评估。(3)相比较来说，三部外资企业法对出资物的价值控制更加严格，《外资企业法实施细则》第27条、第29条要求“作价的计算根据、作价协议”等资料须上交审批机关批准，工业产权、专有技术在出资入股并实施后，审批机关有权进行检查，如果发现与入股时提供的材料不符，将要求外国投资者限期改正。除了向审批机关上交作价资料外，《中外合资经营企业法实施条例》第22条规定了作价方式，即“由合营各方按照公平合理的原则协商确定，或聘请合营各方同意的第三者评定”。第29条规定，缴付出资后，还应当由中国的注册会计师进行验证，出具验资报告。《中外合作经营企业法》第9条第2款也规定了对出资物的验资要求。

可见，在出资知识产权的价值控制问题上，受资企业的类型不同，法律要求也不同，总的来说，对三类外资企业的要求最为严格，其次为公司，最为宽松的是合伙企业，合伙人可以共同协商确定出资知识产权的作价金额。虽然有上述法律规定，但不容忽视的是，实践中知识产权入股往往出现知识产权评估不实的情况，甚至有些出资人还会利用资产评估机构将出资知识产权“评估”出一个虚高的价值。这显然会造成“注水股”，不仅损害受资公司的利益，而且会损害其他股东以及公司债权人的利益。出现知识产权评估不实的原因，一方面是由于知识产权的复杂性及价值易变性、知识产权价值评估方法的不健全、评估途径的局限性；另一方面，也与当前的责任追究机制不健全有很大关系。可以说，单纯依靠出资评估制度来杜绝虚假出资是不现实的。①

另外，虽然我国《公司法》、《合伙企业法》及三部外资企业法都有出资人可以“知识产权出资”的原则性规定，但无论我国的知识产权法律制度还是企业法律制度，对知识产权出资的具体方式、出资履行等问题都缺乏具体的法律规定，因此，对于知识产权出资可能带来的评估不实、隐性知识产权出资、出资知识产权缺乏实益性、出资后价值的非正常贬损等风险，法律规制不足。其结果是，一方面，企业往往因担心知识产权出资带来的风险而采取谨慎保守的态度；另一方面，也使得很多知识产权的运用受到限制，转化率比较低。

纵观近年来关于知识产权出资的理论成果，大多局限于知识产权出资的可行性分析，主体的适格性、客体的适格性评估及知识产权资本的责任等问题，其中对知识产权出资中的风险及法律规制的研究尚很薄弱，实证研究更是不足。知识产权出资制度的价值目标不仅在于方便筹资和公司设立，促进科学技术向生产力转化，而且在于风险防范和债权人保护。本书将研究在知识产权出资的情况下，如何通过采用一整套的法律规制措施，来防范和规制知识产权出资给受资公司带来的风险，平衡知识产权出资人、接受出资的公司和公司债权人之间的利益，实现知识产权出资目的。

二、研究目标及意义

（一）研究目标

本书以如何规制知识产权出资风险为研究目标，属于知识产权法与公司法的交叉领域，本书在分析知识产权出资的理论基础、实践要求的基础上，结合 62 个知识产权出资纠纷案例，探究知识产权出资实践中存在的风险及成因分析，并参考与借鉴域外相关法律制度和学说，为完善

① 赵荣、朱晓力：《专利出资评估途径的多层次选择机制研究——以现行强制评估制度的局限性为视角》，《知识产权》2012 年第 4 期。

我国现行知识产权出资制度提出建议，并进而探索知识产权出资风险的法律规制体系。

（二）研究意义

随着国家知识产权战略的深入实施，知识产权的转化运用也引起了各行各业的重视，可以说，知识产权的运用从未像今天这样活跃，知识产权不仅可以通过转让、许可与质押等方式为权利人带来经济收益，而且可以通过作价入股的方式，将知识产权与企业的资金、人员等有形生产要素相结合，使发明创造和研发成果产业化，实现知识产权价值的最大化。但目前我国的企业法律制度及知识产权法律制度，对知识产权出资的规定是比较原则的、笼统的，即“知识产权可以作为企业的一种出资方式”，至于知识产权如何出资，哪些形式可以出资，缺乏系统的规定，再加上知识产权本身价值的模糊性及易变性，因此知识产权出资会给出资人、接受出资的企业以及企业债权人带来直接或间接的风险。其一，对出资人来说，知识产权出资意味着要将知识产权所有权或使用权转让给接受出资的企业，这本身就是一个很大的风险，因为知识产权所有人将失去对知识产权的控制权，不能直接控制知识产权的收益，只能根据企业的经营状况有分红的权利。也就是说，其借助知识产权出资实现经济利益的程度，完全由受资企业的经营管理水平、使用知识产权的情况等多方面的因素决定，而这些因素都是出资人无法控制的，因此，投资收益是不确定的；其二，对于接受知识产权出资的企业来说，也面临着知识产权价值评估不实、隐性知识产权出资、市场预测与收益风险、企业运营中的知识产权价值减损等诸多风险；其三，对于企业债权人来说，企业信息公示机制的不完善、知识产权出资不实、知识产权价值的易变性以及在公司破产时的不易变现性，等等，这些都可能会导致债权不能得到充分清偿。

因此，如何规制知识产权出资带来的风险，平衡出资人、受资企业和企业债权人之间的利益，在保障投资自由的同时兼顾受资企业及企业债权人的利益，是值得思考和探索的问题。本书是对知识产权出资风险的法律规制研究，不论对我国公司立法及知识产权立法的完善，还是对知识产权投资入股的实践，均具有一定的理论意义和现实意义。具体而言，在理论上，将知识产权出资纠纷案例与相关经济学和法学基础理论相结合，探究知识产权出资风险的成因，并在借鉴国外相关立法及学说的基础上，提出适合中国国情的知识产权出资风险法律规制建议。

研究如何规制知识产权出资风险的实践意义也是显而易见的。一套科学、严密、可行的知识产权出资风险防范机制，不仅可以防范公司因接受知识产权入股而可能发生的风险，同时也可最有效地保障知识产权的有效运用。一方面，有利于拓展企业知识产权出资渠道。企业往往因担心知识产权出资带来的风险而采取谨慎保守的态度，从而使得很多知识产权的运用受到限制，转化率比较低。那么，如何预防和规制知识产权出资带来的风险，发挥知识产权对企业的推动作用，是一个亟待解决的问题，本书的研究将有助于解决上述难题；另一方面，有利于平衡出资人、受资企业和企业债权人各方的利益。本书将从知识产权价值评估、隐性知识产权出资、出资知识产权实益性、交付履行等方面研究如何规制知识产权出资带来的风险。

三、概念厘清与范围界定

（一）知识产权的概念

2005 年我国《公司法》进行了全面的修订，在许多制度和规则上作了重大的突破和创新，其中一个重要的完善就是拓宽了股东出资方式，将股东无形资产出资的范围从原来的"工业产权、非专利技术"扩大到"知识产权"，但究竟什么是"知识产权"，《公司法》并没有提及，我国也没有一部专门的法律能与之对应。因此，厘清知识产权概念并界定其范围，是深入研究知识产权出资问题的前提。

现代法学学者已在财产意义上将"知识"与表达这种"知识"的载体区别开来，他们认为，智力劳动的创造物之所以被称为"知识"财产，在于该项财产与各种信息有关。人们将这些信息与有形载体相结合，并同时在不同地方进行大量复制。① 目前西方大多数学者将这种财产称为"Intellectual Property"，相应的权利则称为"Intellectual Property Right"。世界知识产权组织（WIPO）网站上这样解释"知识产权"：知识产权指的是智力创造，包括发明、文学艺术作品，以及在商业活动中使用的标志、名称、图像以及设计。②《世界知识产权组织公约》第 2 条（8）款列举了属

---

① 钱中生：《计算机网络犯罪防范与惩治实务全书》（第一卷），中央民族大学出版社 2001 年版，第 98 页。

② What is Intellectual Property? http://www.wipo.int/about-ip/en/.

于知识产权的八类客体。①世界贸易组织(WTO)网站将知识产权定义为"就人民的智力创造所赋予的权利,其通常是在一定的时间范围内给予创造者对其创造所享有的专有权"。知识产权通常包括两类权利:一类是著作权及其相关权利;另一类是工业产权。其中工业产权包括两个领域:一是对显著标志(如商标和地理标志)的保护;二是为了激励创新而保护的工业产权,包括发明、工业设计和贸易秘密。②在 WTO 文件中的《与贸易有关的知识产权协议》(简称 TRIPS)中,第 1 部分第 1 条规定了国际贸易领域中知识产权的八类客体。③可见,上述两大国际组织主要采用"概括+列举"的方式来界定知识产权,因为通过概括知识产权客体的共有特征而给"知识产权"下定义是非常困难的,主要原因在于随着科技的发展和社会的进步,越来越多的非物质客体被纳入知识产权保护的范围,而除了具有非物质性,这些知识产权客体之间几乎不具有共同特征,因此想要概括出知识产权客体的共有特征越来越困难,只能采取列举客体的方式来对知识产权进行定义。④

我国并没有一部专门与知识产权相对应的法律,只有《商标法》、《专利法》、《著作权法》、《反不正当竞争法》等一系列知识产权部门法,以及在《民法总则》第五章从权利客体的角度规定了民事主体的知识产权,即民事主体对作品、发明、实用新型、外观设计、商标、地理标志、商业秘密、集成电路布图设计、植物新品种等客体,享有专有权利。⑤

与列举式定义相比,我国学者更倾向于对知识产权进行概括式定

---

① 即:(1)与文学、艺术及科学作品有关的权利;(2)与表演艺术家的表演活动、与录音制品及广播有关的权利;(3)与人类创造性活动的一切领域内的发明有关的权利;(4)与科学发现有关的权利;(5)与工业品外观设计有关的权利;(6)与商品商标、服务商标、商号及其他商业标记有关的权利;(7)与防止不正当竞争有关的权利;(8)一切其他来自工业、科学及文学艺术领域的智力创作活动所产生的权利。详见:http://m.findlaw.cn/info/chanquan/zccqfg/swzcqf/28798.html。

② WTO intellectual property(TRIPS)—what are intellectual property rights? https://www.wto.org/english/tratop_e/trips_e/intel1_e.htm.

③ 这八类客体分别为:版权与邻接权、商标权、地理标志权、工业品外观设计权、专利权、集成电路布图设计权、未披露过的信息专用权、对许可合同中限制竞争行为的控制。详见:Trade-Related Aspects of Intellectual Property(TRIPs), http:www.chinadmd.com/file/33vavvvtuxo3cppccprraroi_1.html。

④ 王迁:《知识产权法教程》,中国人民大学出版社 2014 年版,第 4 页。

⑤ 《中华人民共和国民法总则》第 123 条。

义,例如将知识产权定义为“人们对于自己的智力活动创造的成果和经营管理活动中的标记、信誉依法享有的权利”、①“基于创造性智力成果和工商业标记依法产生的权利的统称”,②等等。但这实际上也是以列举式为核心的定义。总的来说,虽然国际组织与我国的法律、学说对知识产权的表述和所划的范围不同,但对于知识产权主要包括专利权、商标权与著作权,无论在理论上还是在实践中,在各国(包括我国)意见是比较一致的。③因此,本书中研究的“知识产权”,主要指著作权、商标权、专利权这三项人们意见比较一致的内容,此外也会涉及我国法律确认的一些其他内容,如商业秘密、专有技术。而且笔者会在行文中以“技术”来涵盖专利技术和非专利技术。④上述这些也均是我国实践中较为常见的知识产权出资类型。

（二）知识产权出资风险的界定

在开始定义知识产权出资风险之前,我们必须定义风险。虽然风险是一个非常常见的术语,但它有一些内在的含义,我们需要对风险本身有一个非常明确和具体的理解。《现代经济辞典》将风险定义为“事物未来变化的不确定性可能使决策者得到的收益低于期望收益甚至遭受损失”。⑤美国学者西姆·西格尔认为,风险包括三个方面:风险是一种不确定性;风险包括上行波动风险事件和下行波动风险事件;风险是与预期的偏差。⑥

以上这些定义虽然措辞、说法不尽相同,但都表明风险是一种不确定性,风险产生的结果能带来损失、获利或者是无损失也无获利,这属于广义风险。在某一特定的环境下及某一特定的时间段内,某种损失发生的可能性,这属于狭义风险。也可以这样表述,在某一个特定的时间段

① 吴汉东:《知识产权法》,中国政法大学出版社 2004 年版,第 1 页。

② 刘春田:《知识产权法》(第二版),中国人民大学出版社 2002 年版,第 6 页。

③ 郑成思:《知识产权法》(第二版),法律出版社 2003 年版,第 8 页。

④ 专利技术是指处于专利有效保护期的技术,主要是指发明专利和实用新型专利所保护的技术。非专利技术,又称为专有技术,是指那些不为公众所知悉,具有实用性,能为拥有者带来经济收益,并为权利人采取保密措施的技术信息,包括生产某项产品的专门知识、操作经验和技术。详见:魏玮:《知识产权价值评估研究》,厦门大学出版社 2015 年版,第 48—49 页。

⑤ 刘树成主编、中国社会科学院经济研究所编:《现代经济辞典》,江苏人民出版社 2005 年版,第 245 页。

⑥ [美]西姆·西格尔:《基于价值的企业风险管理:企业管理的下一步》,裘益政译,东北财经大学出版社 2013 年版,第 13—17 页。

里，人们所期望达到的目标与实际出现的结果之间的距离，称之为风险。

由于知识产权的复杂性和特殊性，如前文所述，无论从出资人的角度还是受资企业的角度来看，知识产权出资均会带来一定风险，此处不再赘述。囿于篇幅，本书只讨论知识产权出资给企业带来的风险，而且将“企业”的类型限定为公司，即在成立之初以及在增资过程中接受股东的知识产权出资的股份有限公司和有限责任公司（以下简称为“受资公司”）。公司和股东之间是相互独立的主体。当股东以知识产权出资后，该知识产权的财产权将归公司所有，对于股东而言，虽然丧失了对其出资知识产权资产的所有权，却获得了相应的公司股权。即使该股东在出资之后，在公司担任“董事长”、“执行董事”、“总经理”等职务，也只是代公司这个独立的主体在管理资产，当公司产生效益和利润时，作为投资者的股东可以就其股权享有分红。如果知识产权出资给受资公司带来风险，并发生民商事纠纷时，诉讼求偿主体应当是公司本身。

四、国内外研究成果

（一）国内研究成果

随着知识产权运用理论研究的深入和突破，我国专家、学者们关于知识产权的出资方式以及各种类型知识产权（如专利权、商标权、软件著作权等）出资问题的研究正在广泛开展，其中也涉及对知识产权出资风险问题的探讨，还出现了一些系统化和体系化的研究成果。纵观当前国内知识产权出资风险的理论研究，主要集中在以下几方面：

1. 知识产权出资风险的分类

关于知识产权出资可能存在的风险类型，学者们进行了广泛研究。刘俊敏（1998）认为知识产权作价入股主要有以下几种风险：泄露成果的风险、因为知识产权的地域性可能产生法律保护不力的风险、知识产权本身的风险，如知识产权都有保护期限，一旦知识产权不能带来收益或被新技术替代，那么其经济寿命就终止了，而且知识产权本身的瑕疵，如可能被宣告无效等，都给知识产权作价入股带来了很大风险。①

张炳生（2007）进一步用“列举+概括式”来总结知识产权出资的风险，主要有三类：一是知识产权本身的风险，如用于出资的知识产权存在权利瑕疵，出资知识产权的稳定性、时间性、地域性等，可能给接受知识

---

① 刘俊敏：《国有企业知识产权投资应注意风险防范》，《法学杂志》1998 年第 6 期。

产权出资的企业带来一定风险；二是知识产权出资的商业化前景风险；三是公司运作知识产权资本的风险，主要是公司资本结构是否合理，出资的知识产权丧失后资本如何填补。除了以上三类之外，还存在知识产权价值评估的可靠性，出资履行中的风险，出资者附加不合理条件等风险。①刘春霖（2008）、王吉法（2010）、张兰芳，蒋静茹（2014）对知识产权出资风险的类型进行分析，与上述观点大致相同。②

胡震远（2013）提出，在知识产权出资入股后，由于其价值的易变性，以及存在非法分配的情况，使得知识产权资本的维持存在很大风险。③

由此可见，我国专家、学者们对知识产权风险类型的研究逐渐深入和完善，对知识产权出资可能产生的风险进行了比较详尽的分析，而且在知识产权出资的实践中，也确实存在上述风险。但是上述研究成果存在的缺憾也不容忽视，即对实证研究不够充分，因此会对一些实践中发生的风险缺乏研究。笔者通过查阅我国近年来的知识产权出资纠纷判例，发现对知识产权出资风险的实证研究还有待深入，例如，实践中有一些出资人为了规避公司法规定的“实物出资必须要评估作价”的规定，或者想规避工商登记部门的“知识产权只能以所有权出资”的规定，就会采取一些规避行为，而这些规避行为往往会产生出资不实的后果，损害公司整体利益，这类风险有必要进行研究和法律规制。事实上，只有通过对实践中的案例进行分析，才能更加全面、更加深入地研究知识产权出资风险问题。

2. 具体知识产权类型的出资风险

知识产权作为一个用语并不是自我界定的，即使在今天，在这个名字下也没有一个统一的法律内容。这一术语其实是一套各不相同的权利的方便称谓，可以说知识产权是一个开放的“权利群”，④而这些权利应用于不同的领域、发挥着不同的作用，是相互独立的，甚至可以说是毫无关联的，因此这些具体知识产权类型在实践中的出资问题，也是各具

---

① 张炳生：《知识产权出资制度研究》，对外经贸大学 2007 年博士学位论文。

② 刘春霖：《论股东知识产权出资中的若干法律问题》，《法学》2008 年第 5 期；王吉法：《知识产权资本化研究》，山东大学出版社 2010 年版，第 70—97 页；张兰芳、蒋静茹：《知识产权出资的风险与防范》，《石家庄铁道大学学报（社会科学版）》2014 年第 3 期。

③ 胡震远：《知识产权资本化研究》，中国法制出版社 2013 年版，第 134—138 页。

④ 方江宁：《知识产权法基础理论》，知识产权出版社 2014 年版，第 40、44 页。

特点的。鉴于此,除了上述对知识产权出资普遍存在的风险的研究成果之外,我国学者还针对实践中较为常见的知识产权出资类型,如对著作权、专利权、专有技术和商标权出资的法律问题进行了探讨研究。

第一,著作权的出资风险。罗亚海(2006)认为著作权的人身权会成为出资的障碍,建议通过双方的约定来规避著作人身权不可转让的原则性规定。①王月(2011)认为,在计算机软件著作权出资中,著作权的自动保护机制会增加公司成立后的侵权风险。②陈奇伟、张海宝(2013)认为,软件著作权的人身权会在很大程度上限制公司对软件著作财产权的充分利用。③著作权出资确实有特殊的风险,主要因为著作权的自动保护机制,可能会使得一些出资人剽窃一些未登记的作品,然后用于出资,进而引发公司的侵权行为。

第二,专利权的出资风险。衣庆云、查世名(1999)认为,获得专利授权的技术并不一定是成熟的、先进的技术,而且其经济寿命、使用从属权利的限制等等因素都会影响其经济价值。④姜山赫、孙乾(2011)认为,专利使用权出资面临着股权转让、关联交易等问题,容易导致出资不实,还会产生专利使用权如何变更的问题。⑤另外,关于专利权出资的方式,学者们普遍认为专利使用权是适格的出资方式,但专利申请权能否出资,却存在很多争论。大多数学者,如衣庆云(2000)、刘春霖(2009)认为它是向特定的行政管理部门申请授予知识产权的权利,属于期待性权利,不能产生实在的价值,因此不能作为出资方式。⑥也有学者提出不同观点,胡震远(2012)提出了"两步预判法"来检验专利申请权是否适合出资,如果一项专利申请能够通过实用性和先进性两步预判法的检验,并能用相应的财务方法确定其价格,则应承认其商业价值和资本能力。⑦骆增进(2013)认为专利申请权实质上是技术秘密及程序性权利,属于财产

① 罗亚海、王云凤:《著作权出资的法律思考》,《当代法学论坛》2006年第2期。

② 王月:《股东著作权出资法律问题研究》,《电子知识产权》2011年第9期。

③ 陈奇伟、张海宝:《我国软件著作权出资制度的缺陷与重构》,《南昌大学学报》2013年第6期。

④ 衣庆云、查世名:《专利权出资的风险与防范》,《知识产权》1999年第6期。

⑤ 姜山赫、孙乾:《以专利使用权出资设立公司的法律问题》,《中国律师》2011年第9期。

⑥ 衣庆云:《专利申请权和专利使用权入股问题探析》,《当代法学》2000年第1期;刘春霖:《知识产权出资标的物研究》,《法商研究》2009年第2期。

⑦ 胡震远:《论专利申请权的资本能力》,《暨南学报(社会科学版)》2012年第9期。

权的范畴,可以出资。①

第三,专有技术的出资风险。杜文利、吴永夺(2009)认为,鉴于专有技术的秘密性和高风险性,出资人对专有技术的出资应当提供一定比例的担保,以此弥补专有技术秘密状态和权利归属的不确定性。②朱秀(2012)认为,与其他无形资产相比,专有技术具有秘密性和高风险性,在专有技术出资的情况下,专有技术的权属确认、专有技术财产权的转移、技术瑕疵、专有技术的价值确认等都是应当注意的问题。③朱双庆(2013)认为在技术入股的情况下,监查重点在于"入股技术"及股东,并对入股技术的股东的权利义务及出资填补义务进行了探讨。④

第四,商标权的出资风险。董新凯、崔杰(2008)从保护商标权出资人利益的角度提出,分析了商标出资可能会给出资人带来的风险。⑤实务界人士钱进(2013)在分析具体案例的基础上提出,我国商标独占使用许可出资在注册登记和资本监管上缺乏具体规范,不利于公司的稳定经营。⑥

虽然国内有关研究取得了相当进展,但仍有进一步研究的空间。其一,对于具体知识产权类型的出资风险,虽然学者们进行了概括分类,但并不充分全面,缺乏对实践案例的分析,以商标权的出资风险为例,除了学者们论述的以外,实践中受资公司还可能会因为我国商标法的"近似商标一并转让制度"而无法获得股东出资的商标权。另外,商标权出资后,由于企业经营策略的原因,使得商标淡化、丑化的情况更是屡见不鲜,这都会造成出资商标权的价值贬损。我们可以通过案例分析研究方法来研究具体知识产权出资中存在的风险,并在此基础上提出法律规制的"应然"与"实然"的关系。其二,在出资风险的法律规制方面,虽然学者们提出了一些立法建议,但现有的论证略显单薄,例如前文提出的"通过双方的约定来规避著作人身权不可转让的原则性规定",如果是计算机软件出资,我国《计算机软件保护条例》第8条规定:软件著作权人可

---

① 骆增进:《法学视角下专利申请权出资适格性分析》,《大连海事大学学报(社会科学版)》2013年第5期。

② 杜文利、吴永夺:《专有技术出资法律问题刍议》,《安徽电子信息职业技术学院学报》2009年第1期。

③ 朱秀:《专有技术出资应当注意的问题》,《冶金财会》2012年第8期。

④ 朱双庆:《技术入股型公司治理》,法律出版社2013年版,第119—132页。

⑤ 董新凯、崔杰:《以商标权投资的策略》,《特区经济》2008年第10期。

⑥ 钱进:《商标权出资方式的案例思考》,《中华商标》2013年第12期。

以全部或部分转让其软件著作权。因此，这种“障碍”完全可以通过出资协议或公司章程的约定来消除，即出资人可以通过约定把著作权全部转让给公司。但对于一般的著作权出资，“双方约定”并不能事先解决所有问题，因为在出资之初，双方无法对公司成立后著作权的使用方式、收益状况进行清晰而准确的预测，也很难预料到受资公司在使用作品著作权时，著作人身权到底会产生什么样的阻碍。那么，又怎么能通过约定来完全避免这些问题的发生呢？因此，依靠双方约定能否规避著作人身权不可转让的原则性规定，是值得怀疑的。对这些问题，还有必要进行深入论证。

3. 知识产权价值评估问题

根据我国《公司法》第 27 条第 2 款的规定，知识产权出资应当“评估作价”，不得高估和低估。但我国目前的知识产权评估现状却饱受诟病：评估方法单一，无统一标准；评估规则不健全，惩罚机制不规范；评估机构中知识产权专业人才匮乏，等等。很多学者，如张建民（2009）、苏平（2010）、陈丽蓉，孙芳程（2010）、唐艳（2012）、刘慧琳，王成勇（2014）等提出知识产权的评估应当综合考虑影响知识产权价值的因素、综合运用评估方法，完善评估管理机制，加强对评估管理机构的管理。①也有学者从评估方法的选择及使用上提出了如何使评估结果科学、合理的建议。②白福萍、郭景先（2012）提出，美国等一些发达国家已经针对专利、商标、版权等知识产权自身的特点，发展出不少新的评估方法，值得我们借鉴和学习。③赵蓉、朱晓力（2012）提出建立专利评估途径的多层次选择机制，即根据出资主体规模、评估目的、评估事项等进行多种评估方式的选择。④另外，还有学者对我国目前的知识资产评估理论和方法提出了批评，杨雄文（2010）认为要完善知识产权评估制度，首要的问题不是确立

---

① 张建民：《对我国无形资产评估结果失真的分析》，《金融教学与研究》2009 年第 2 期；苏平：《美国知识产权资产评估方法选择及其启示——以我国上市公司的知识产权资产评估为视角》，《知识产权》2010 年第 3 期；陈丽蓉、孙芳城：《知识产权评估现状、原因及对策分析》，《财会通讯》2010 年第 7 期（中）；唐艳：《我国知识产权评估中存在的问题及对策》，《财会研究》2012 年第 5 期；刘慧琳、王成勇：《知识产权价值评估分析——以云南白药企业为例》，《现代商贸工业》2014 年第 13 期。

② 李红梅、万君康：《计算机软件的价值评估》，《知识产权》2000 年第 3 期；李正伟：《浅谈收益法在无形资产评估中的应用》，《财会通讯》2013 年第 1 期（中）。

③ 白福萍、郭景先：《知识产权评估背景因素与评估方法的选择》，《财会月刊》2012 年第 12 期。

④ 赵蓉、朱晓力：《专利出资评估途径的多层次选择机制研究——以现行强制评估制度的局限性为视角》，《知识产权》2012 年第 4 期。

评估方法,而是要对知识产权评估的基础理论问题做出正确解析,知识产权评估结论只能是建立在相关市场运营的仿真结果上,即仿真某项知识产权利用可能带来的收益的估计。①

可见,我国学者对知识产权价值评估问题,做了大量研究,并提出了解决"评估难"的建议,包括如何完善评估方法、如何加强对评估机构的监管、建立可选择的评估途径,等等。但有些方面的论述比较笼统,不够充分,还有进一步研究的必要。本书认为,在评估方式上,可以更多地借鉴参考域外经验,建立适合我国的多层次的评估途径。另外,可以建立知识产权交易信息库,为知识产权价值评估提供真实的可参考的信息,解决知识产权评估中可参考信息不足的难题。

4. 知识产权出资风险的责任承担

对于知识产权出资中存在的出资不实的情况,学者们普遍认为应当适用我国《公司法》第30条和第93条的规定,出资不实的股东(发起人)应当补足差额,公司设立时的其他股东(发起人)承担连带责任。会计师事务所、资产评估机构出具不实的评估结果,应当依据我国《公司法》第208条规定承担相应的行政和民事责任,另外,还需加强会计师等评估人员的法律责任。②

另外,针对出资后的知识产权价值贬损的问题,孙昌兴、于运杰(2008)认为应当适用"有限制的过错责任理论",③即在坚持知识产权出资人承担过错责任的原则下,对其加以必要限制以保护公司利益。例如双方可以在协议中约定,对于出资入股的知识产权价值,如果在一定期限内缩水,则要依据公司章程规定补足,其他股东承担连带责任,过了一定期限后,知识产权出资人只承担过错责任。"有限制的过错责任理论"有其合理性,即对于法律规定不够完善的地方,通过合同来规制。但是现有的论述略显笼统,也存在一定的局限性,譬如说,这个"一定期限"如何界定,多长的期限比较合理呢?因此,还有必要进行深入研究。本书认为,对于出资后的知识产权价值贬损,首先应当分析原因,然后针对不同的情况,建立合理的责任分担机制。

---

① 杨雄文:《知识产权评估基础理论解析》,《知识产权》2010年第1期。

② 周林彬、冯曦:《我国无形资产出资立法的反思与完善——无形资产出资的法与经济学分析》,《法商研究》2004年第1期;张兰芳、蒋静茹:《知识产权出资的风险及防范》,《石家庄铁道大学学报(社会科学版)》2014年第3期。

③ 孙昌兴、于运杰:《知识产权出资缩水时的股东责任》,《技术经济与管理研究》2008年第4期。

（二）国外研究成果

国外关于知识产权出资的研究较国内的研究要早，日本学者大隅健一郎早在 1963 年对专有技术的出资问题进行了深入研究。①而欧美国家的相关研究则更早。在股东出资问题上，德国、法国、日本等大陆法系国家采用了事先规制的策略，通过立法对出资物的评估作价、出资履行、出资信息披露、隐性实物出资、出资不实的责任承担等问题予以规制。而相关的著作大多集中在出资的适格性、出资标的物的评估、对隐性实物出资及出资瑕疵的规制问题。②对于知识产权出资的适格性是得到广泛认可的，但是由于其复杂性、价值易变性等原因，从保护公司整体利益及债权人利益的角度出发，上述大陆法系国家的立法和通常学说均认为应当对其进行严格规制。例如应当如何确定出资物的价值，公司章程中应详细规定出资人、出资标的物的性质、作价金额、评估方法等出资信息，注册法院应当发挥审核作用，避免出资不实的情况，而且出资信息及公司财务状况也应当向社会公众披露，③这是债权人自我救济的有效途径。相比较来说，英美法系对股东出资问题一向采取宽松的态度。以美国为例，各州普遍尊重股东的投资意愿，只要有价值的资产都可以作为股东出资的资本，因此更多的关注点在于如何维持资本，平衡股东、公司与债权人的利益。④而且不同于大陆法系国家的司法机关广泛参与到出资物

---

① 大隅健一郎：《ノウハウの現物出資》，《法学論叢》，1963，73 卷 5・6 号，第 142—157 页。

② 盛岡一夫：《ノウ・ハウの現物出資》，《東洋法学》，1975（2），第 63—98 页；志村治美：《现物出资研究》，于敏译，法律出版社 2001 年版，第 154—208 页；久保寛展：《ドイツにおける隠れた現物出資の理論》，《同志社法学》五〇卷三号，第 201—284 页；Eva Micheler. Disguised returns of capital-an arm's length approach. The Cambridge Law Journal, 2010, Vol.69(1):151—185; Postrach, Krzysztof. PROBLEMY UKRYTYCH APORTÓW W SPÓLKACH PUBLICZNYCH, Studia Prawno-Ekonomiczne 91(2014):293—307; Christian Kersting. Hidden Contributions in Kind (Verdeckte Sacheinlage), Die Aktiengesellschaft, 2008 Vol.24:883 et seq, Electronic copy available at: http://ssrn.com/abstract=1314983。

③ ［瑞士］杰拉德・赫蒂格、［日］神田秀树：《债权人保护》，参见［美］莱娜纳・克拉克曼等：《公司法剖析：比较与功能的视角》，刘俊海、徐海燕译，北京大学出版社 2007 年版，第 94 页。

④ Susan Watson and Chris Noonan. The corporate shield: What happens to directors when companies fail? Business Review, 2005(8):27—35; Shawn Riley, Esq., and Ann Zarick, Esq. Director Liability to Creditors: The Changing Landscape, INSIGHTS, SPRING 2011:81—93; Nichols M.Reasonableness Standard Versus Business-Judgment Rule. Business Torts Journal [serial online]. 2012, Vol.19(2):25—33; Varzaly, Jeniter. Protecting the authority of directors: an empirical analysis of the statutory business judgment rule. Journal of Corporate Law Studies [serial online]. October 2012, Vol.12(2):429—463.

的价值评估中,美国将该项权利交给了公司董事会,由董事会依据商业判断规则(Business Judgment Rules)进行判断,而对于债权人的保护还通过合同法、会计法等其他法律规则提供救济途径。

尽管各国对于知识产权出资的法律规定不同,但是有一个共同的关注点,即知识产权的价值评估。科学真实的评估结果对于企业来说是非常重要的,对一些企业来说,知识产权甚至是最有价值的资产,①因此,众多学者对知识产权资本对企业的影响、知识产权价值评估作了大量研究。Philipp Sandner(2010)建立了一个资料库,从经济学的视角考察知识产权投资组合,评估企业的无形资产价值;②Christopher Buccafusco、Christopher Sprigman(2010)从行为经济学的角度分析了禀赋效应对知识产权交易价格的影响;③Jones, Stewart(2011)从破产和违约的视角分析知识产权资本化的价值;④Wirtz, Harald(2012)、Gordon V.Smith, Russell L.Parr(2012)对知识产权估值原则和三种常用的估值方法:成本法、市场法和收益法进行分析比较,指出在知识产权估值方法的选择上,容易产生的错误以及解决方法;⑤Wilson, B.S.(2012)在对当前实践中常用的收益法和成本法分析的基础上提出了新的评估方法;⑥Reilly, R.F.(2013)从评估程序的角度,对知识产权评估价值的影响因素进行详细分析,提出知识产权评估过程中应当注意的问题。⑦除了以上对知识产权价值评估的研究外,也有学者对知识产权价值评估的实质进行探讨,并提出:价

---

① Fawcett, Denise. Valuation of Intellectual Property. The Licensing Journal, 2014, Vol.34(5):16—17.

② Philipp Sandner. The Valuation of Intangible Assets-An Exploration of Patent and Trademark Portfolios. Gabler, 2010:III—XIX.

③ Christopher Buccafusco, Christopher Sprigman. Valuing Intellectual Property: An Experiment, Cornell Law Review, 2010, Vol.96(1).

④ Jones, Stewart. Does the capitalization of intangible assets increase the predictability of corporate failure? Accounting Horizons, 2011(3):41—70.

⑤ Wirtz, Harald. Valuation of Intellectual Property: A Review of Approaches and Methods. International Journal of Business and Management, 2012.7(9):pp.40—48;[美]戈登·史密斯,罗素·帕尔:《知识产权价值评估、开发与侵权赔偿》,夏玮等译,电子工业出版社2012年版,第150—166页。

⑥ Wilson, B.S.Retrospective valuations of intellectual property. Journal of Technology Transfer, (2012)37(1), pp.124—133.

⑦ Reilly, R.F.. The intellectual property valuation process. The Licensing Journal, 2013. Vol.33(2):10—14.

值是一个相对的概念,同一个知识财产,因为占有使用的主体不同以及使用方式的差异,决定了它产生的收益也会存在很大差别。目前的价值评估存在很多误区,事实上,知识产权的价值不是固定的,有很多因素会影响到它的价值,目前被广泛应用的三种评估方法,也是各有利弊,并没有一个神奇的公式可以套用,因此目前的价值评估并不能得出一个完全正确的结论。①

他山之石,可以攻玉。上述立法例和相关文献对于知识产权出资风险的法律规制提供了相应的理论积淀,特别是在股东的隐性知识产权出资、知识产权评估功能及评估途径选择等问题上,对我们具有重要的参考和借鉴意义。但上述理论研究是松散的、零星的,缺乏系统性和整体性,因此,本书将在参考借鉴域外立法及相关学说的同时,结合我国法律制度的特点和结构形态,进而探索知识产权出资风险的法律规制体系。

五、研究内容与方法

本书以知识产权出资风险为研究内容,通过对实践中知识产权出资纠纷判例的研究,本书将知识产权出资给受资公司带来的风险进行归纳分类,总结出五大风险,即评估知识产权评估不实、隐性知识产权出资、出资知识产权缺乏实益性、知识产权出资交付中的风险以及出资知识产权价值非正常贬损的风险。通过对相关司法案例的分析,结合公司法、知识产权法、合同法及民事侵权理论,深入探讨对上述知识产权出资风险如何予以法律防范和规制。本书第一到第五章,分别讨论知识产权出资中主要存在的上述五类风险及法律规制。具体而言,通过对这些风险形成的原因进行分析,参考和借鉴域外相关法律规则,并运用法学、经济学理论,探讨知识产权出资风险的法律规制措施,为完善我国的知识产权出资制度提出建议,力求满足知识产权出资活动的实践需求。

本书采用的研究方法具体包括:

1. 比较研究法

公司法上的问题,无论是解决问题的学说还是方法,国外往往比国内先行。因此,比较研究国外的相关理论与做法,是法学研究中主要的研究方法。况且一个制度的设计即便在我国目前尚未显示出太多问题,其他法域所出现的各种困境对于我们都有一定程度的警示价值,这一点

---

① William J.Murphy, John L.Orcutt, Paul C.Remus: Patent Valuation, Wiley, 2012:5—20.

在本书关于隐性知识产权出资制度的探讨中应用的最为明显。通过对德国、日本等大陆法系国家以及英国、美国等英美法系国家的知识产权出资的法律制度进行考察和比较,有助于为我国公司知识产权出资风险提供有效的法律规制建议,完善我国的知识产权出资制度。

2. 交叉学科研究法

1937 年,法律经济学学者罗纳德·科斯(R. H. Coase)发表了著名的《企业的性质》一文,从交易成本和契约的角度来研究企业与市场的关系和边界,其独特的研究思路为一度沉闷的公司法研究注入了生机与活力,也启发了法学学者的研究,并产生了系列成果。①本书也尝试将经济学、企业管理理论融合法律公平、正义的规范规则来深入探讨相关问题。

3. 实证分析法

法律的价值在于实践。笔者从"北大法宝"中国司法案例数据库查找知识产权出资纠纷及相关判例,并收集了 44 个典型案例。但由于"北大法宝"并未收录北京法院网提供的全部知识产权出资纠纷案件,故笔者又检索了北京法院网(bjgy.chinacourt.org)的法律文书检索系统,并收集自 2008 年以来的 18 个知识产权出资纠纷案例。结合我国相关法律规则对这些知识产权出资纠纷进行分析,分析纠纷产生的成因并将这些纠纷进行分类,进而研究如何进行法律防范和规制,在此基础上,就我国相关法律制度的完善提出建议。

① [美]弗兰克·伊斯特布鲁克、丹尼尔·费希尔:《公司法的经济结构》(中译本第二版),罗培新、张建伟译,北京大学出版社 2005 年版,第 3—5 页。

第一章　知识产权评估不实及其法律规制

第一节　知识产权评估不实的概念及其成因

知识产权评估不实是指出资知识产权的评估价额高于其实际价值。在股东（发起人）以知识产权出资时，保证知识产权价值评估的科学性和真实性，不仅是贯彻实施资本真实原则的最基本的要求，而且对于平衡股东与债权人之间的利益冲突具有重要意义。如果评估价值高于实际价值，则造成公司资本缩水，股东的股权被稀释，公司的清偿能力降低，债权人利益受损；如果被低估，则会损害知识产权出资股东的利益。因此我国《公司法》第 27 条规定，非货币财产出资应当评估作价，不得高估或者低估作价。事实上，公司法对实物出资的管制核心就是出资物的作价问题，为保证估价的客观、真实和准确，通常要求由独立的专业资产评估人员依据公认或专门的评估规则和方法①进行价值评估。但是实践中知识产权的价值很难客观真实地评估出来，评估实践中价值虚高的情况比比皆是。以"中醇油业有限公司（以下简称'中醇公司'）执行案"②为例，中醇公司在 2005 年 5 月增加注册资本，由股东马某以非专利技术作价 46 309 万元人民币出资。2010 年中醇公司与唐山公司产生合同纠纷并引发诉讼，法院判决中醇公司赔偿唐山公司 1 000 万元经济损失。此案进入执行程序后，执行法院对中醇公司的财产情况进行调查，未发现

① 主要指《资产评估准则——无形资产》《专利资产评估指导意见》《商标资产评估指导意见》《著作权资产评估指导意见》。

② 北京市高级人民法院研究室：《追加被执行人的股东承担注册资金不实的责任应以该案未获清偿的债权数额为限》，北京法院网，bjgy. chinacourt. org/article/detail/2012/05/id/885964.shtml。

有可供执行的货币或实物财产，也未发现非专利技术可资控制的任何物化载体。而马某出资时评估人员依据虚构的事实而得出不实的评估结论，中醇公司依据虚高的估价认定马某出资的非专利技术作价 46 309 万元人民币。最终执行法院认定马某出资不实的金额超过 1.3 亿元人民币。

实践中，类似上述评估不实的情况并不少见，结果不仅违背了资本充实与真实的原则，而且造成公司资本虚化，严重损害公司整体利益。因此，有必要对知识产权评估不实的情况进行法律规制。通过对实践中案例进行分析，本书认为，影响知识产权评估不实的原因主要有四个：现行知识产权出资评估途径的局限性；缺乏可参考的知识产权评估信息；当前知识产权评估方法的局限性；知识产权评估的法律风险。下文将对这些原因进行详细分析，在此基础上，探究知识产权价值评估的意义和功能，并借鉴域外相关经验，解决知识产权评估不实的难题。

第二节　现行知识产权出资评估途径的局限性

对于出资的知识产权应当选择什么样的评估途径，即由谁来“评估”，我国《公司法》第 27 条并未规定，只强调了“法律、行政法规对评估作价有规定的，从其规定”。这些涉及知识产权出资评估的“规定”主要体现在以下法律、行政法规、部门规章和决定中：(1) 国务院 1991 年发布的《国有资产评估管理办法》要求属于国有资产知识产权评估事项，只能委托依法取得国有资产评估资格的资产评估机构。①财政部进一步发布了《国有资产评估管理若干问题的规定》②，其中第 2、3 条规定，各类占有国有资产的企事业“以非货币财产对外投资的”，应当进行评估。可见，当知识产权出资人为国有企事业单位时，其出资知识产权应当由取

① 详见《国有资产评估管理办法》(国务院令第 91 号) 第 9 条：持有国务院或者省、自治区、直辖市人民政府国有资产管理行政主管部门颁发的国有资产评估资格证书的资产评估公司、会计师事务所、审计事务所、财务咨询公司，经国务院或者省、自治区、直辖市人民政府国有资产管理行政主管部门认可的临时评估机构(以下统称资产评估机构)，可以接受占有单位的委托，从事国有资产评估业务。

② 该法律性文件于 2001 年 12 月 31 日发布，2002 年 1 月 1 日起施行。

得国有资产评估资格的资产评估机构进行评估;(2)财政部、国家知识产权局在2006年联合发布的《关于加强知识产权资产评估管理工作若干问题的通知》明确规定:以知识产权出资作价成立公司的,应当委托经财政部门批准设立的资产评估机构进行评估。根据该通知,不再区分出资人是否属于国有企事业单位,只要以知识产权出资的,必须委托资产评估机构进行价值评估;(3)《中外合资经营企业法实施条例》第22条规定合营者以"工业产权、专有技术出资的,其作价由合营各方协商确定,或者聘请合营各方同意的第三者评定",体现了合营企业各方选择以何种方式认定出资价格的自主性。

以上为法律文件对知识产权出资评估的要求,很显然存在不一致的地方:《国有资产评估若干问题的规定》只针对"占有国有资产的企事业单位"的知识产权出资,作了"应由资产评估机构评估"的规定,对非国有资产单位,则没有此种要求。而《关于加强知识产权资产评估管理工作若干问题的通知》却规定凡是知识产权出资入股到公司的,无论出资人是不是国有资产单位,一律适用"资产评估机构评估"(下文对法律要求须由资产评估机构评估的情况称之为"强制评估")。《中外合资经营企业法实施条例》未规定"强制评估",而是赋予了合营各方自行选择评估途径的权利。另外,通过考察各地对出资知识产权评估方式的要求,不难发现,这些要求也不尽相同,①但大部分还是要求由专业的资产评估机构对出资知识产权进行价值评估,即强制评估。

---

①　以技术成果出资评估为例,各地对评估主体的要求大致有三种类型:第一种类型:资产评估机构评估。即必须由资产评估机构对出资的技术成果进行价值评估,并出具评估报告,作为申请公司注册登记或增资登记的前提条件。在实践中,这是最普遍的做法。例如《四川省技术成果作价出资入股暂行管理办法》(川府发〔1998〕27号)要求"出资入股的技术成果必须由省科技行政管理部门委托的具有技术成果评估资格的评估机构评估作价。国有资产评估结果依法须由国有资产行政管理部门进行确认并办理确认手续";第二种类型:将出资主体区分为国有全资或控股公司及非国有全资或控股公司两类,对不同主体的出资技术的评估要求也不同。国有全资或控股企业的技术出资必须经资产评估机构进行价值评估,非国有全资或控股企业的技术入股,可以自由选择评估方式,出资各方可以协商作价或委托资产评估机构进行评估作价。详见《杭州市技术成果作价入股的实施意见》(杭政办〔2001〕16号)二、(二)以及《深圳经济特区技术成果入股管理办法》(深圳市人民政府第78号令)第9条;第三种类型:当事人自主选择评估方式,即赋予出资人和受资公司自由选择评估方式的权利,不考虑出资人及受资公司是否具有国有性质。这种做法的典型代表是重庆。《重庆市技术成果出资入股管理办法》第8条明确规定:当事人对技术成果的作价可采用协商或评估的方式。如果采取评估方式,由国有资产行政管理部门指定的评估机构评估,评估结果依法由国有资产行政管理部门确认并办理确认手续。

相比其他评估主体来说,资产评估机构更具有专业技术优势,似乎也更能科学地进行价值评估。但事实上,有调查显示,企业认为强制要求资产评估机构进行价值评估不仅增加了公司设立成本,而且对防止虚假评估的作用也非常有限。三分之二的企业宁愿选择有条件的强制评估或双方协商作价或委托评估作价。①为什么会出现这种情况呢?本书认为,这是因为知识产权不同于有形资产,对其限定"资产机构评估"这一评估途径,事实上存在很大弊端。

首先,知识产权本身比较复杂,专业性极强,对评估人员的专业知识与技术背景要求极高,而当前的资产评估机构普遍缺乏此种人才,导致评估结果大打折扣。具体而言,一方面,相对于有形财产来说,知识产权本身比较复杂,知识产权评估对象种类多且彼此之间可比性差,影响知识产权价值的因素很多,例如各知识产权的性能、特点、国家的政策导向、知识产权的权属②、知识产权开发及转化实施的可能性、预期收益能力、同类知识产权的价格。如果是技术性知识产权,还要考虑该项知识产权的成熟程度,国内外的发展趋势及替代技术数量等情况,这些因素决定了知识产权的价值具有很大的不确定性,如果这些指标出现偏差,就会出现"失之毫厘,谬以千里"的结果。而对于一些知识产权来说,例如技术秘密,其价值依赖于其保密性,越少人知晓越好。虽然资产评估机构负保密义务,但仍存在被泄露的风险。因此,就出资者和受资公司而言,自然不会向评估人员彻底披露技术秘密,在这种情况下,实现价值评估的客观性与准确性,几乎是不可能的。另一方面,知识产权专业性很强,除了该专业领域,其价值评估还涉及会计学、管理学、工程技术学、法学等众多领域,知识含量高,从这个意义上说,知识产权价值评估已经成为一个专业学科。在这样一个专业化领域,人们还未对知识产权评估方法以及从事资产价值评估的人应当具备什么样的专业知识和技能等问题达成共识。③可见,知识产

---

① 赵蓉、朱晓力:《专利出资评估途径的多层次选择机制研究——以现行强制评估制度的局限性为视角》,《知识产权》2012 年版第 4 期。

② 知识产权权属,即是以知识产权所有权还是使用权出资?以知识产权使用权出资的情况下,是独占许可还是普通许可?这是决定出资的知识产权价值的重要因素。

③ Sir David Tweedie, Chairman of the International Valuation Standards Council, speaking about valuations for all types of assets, 2013.

权的价值评估对评估人员的专业知识和技术背景要求很高，如果指定的资产评估机构缺乏这样的评估人员，只能交由相关领域人员评估，评估效果可能会大打折扣。

其次，资产评估机构很难“独立”评估。从实践中来看，从来就不存在“独立的”评估专家，这些评估专家作为在市场上提供会计和价值评估服务的专业人士，他们的业务范围不仅仅是对公司出资的实物财产进行评估，而是主要通过向市场提供服务而获取收益。因此，他必须努力做到使客户满意，这样才能不断地吸引并留住客户，这就决定了他不可能在评估出资财产时能独立到完全不考虑客户的意见。①从资产评估公司利益的角度考虑，为避免失去现有或潜在的客户，评估人员对出资标的的价值评估，必然倾向于听从出资人的意见。而对于出资人而言，“禀赋效应”②使得其对自己的知识产权的价值往往抱有过高的期望，希望尽可能地提高知识产权的作价金额。因此，评估人员“倾听出资人意见”的结果往往是价值高估，除非当事人要求的估价结果高到连一个普通人（外行）都能看出公司的股份被掺水的地步③。如前文所述“中醇公司执行案”中，评估人员对股东出资的非专利技术的评估价值严重失实，竟然比实际价值高 1.3 亿元人民币。

---

① BAUER, supra note 37, at 171—174; Lucian Arye Bebchuk & Marcel Kahan, Fairness opinions: How Fair are they and what can be done about it? 1989DURE L.J.27, 29—31.

② 禀赋效应最早被发现是源于一些学者所做的“接受意愿 v.支付意愿”的实验，参与这些实验的人们认为他们拥有的东西比没有拥有的更有价值，也就是说，当他们出售某物时，他们的要价要高于他们自己愿意为它支付的钱。（详见 Daniel Kahneman, Jack Knetsch, and Richard Thaler, Experimental Tests of the Endowment Effect and the Coase Theorem, The Journal of Political Economy 98(December 1984):1325; and Jack Knetsch and J.A.Sinden, Willingness to Pay and Compensation Demanded: Experimental Evidence of an Unexpected Disparity in Measures of Value, The Quarterly Journal of Economics 99(1984):508.）芝加哥肯特法学院和弗吉尼亚大学法学院的两位教授 Christopher Buccafusco 和 Christopher Sprigman 进行了一系列实验，进行著作权的市场交易模拟，以测试是否存在禀赋效应，他们的实验证明了禀赋效应导致的作品的创作者和潜在的买方对该作品的价值估计存在极大的差异。虽然没有做关于专利、商标等其他知识产权的实验，但是已经说明禀赋效应对知识产权价值的确定的影响非常大。详见：Christopher Buccafusco, Christopher Sprigman: Valuing Intellectual Property: An Experiment, Cornell Law Review, 2010, Vol.96(1):5—33。

③ Luca Enriques & Jonathan R.Macey, Creditors Versus Capital Formation: The case against the European legal capital rules, Cornll Law Review, 2001, Vol.86:1187—1188.

第三节　法律规制:建立评估途径的多层次选择机制制度

如前文所述,我国知识产权出资的评估途径主要是通过资产评估机构进行价值评估,从理论上来说,专业的资产评估机构应当能客观、科学地评估出资知识产权的价值,保证出资知识产权的价值与股东获得的相应股权是相匹配的。但从实践中运行的效果来看,不仅对防止虚假评估的作用有限,而且常常因为“评估效果差”、“增加公司设立成本”、“限制了市场主体的自主交易权”而备受诟病。①那么知识产权出资评估的功能是什么?既然限定知识产权评估途径并不能承担起防止出资不实的重任,评估途径的多种选择机制是否更有益于评估目的的实现?下文将从探究知识产权出资评估的功能入手,并借鉴域外多层次出资评估途径的相关法律制度和学说,提出解决上述问题的适当途径。

一、对知识产权出资评估功能的再认识

(一) 评估结果不可能完全公正

本书认为,由专业资产评估机构做出的知识产权评估结果是不可能完全公正的,主要原因有以下两个:

首先,“公正市场”的缺失决定了评估价值不可能完全公正。什么是“公正的价值”?根据美国公认会计规则(US GAAP)②,公正价值是在流动交易中(而非清算拍卖),买卖双方自愿达成的价格,在该交易中,买方和卖方应当熟知知识产权买卖,市场完全透明(买卖双方相互了解),销售情况是不变的、透明的。因此“公正价值”的前提是上述公正市场的存在,而对于知识产权来说,根本不存在这样一个公正市场,那又何来“公正的价值”呢?

其次,知识产权评估的主观性太强。一方面,知识产权估价常常基于评估者对该知识财产未来运用情况的假设,对知识财产的适用范围、竞争者的制约、动态的经济前景等进行严谨的分析,然后估算出价值。

---

① William J. Murphy, John L. Orcutt, Paul C. Remus. Patent valuation: improving decision making through analysis. Wiley, 2012:13—15;李逸竹:《技术性知识产权出资评估之现有机制与完善——以宁波GQY评估报告为基础》,《江汉学术》2014年第2期。

② US GAAP 4B. http://www.docin.com/touch_new/preview_new.do?id=548517517&html=1.

另一方面,知识产权评估方法众多,而每种方法也都是正当有效的,评估人员可以根据自己的理解和经验来决定采用哪一种评估方法,同一项知识产权,不同的评估人员采用不同的评估方法可以得出不同的估算结果。可以说,每一项知识产权评估,都包含有评估者的主观判断,这就是为什么不能在所有的知识产权评估报告中清楚地写下一个统一的、确定的、完全一致的、透明的计算运算规则,即知识产权价值评估不可能像自然科学及工程科学那样可以用一定的数学公式精确计算,也不可能像会计制度规定的那样固定有序地记录计算。因此,认为通过专业人员对知识产权价值评估就能得出完全公正的价值结果是错误的观点。

(二) 知识产权出资评估的功能:提供可参考性的建议

估值是一个跨学科的研究,涉及法律、经济、金融、会计、投资等众多领域。如果只采用所谓行业/部门规范,而忽视了估值的基本理论框架,显然是很不合适的。价值只是一个相对的概念,即使同一个知识产权,譬如专利或商标,未来的收益也是不确定的,这完全取决于拥有知识产权的主体以及该知识产权的运用方式。因此,知识产权价值评估只能是基于客观事实,凭借评估人员的经验和专业知识,对知识产权价值进行系统分析和逻辑判断,从而根据该知识产权的功能及评估目的对其在某一时间内的价值作出合理的结论。可以说,知识产权价值评估结果只是评估人员对市场进行合理预测后得出的该知识产权在某个特定时间点的"模拟"市场价值。因此,对估值的功能应该有清晰的认识,知识产权的价值评估报告就如同律师在很多情况下出具的法律意见书①,只是一个供出资人和受资公司参考的意见。

综上所述,知识产权评估结果只是评估人员在相关市场情况的分析基础上所作出的预测性评价,不可能完全科学公正。事实上,"最终由市场决定和反映出的价值才应当是真正的价值"。②如果法律上仅确认由指定的评估机构来评估出资的知识产权价值,忽略当事人对知识产权市场价值的认可,显然是违反客观实际和市场需要的,也是对知识产权出资评估目的的误解。因此,拓宽知识产权价值评估渠道,建立知识产权

① 详见欧盟2013年9月发布的报告《Final Report from the Expert Group on IP Valuation》, http://ec.europa.eu/research/innovation-union/pdf/Expert_Group_Report_on_Intellectual_Property_Valuation_IP_web_2.pdf。

② 郑克中:《客观效用价值论》,山东人民出版社2003年版,第142页。

评估方式的多层次选择机制，尊重出资人和受资公司对知识产权出资的意思自治权，是十分必要的，而域外相关立法和学说，也为我们建立评估方式的多层次选择机制提供了参考和借鉴。

二、域外知识产权出资评估途径的比较与借鉴

在知识产权出资的情况下，对该知识产权应该采用什么样的方式进行评估作价？很多国家并不要求必须由专业的资产评估公司来估值，相反，大多认可多样化的评估途径。虽然具体的法律规定不同，但总的来说，主要依据两种标准：以出资财产的价值为区分标准、以公司类型为区分标准，建立了评估途径的多层次选择机制。

（一）以出资财产的价值为区分标准

这种模式是划定一个价值标准，对价值超过该标准和未达到该标准的知识产权，评估途径的要求不同，相应地，在出现出资不实的情况时，承担法律责任的主体也有所不同。采用这种模式最典型的是日本和法国。该制度模式主要包括两部分内容，下文将以日本为例进行介绍。

1. 法律认可多种评估途径

根据日本《公司法》的规定，①股东以知识产权出资，属于《公司法》第 28 条规定的“特别设立事项”，为了避免股东利用知识产权出资损害公司的财产基础，应当将该知识产权出资事项载入公司章程，并经过公证人公证。如果出资的知识产权价值比较低，不超过 500 万日元，价值高估的风险比较小，其作价金额由发起人依据正确、科学的评估方法来确定，即由发起人自主选择评估方式，可以协商确定，也可以委托相关领域的专家确定以及其他方式确定；如果知识产权的价值超过 500 万日元，发起人则需要委托律师、注册会计师等出具章程记载价额具有合理性的证明或向法院申请选任检查官调查该知识产权出资事项。②换言之，在出资知识产权价值超过 500 万日元时，发起人有两种评估途径可以选择：第一种途径，由律师、注册会计师等出具评估报告，证明股东出资的知识产权的价值不低于股东应当认购的股份；第二种途径，申请法院选

---

① 日本《公司法》第 28 条、第 33 条。详见：王保树主编：《最新日本公司法》，于敏、杨东译，法律出版社 2006 年版，第 66、68—69 页。

② 日本《公司法》第 33 条第 10 款第 3 项规定，就章程记载的有关实物出资与财产受让的价额，取得律师、律师法人、注册会计师、监查法人、税务师或税务师法人提供的合理性证明的，不再要求向法院申请检查官的选任。

任的检查官对出资知识产权的价值作出调查。

2. 不同评估途径下的法律责任

根据日本《公司法》第52条①规定，[①]如果出资不实，公司发起人及设立时的董事，应当连带承担补足差额的义务。值得注意的是，在知识产权价值超过500万日元时，虽然聘请律师、注册会计师、税务师等进行价值评估或申请检查官调查这两种方式都是合法的，但在知识产权出资不实的情况下，责任的承担却存在很大差别。

第一，在律师、注册会计师等出具合理性证明的场合下，如果出资的知识产权在公司成立时的价额，与章程记载的价额存在明显不足时，发起人及设立时的董事负有承担不足额的连带义务。在发起设立的情况下，发起人及设立时的董事承担过失责任，如果能证明其在履行职责的过程中没有懈怠注意的，可以免除连带责任；在募集设立的情况下，发起人及设立时的董事承担无过失责任，这是因为在募集设立时，设立时的股东除了发起人之外，还包括一些购买设立时的公司股份而成为股东的认购人，为了保护认购人的利益，应当加强发起人的责任。[②]除了发起人和设立时的董事对知识产权出资不实承担连带责任外，当初出具合理性证明的律师等须承担不足支付义务，除非能够证明自己在实施行为时没有懈怠注意。可见，律师等承担的是过失责任，而且有关过失的证明责任倒置，律师等须证明其在价值评估中不存在过失行为。

第二，发起人向法院申请检查官调查的场合下，检查官对知识产权出资事项进行调查，并将调查报告提交给法院，法院如果认为知识产权出资事项不当，比如认定调查报告对出资知识产权的价值进行了过高评价，并相应地给出资人分配了过多股份时，就要减少其股份数。发起人应当依据法院的决定，对公司章程中的知识产权出资事项进行变更。如果存在知识产权出资不实的情况，发起人和设立时的董事无需再承担出资不实的连带责任。[③]即法院选任检查官的调查，能够免除发起人和设立时的董事的财产不足额的填补责任。

---

① 王保树主编：《最新日本公司法》，于敏、杨东译，法律出版社2006年版，第77页。

② ［日］前田庸：《公司法入门》（第12版），王作全译，北京大学出版社2012年版，第63页。

③ 日本《公司法》第52条第1、2款。详见：王保树主编：《最新日本公司法》，于敏、杨东译，法律出版社2006年版，第77页。

法国关于知识产权出资评估途径的规定与日本颇为相似。在设立法国有限责任公司(SARL)时,根据《法国商法典》的规定,[①]如果存在知识产权出资,必须在公司章程后附上一份审计师的评估报告。如果知识产权价值不超过7 500欧元,且不超过公司资本的50%,那么公司成员可以一致决定不委任专业的评估师来评估该出资财产。可见,对于不超过7 500欧元且不超过公司资本50%的知识产权,公司成员可以自主决定评估方式。但是如果在公司设立过程中没有委任评估师或者最终确定的价值跟评估价值有很大差别,那么公司设立时的股东要在五年内就该折算价值对第三人承担连带责任;在公司增加注册资本时,如果存在知识产权出资,其价值评估同样适用以上的规定,当最终确定的价值与评估价值有很大差别时,公司经理和该出资人在五年内就该折算价值对第三人承担连带责任。

可见,对于出资知识产权的价值评估,日本和法国有以下几个共同点:第一,允许多层次的评估途径。相比较来说,日本对于出资知识产权的价值评估方式要更加丰富,除了协商作价、委托律师、会计师等专业机构评估外,还可以选择法院委任的检查官。第二,设立一个价值标准(日本是"500万日元",法国是"7 500欧元+公司资本的50%"),超过这个价值标准的,适用强制评估,即必须由专业的评估人员进行价值评估;低于这个标准,则可以由发起人和受资公司自主决定评估方式,可以协商作价、委托相关领域内的专家估价等。第三,在知识产权出资不实的情况下,不同评估方式的责任承担却有很大区别。例如在日本,检查官的调查,能够免除发起人和设立时董事的财产补足责任。在法国,如果不采取专业评估人员评估的方式,公司的股东及经理要在五年内对该价值承担连带责任。总的来说,两国关于出资财产评估的规定都比较完善,不仅考虑到市场主体的意思自治,而且通过相关的监督和责任机制来防范对出资财产的虚假认定。

(二)以公司类型为区分标准

这种模式是对不同类型的公司,采取不同的法律规则,例如英国《公司法》对公众公司的出资规定比私人公司要严格。就知识产权出资而言,主要体现在是否应当对知识产权财产适用强制评估。

---

① French Commercial Code, L223-9, L223-33.

1. 公众公司:强制评估

为了防止公众公司折价发行股份,法律要求股东出资的知识产权财产必须进行价值评估。①公司委托的评估人应当符合两个条件:第一,必须具有资格被任命为法定审计师;第二,符合法定独立性要求。②但并非只有独立的审计师才能对出资的知识产权财产进行评估,当评估人认为出资对价由其他人进行评估更为合适时,也可安排其他人进行评估。③评估人基于评估需要,有权要求公司高级管理人员提供必要的信息和解释,如高级管理人员故意或过失提出误导性或虚假的信息,则构成犯罪,可能被处以不超过两年的监禁或罚金(或两者兼之)。

2. 私人公司:董事会评估

Re Wragg Ltd 一案确立了强制性评估要求不适用于私人公司的原则,法院认为,私人公司可以依其认为合适的价格购买财物,并以已经全额缴付的股份作为购买该财物的价款。④私人公司接受知识产权出资并不需要强制评估,但需要公司董事会对该出资知识产权的价值进行善意评估,如果董事会没有进行善意评估,则出资人认缴的股份视为未缴付对价。那么问题的关键在于如何判断董事会的评估是否"善意"? 法院通常将与董事处于相同地位的、具有通常技能和合理理性的第三人,在面临相同情况时会不会作出类似的评估结果,来作为判断是否属于"善意评估"。⑤在董事会评估的情况下,除非评估是恶意作出的,否则法院一般不能推翻该评估结果。

综上所述,在以上两种多层次出资评估机制的立法模式中,法律并不要求所有出资入股的知识产权财产都必须接受第三方资产评估机构的价值评估,而是采取当事人协商作价和强制评估相结合的方式,体现了对出资主体评估行为的尊重。在给予当事人更多选择自由的同时,辅以完善的责任追究制度,不仅在很大程度上对当事人随意作价起到威慑

---

① Companies Act 2006, s593.

② 所谓独立性,是指评估人不是公司(或关联企业)的高级人员或雇员。在评估人或他的关联人,以及公司或公司的关联事业中,不存在国务大臣制定的规章所规定的任何种类的联系。See Companies Act 2006, s1150(1)、s1151.

③ "其他人"须符合两个条件:对出资的知识产权具有必要的知识和经验;与公司不存在关联关系。See Companies Act 2006, s1150(2).

④ Re Wragg Ltd[1897] 1 Ch.796, CA.

⑤ Pennington, Robert R., Pennington's Company Law(8th ed). Butterworths, 2001:177.

作用,而且能够切实地保护公司、其他股东及公司债权人的利益免受评估不实的侵害。具体而言,允许当事人协商作价并不意味着当事人可以随意作价,虽然在公司登记时,公司登记注册机关不会质疑出资知识产权的价值问题,但是在出现公司清算以及资不抵债等情形时,如果出现对评估合理性的质疑,法院能够决定出资物的价值是否被不合理的高估和作价,如果确实存在评估不实,出资者及相关人员将承担法律责任。

三、完善我国知识产权出资评估途径的多层次选择机制建议

如前文所述,囿于评估方法的局限及多种因素,专业资产评估人员对知识产权的价值评估也无法作出完全公正的评估结果,因此其作出的评估报告只能是一个供出资人和受资公司参考的意见。一味地适用强制评估规则,忽略出资人及受资公司对出资知识产权价值的认可,不仅不符合市场经济法治的要求,也增加了公司的设立成本。本书认为,为了消除强制评估规则的上述负面影响,消除立法和实践中做法的不统一,我们可以借鉴域外知识产权出资评估制度,同时考虑到出资知识产权的性质(是否属于国有资产),完善我国知识产权评估途径的多层次选择机制。

(一)属于国有资产的知识产权出资:资产评估机构评估

由于国有资产管理体制和管理机制存在的缺陷和所有者缺位的问题,对国有资产的估价经常发生低估的情况,这也成为国有资产流失的一种特殊方式。①为了防止这种国有资产的隐性流失,国有资产的出资应当委托专门的资产评估机构来进行价值评估。就知识产权而言,如前文所述,专业性强、影响其价值的因素比较复杂,因此应当由高水平的、取得国有资产评估资格的资产评估机构进行价值评估。资产评估专家在对评估标的的市场材料和技术材料进行充分调研和分析的基础上,采取正确的评估方法,得出一个相对客观的评估结果。虽然评估结果只是一个参考依据,但是最终的作价额应该在评估结果10%的范围内浮动,如果超出这个范围,接受出资的公司应当"向同级财政部门或集团公司作出书面说明"。②若知识产权出资属于各级政府批准的重大经济项目,评

---

① 赵旭东:《公司法学》(第四版),高等教育出版社2015年版,第214页。

② 参见财政部2001年12月31日发布的《国有资产评估管理若干问题的规定》(财政部令第14号)第12项。

估报告应由同级财政部门核准，非重大经济项目，评估报告报同级财政部门备案。[①]出资人提供虚假材料，或者与评估机构串通，导致评估结果失实的，国有资产监督管理机构应依据《国有资产评估管理办法》第28条规定给予其行政处分，如果造成国有资产损失，出资人还应承担相应的赔偿责任。有过错的评估机构在接受行政处罚的同时，应当在不实的范围内承担赔偿责任。

（二）非国有资产的知识产权出资：协商作价与强制评估相结合

我国目前市场信用体系并不完善，实施强制评估，特别是对属于国有资产的知识产权进行强制评估，对防范资产价值虚假认定、防止国有资产流失，能够产生积极作用。但是也须看到，知识产权出资的强制评估要求增加了委托评估人设立公司的成本，不利于公司特别是小微企业迅速筹资和快速设立。实践中，发起人为了避免知识产权出资评估，节省评估费用，往往采用各种规避法律的手段，如前文所提到的隐性知识产权出资。因此，从尊重出资人和受资公司的意愿自治以及方便公司设立的角度出发，我们可以借鉴日本、法国和英国的做法，对一些小型的有限责任公司的知识产权出资或者价值比较低的知识产权出资[②]，不再要求强制评估，而赋予其协商作价和委托评估的自由选择权。一方面体现了市场主体对其交易行为的自主选择权和意思自治权，另一方面也可以切实地降低公司设立的成本，提高公司设立的效率。

（三）可选择评估途径时，出资人对知识产权价值负有举证责任

公司资本不仅是公司运营的基础，而且也是对公司债权人的一个担保，股东因履行出资义务才获得了有限责任的保护。[③]而对公司来说，接

---

①　《国务院办公厅转发财政部关于改革国有资产评估行政管理方式加强资产评估监督管理工作意见的通知》（国办发〔2001〕102号）第一项：经各级政府批准的涉及国有资产产权变动、对外投资等经济行为的重大经济项目，其国有资产评估实行核准制。凡由国务院批准实施的重大经济项目，其评估报告由财政部进行核准；凡由省级人民政府批准实施的重大经济项目，其评估报告由省级财政部门进行核准。对其他国有资产评估项目实行备案制。除核准项目以外，中央管理的国有资产，其资产评估项目报财政部或中央管理的企业集团公司、国务院有关部门备案。地方管理的国有资产评估项目的备案工作，比照上述原则执行。

②　笔者建议借鉴财政部和国家税务总局联合印发的《关于小型微利企业所得税优惠政策有关问题的通知》中关于“小微企业”的认定标准：工业企业，资产总额不超过3 000万元；其他企业，资产总额不超过1 000万元。另外，“价值比较低的知识产权”是一个相对的概念，是指价值低于企业注册资本50%的情况。

③　Wood v.Dummer, 3 Mason 308, Fed. Cas. No.17, 944(1824).

受包括知识产权在内的实物出资,很显然会增加“注水股”的风险。因此,对于非国有资产的知识产权的出资,在给予出资人自由选择评估方式权利的同时,还应当建立必要的评估责任和监督机制,防止出资人滥用权利,损害公司和其他股东的利益。如果当事人对出资的知识产权协商作价,那么应当经过发起人一致同意,将出资的知识产权标的、作价金额、协商价值是否与股东应当认购的股份相匹配等信息载入公司章程,公司成立后,董事会应当依职权对该事项进行调查,决议通过后才能视为出资人已经充分履行了出资义务。在公司成立后,一旦发现出资的知识产权被高估或者存在欺诈的情形,出资人应当补足差额,并向其他按期足额缴纳出资的股东承担违约责任,公司其他发起人以及对知识产权协商价值决议通过的董事应承担连带补足的责任。在公司增资的情况下,如果董事和高级管理人员未尽到忠实勤勉义务而导致知识产权出资未缴足,无论是协商作价还是委托评估,失职的董事和高级管理人员应当承担相应责任,承担责任后的董事和高级管理人员可以向出资不实的股东追偿。而对于协商的知识产权价值具有合理性的举证责任,应当归于出资人。即出资人须证明当初出资的知识产权的价值确实不低于其应当认缴的资本。举证责任倒置可以在很大程度上对随意作价起到威慑作用。因为一般来说,距离缴纳出资时间越长,证明的难度就越大,为了不至于几年之后,甚至几十年后陷入出资知识产权价值的举证困境,出资人往往不敢在出资之初对知识产权随意作价。

第四节 缺乏可供参考的知识产权评估信息

任何资产评估都需要完备的信息支持。我国财政部在 2017 年 8 月 23 日发布了关于印发《资产评估基本准则》的通知,明确规定:资产评估专业人员应当根据资产评估业务具体情况收集资产评估业务需要的资料,了解评估对象现状,关注评估对象法律权属。①就知识产权而言,国家的宏观经济政策、行业政策、市场竞争状况、企业经营条件及生产能力等诸多因素决定了知识产权资产效能发挥作用的大小,进而影响到知识产

① 关于印发《资产评估基本准则》的通知(财资〔2017〕43 号),第 13、14 条。

权资产价值。通常情况下，在资产评估中，资产评估人员应当根据评估项目的实际情况和评估需要收集和分析相关的资料，具体包括以下信息：证明资产权利的法律文件和资料、知识产权资产实施的地域范围、领域范围、法定寿命和剩余经济寿命、采取的保护措施、获利能力与获利方式、以往的交易情况、许可使用情况、抵押（或质押）情况、同类资产的市场交易价格，等等。另外，企业发展状况、行业状况及其发展前景、国家宏观政策也会影响评估对象的价值，资产评估人员在进行价值评估时，应当尽可能地收集和分析上述这些信息。

资产评估信息的收集通常有两大渠道：一是由委托方提供的信息，例如产权证明、合同、财务报表、评估对象的使用范围等，二是从政府部门、各类专业机构以及市场等渠道获取的其他资料，例如同类资产的市场交易信息，从政府部门、新闻媒体、行业协会及其出版物、学术出版物等获得的信息，对分析评估对象的价值也具有重要意义。

相对于有形资产，对知识产权评估信息的收集往往更为困难。知识产权评估所需的相关资料一般也是通过委托方渠道和评估机构市场调查渠道来进行收集。①首先，评估机构应当提出需要的资料清单，以方便委托方有的放矢地提供资料，然后对委托方提供的知识产权权属和知识产权所在企业层面的众多资料进行鉴别和筛选，从中选择出与评估需要相匹配的信息。另外，由于无形资产评估所需要的信息资料非常广泛，通常来说，委托方提供的资产评估信息虽然重要但不一定能够满足知识产权评估对相关信息资料的需要，评估机构和评估师还需要从其他渠道收集知识产权评估必需的信息资料。其中，通过市场调查进行资产评估收集是知识产权评估收集资料的主渠道之一。目前在我国，由于市场经济尚不成熟，通过市场调查来获取完备的资产评估信息存在着诸多困难。以评估对象的同类市场价格信息为例，虽然知识产权的交易量在逐步增加，但是有关知识产权的交易信息却很难通过公共渠道获得，特别是一些技术秘密的交易信息。评估人员难以寻找到合适的参照对象，这就使得对知识产权的评估缺乏必要的信息支持。这些客观情况增加了知识产权评估工作的复杂性和困难性，也在很大程度上影响到知识产权评估价值的客观性和科学性。

---

① 姜楠：《无形资产评估》，中国财政经济出版社2015年版，第35页。

第五节 法律规制:建立知识产权交易信息数据库制度

一、建立知识产权交易信息数据库的必要性

在知识产权的价值评估方法中,市场法和收益法是相对全面的,也是实践中适用最广的,但这两种方法的运用均需要大量及时、准确的市场信息、政策信息和技术信息。目前我国市场发育尚不成熟,市场机制不健全,因此各种信息的来源极为有限,在有效的市场交易中,决定评估价值的价格结构和交易价格的影响因素等信息往往被当事人作为商业秘密而保护起来。由于可获取真实信息的不足,严重制约了市场法和收益法的应用,不仅给知识产权价值评估带来了很大的难度,而且容易给人们留下知识产权评估价值不确定和随意的印象。可以说,数据缺失、资料缺乏权威性是知识产权评估面临的最大的问题。如果能够建立一个完整公允的知识产权交易信息数据库,收集现实中的知识产权交易的信息和数据,这样知识产权出资人、接受知识产权出资的公司以及知识产权评估专家对知识产权价值的估计就可以基于更真实、更广泛的知识产权交易信息和已得到验证的假设,在此基础上得出的评估结果及评估报告也更加真实,更容易得到认可。

随着国家知识产权战略纲要的深入实施,知识产权转化和运用也越来越受到重视,我国市场上也涌现出了很多知识产权交易平台,例如汇桔网、中国知识产权保护联盟、上海知识产权交易中心等,知识产权人可以在这些平台上发布商标、专利、技术、域名、版权等出售信息,包括项目简介、挂牌价等信息。还有一些专注于某一类知识产权服务和交易的平台①。这些网上交易平台利用互联网的巨大传播力,降低了搜寻成本和谈判成本,有助于促进知识产权交易和转化运用,但是就知识产权价值评估的参考意义而言,却是微乎其微的。因为一方面,挂牌信息中对知识产权的描述非常简略,另一方面,挂牌价只是知识产权人的发价,并非最终成交价。如何建立一个能提供知识产权交易信息又能保护交易人保密信息的信息库?域外知识产权交易数据库的实践可以为我们提供

① 如转知汇网专注于专利技术交易,知识产权交易平台属于商标转让和交易平台。

一些建议。本书认为，我们可以参考欧盟委员会专家组在2013年发布的《知识产权价值评估报告》中提出的建立知识产权交易信息数据库的设想和方案，①建立我国统一的知识产权交易信息数据库。

二、欧盟知识产权交易信息数据库建立方案及借鉴

欧盟知识产权评估报告专家组认为，能够获取源于市场交易的知识产权评估价值的真实信息和数据，并结合科学的评估方法，对知识产权进行价值评估，将有利于人们对知识产权估值结果的有效性及正确性的认可。毫无疑问，这对知识产权出资中价值评估会产生非常大的积极作用。在《知识产权价值评估报告》中，专家组主要对数据库中应包含哪些数据、数据从哪里来、数据库对谁开放、谁来监管数据库四个问题进行分析，并提出了相应的解决方案，值得我们借鉴。

1. 数据库中应当包含哪些数据？

实践经验表明，知识产权交易双方往往签署保密协议，因此外界很难获知有关知识产权交易的细节。欧盟委员会专家组提出一个假设，有一组有限的因素能影响知识产权交易价格，虽然这组因素对不同类型的知识产权的影响力不同，但是这种假设可以通过知识产权交易信息数据库来验证，数据库也可以提供每个影响因素在实际交易中对成交价格作用大小的证据，并为知识产权评估提供有价值的信息，带来更加有效和可靠的评估结果。同时，数据库也应当负有保密义务，如何在对知识产权交易目的、专利质量、交易情况、影响价格的具体因素等信息进行披露的同时，保护当事人的知识产权和商业秘密，是非常重要的问题。专家组认为应当隐去保密信息和敏感信息，例如当事人的身份、所属行业、公司规模等。专家组的上述建议同样适用于我国知识产权交易数据库的建立。

2. 数据从哪里来？

建立知识产权交易信息数据库最关键的问题是如何激励这些市场参与者披露自己的交易信息和数据。最终目的是使市场参与者相信这样的一个数据库能够促进知识产权交易、提高自己的决策能力从而对自

① 详见欧盟委员会2013年11月29日发布的报告《Final Report from the Expert Group on Intellectual Property Valuation》，available at：http://ec.europa.eu/research/innovation-union/pdf/Expert_Group_Report_on_Intellectual_Property_Valuation_IP_web_2.pdf#view=fit&pagemode=none。

己的业务经营产生积极的影响。专家组建议给予这些愿意匿名公开知识产权交易价格信息的公司一定程度的税收优惠，并确保交易中的商业秘密和技术秘密不会被泄露，当然这需要政府及其税务部门的支持和协调。本书认为，政府部门可通过舆论宣传鼓励市场主体主动披露自己的知识产权交易信息和数据，税务部门可以出台适当的税收激励政策，但是最关键的是，保证数据库的安全保密性。具体而言，这要求数据库的设立技术人员必须设计有效的商业秘密和知识产权保护措施，数据库开发公司与披露信息的用户签署保密协议。采取上述措施是让市场主体相信，一旦数据库真正发挥有效作用也可以为他们带来更加可靠有效的信息和数据，也就是说，市场主体都能从中受益。这将会对市场主体公布自己的知识产权交易信息，起到很大的推动作用。

3. 数据库对谁开放？

建立数据库的目的是为了降低交易风险，使市场参与者们对知识产权价值评估有信心，因此，对数据库的限制使用似乎不符合建立的宗旨。然而，如果数据库对所有公众开放也会存在数据被滥用的风险，因此，要综合考虑各种因素论证对数据库使用主体的限制的合法性，至少在初期应该是这样。一旦条件成熟，就应当将数据库向所有用户开放。另外，为了避免一些市场主体，如专利权代理公司对信息的滥用甚至操纵，对于数据信息以及使用范围应当加以限制。

4. 谁来监管数据库？

专家组建议建立一个知识产权评估专业组织来监管数据库，增加知识产权评估的透明性，促进知识产权评估人和利益相关者之间的信任。在我国，资产评估行业的全国性自律组织——中国资产评估协会，负有指导、监督会员规范执业、帮助会员提高专业技能、提高行业的社会公信力等义务和责任，因此，由其负责开发和监管知识产权交易信息数据库，是最合适不过的。一方面，中国资产评估协会可以依据自身的权威性，统一规划，保证数据的质量；另一方面，还可以在数据库中开辟一块“交流区”，便于评估专业人员的沟通与交流。

总之，建立知识产权交易信息数据库，收集知识产权评估的案例、数据等信息，不仅可以供其他知识产权评估人员在评估过程中参考，而且知识产权出资方和其他股东也可以依据数据库提供的这些充分、可靠的信息对专利等知识产权资产的价值作出比较准确的判断，在这样的情况下形成的评估价格，更易于被出资各方所接受。另外，知识产权资产价格的形成过程透明化也便于相关部门的监督管理，①对资产评估人员和知识产权出资人也会产生很大的约束作用，减少虚假评估，降低知识产权出资风险，从而保证市场的正常运转和健康发展。

第六节　当前知识产权评估方法的局限性及选择建议

在知识产权价值评估中，评估人员通常依据一定的评估方法来计算知识产权的货币价值或经济价值。目前我国的资产评估机构在对知识产权进行价值评估时，往往忽视知识产权评估工作的复杂性和特殊性，采用的评估方法与其他资产评估使用的方法几乎大同小异。这些评估方法各有其优势，但在实践中的使用也都具有一定的局限性，如果采用的评估方法不合适，显然会出现评估不实的后果。

一、当前知识产权评估方法的局限性

在当前的知识产权价值评估中使用最多的评估方法有三种：成本法、市场法和收益法。这三种方法各有优势，但也都具有一定的局限性。

1. 成本法

成本法包括两种：历史成本法和重置成本法。两种方法都要计算知识产权开发成本。历史成本法计算开发该项知识产权的成本，主要包括劳动时间，设备和材料，日常管理费用，模型的研发费用，实验费用，注册审批费用，等等。重置成本法是考量在现实条件下重新购置或开发此项知识产权所需要的费用。相比较来说，历史成本法计算简便，可靠性强，但是也有一个缺点，因为开发知识产权的成本和它未来的价值并没有必然的联系，因此历史成本法计算出的数据并不能反映出知识产权的现有价值。例如，一种斥巨资研发出来的专利药品可能因为没有通过药品审批而无法进入市场，同样的，一个品牌的成功也不能反映出品牌产生的费用有多高。重置成本法在某种程度上克服了这些局限，既然重置成本法以当前价格为基础，就不存在把历史成本转成当前成本的问题，但是

① Hillman, Amy J., Gerald D., Keim. Shareholder value, stakeholder management, and social issues: what's the bottom line?. Strategic management journal, 2001, 22(2):125—139.

它在实务操作中存在一个障碍,就是在计算知识产权重置成本时如果没有市场价格作参照的话,那么评估结果就会带有很强的主观性。有学者认为,成本法适用于知识产权购买者不愿支付超过成本的费用的情况。①但在三种评估方法中,成本法最易招致批评,②因为知识产权的开发成本与收益水平并不成正比,因此单纯的成本法并不能得出客观真实的价值评估结论。

2. 市场法

市场法是建立在自由市场理论上的知识产权价值估价,主要通过比较市场上类似的或同类资产的市场价格信息来进行价值评估。③这种方法看上去既可信又客观,因此是很有吸引力的,当此类市场信息可获取时,通常会成为一个最好的标杆。现实中的困境在于:虽然实践中的知识资产的交易量在不断上升,但事实上,获取的可参考的标杆价格信息是非常有限的,因为有关知识产权的交易信息很难甚至是不可能进入公共领域的,特别是一些技术秘密的交易信息。而且,即使能获得真实可靠的交易信息,但是知识资产的特点千差万别,在标杆价格基础上的调整,也很难反映出知识产权的真实价值。知识产权估价之所以复杂,是因为没有任何两个知识产权财产是一样的,知识产权的独特性使得它很难与其他的知识产权进行价值上的比较。而且,同一个知识产权在不同情况下的交易价格也是不同的,也就是说,在一种情况下的知识产权交易价格并不能代表该知识产权在其他情况下的交易价格。由此可见,事实上,通过比较市场上类似的知识产权价格来进行评估价值的方法也有很大的局限性,因为很难获得类似交易的机密信息,而且也没有任何两个交易是完全一样的。

3. 收益法

收益法是通过估算被评估资产未来的预期收益并折算成现值,借以确定资产价值的方法。④从实务角度看,收益法是最广泛适用的知识产权

---

① William J. Murphy, John L. Orcutt, Paul C. Remus. Patent Valuation: Improving Decision Making through Analysis. John Wiley & Sons, Inc., Hoboken, New Jersey, 2012:20.

② William J. Murphy, John L. Orcutt, Paul C. Remus. Patent Valuation: Improving Decision Making through Analysis. John Wiley & Sons, Inc., Hoboken, New Jersey, 2012:19.

③ 参见《国有资产评估管理办法》(1991 年 11 月 16 日发布)第 26 条。

④ 参见《国有资产评估管理办法》(1991 年 11 月 16 日发布)第 24 条。

评估方法，然而，这种方法建立在对知识产权未来使用的假设的基础上，因此，需要大量的评估数据而且必须保证其真实性，否则，评估结果会严重失真。在知识产权评估中，收益法常采用的方法有权利金节省法、超额盈余法和增额收益法，这几种方法根本的区别在于如何从产品的收益中计算出单项知识产权所产生的收益。这种方法也存在很多问题，首先是有太多因素需要考虑，包括知识产权潜在的市场、市场竞争，经济形势，知识产权的注册与保护，等等。其次，知识产权的价值更多的取决于使用它的主体以及使用方式，同一个知识产权，不同的使用人、不同的使用方式，都会使它的价值发生很大改变。因此，很难估计一个知识产权的经济寿命以及在未来能带来的收益，通常来说，估算超过五年以上的收益是不现实的。

可见，实践中最常用到的三种评估方法都存在一定的局限性。相比较来说，收益法是相对全面的，但收益法的运用需要大量及时、准确的经济信息、政策信息和技术信息，目前我国市场发育尚不成熟，市场机制不健全，因此各种信息的来源极为有限，严重制约了收益法的应用，再加上高素质评估人才的缺乏，导致评估结果往往偏离客观实际，由此收益法也未得到广泛认可。

二、选择知识产权评估方法的建议

跟有形资产相比，知识资产种类繁多、千差万别，相互之间的可比性差，知识产权价值受客观环境影响较大，其效用发挥的期限、无形损耗及风险方面不确定因素较多，这就决定了知识产权价值评估较之其他资产评估而言更加复杂。如前文所述，目前我国实务中对知识产权价值评估主要使用成本法、收益法和市场法等三种评估方法，但是这三种知识产权评估方法都存在一定的局限，对于同一知识产权，采用不同的评估方法，可能得出的结果大相径庭，而且无论哪种会计手段，都难以科学公允地估算知识产权的价值。本书认为，具体选择哪种评估方法，应当考虑到被评估知识产权的特点，并且根据所能获得的信息资料来选择最适合的评估方法。在有些情况下，还需要综合使用多种评估方法，尤其在评估所需信息的真实性和全面性都达不到要求的情况下，多种评估方法的运用能使评估结果更客观全面。①而且，评估人的专业知识和经验，以及

---

① Peter Kaldos. IP valuation at the Hungarian Intellectual Property Office. 2013:35. http://ipvaluation.hipo.gov.hu/node/44.

对综合使用评估方法的把握，也是十分重要的。①评估人员不仅需要掌握评估方法的计算技巧，而且要对评估的知识产权本身有深入的了解。

以商标权价值评估为例，如果出资商标是一个尚未投入使用的商标，可以采用成本法，将商标的各种成本，例如商标的设计费用、注册费用、维持成本、交易成本等作为商标的价值构成；如果出资商标已经投入使用并已产生一定经济收益，而且在该商标的未来预期收益、获利年限以及对预期收益的影响因素都可以预测的情况下，收益法应当是最优的评估方法，此时也可以将成本法作为收益法的补充方法，而由此得出的评估结论具有较好的说服力和可靠性。②同样，对于技术价值的评估，当技术处于不同的阶段时，也应当选择不同的评估方法。在技术开发的早期阶段，可以选择成本法，但是在技术开发完善和成熟阶段，应当选择市场法或者收益法。

另外，一些发达国家在知识产权评估中，往往对影响知识产权价值的各种因素进行非常全面和周密的分析，如美国已经针对专利、商标、版权等知识产权自身的特点，发展出不少新的评估方法，比如专利评估中的设计会比方法与可比较的交易法。③我国应充分借鉴和学习发达国家的先进的理论和方法，加强理论研究，针对不同知识产权资产类型，建立起科学客观的评估方法。

第七节　知识产权评估的法律风险及防范对策

就知识产权评估本身的风险而言，主要来自知识产权评估的固有风险和法律风险两个方面。固有风险主要指被评估知识产权的智力成果性、无形性和特殊价值性给知识产权评估带来的不确定性风险。对于固有风险，通过科学分析知识产权依托产品所在的行业状况、市场竞争情况、投资可行性等问题，结合适当的评估方法，可以使风险减少到最低限

---

① Wirtz, Harald. Valuation of Intellectual Property: A Review of Approaches and Methods. International Journal of Business and Management, 2012, vol.7(9):40—48.

② 魏玮：《知识产权价值评估研究》，厦门大学出版社 2015 年版，第 121—126 页。

③ 白福萍、郭景先：《知识产权评估背景因素与评估方法的选择》，《财会月刊》2012 年第 12 期下旬。

度。法律风险是指相关法律法规对知识产权的取得和要求的规定对知识产权价值有着显著的影响,因此,知识产权评估具有法律上的风险。对于此类风险,可以通过有效的防范对策予以规避,即评估人员在选择评估方法、建立评估模型时,必须要充分考虑到影响知识产权价值的法律因素。

不同类型的知识产权差别非常大,除了都具有非物质性,这些知识产权之间几乎不具有共同特征,因此,不同的知识产权类型,影响其价值的法律因素也不相同。实践中,股东出资概率较高的知识产权类型是专利权、专有技术和商标权,下文分析上述知识产权类型的价值评估时,应当特别考虑其中的法律因素。

一、专利权价值评估中应当考虑的法律因素

国家知识产权局和中国技术交易所在2012年联合出版的《专利价值分析指标体系操作手册》中,通过对七个指标进行评价来衡量一个专利的法律价值①,笔者认为不够全面,对股东出资的专利技术进行价值评估时,应当考虑以下八个法律因素:

1. 专利权的权利类型

我国《专利法》将专利的类型分为三种:发明、实用新型和外观设计。这三种专利在审查方式及保护期限上不完全相同。发明专利的审查方式为实质审查制,专利保护期限为20年,而实用新型和外观设计专利均采取形式审查制,专利保护期限为10年。专利类型对专利权的价值有很大影响,发明专利受法律保护的程度较高,与同类的实用新型相比,价值更高。一般来说,发明专利价值要高于实用新型专利,实用新型专利价值要高于外观设计专利。②

2. 专利权权属问题

专利权的权属是决定专利权价值的重要因素。专利权出资评估中的权属问题,是指股东出资的是专利权还是专利使用权或专利申请权。如果是以专利使用权出资,还要区分是独占许可还是普通许可,同一个专利技术,不同形式的许可,其价值相差很大。对出资专利的权属进行

---

① 这七个指标分别为:稳定性、不可规避性、依赖性、专利侵权可判定性、有效性和多国申请、专利许可状态。详见国家知识产权局专利管理司,中国技术交易所:《专利价值分析指标体系操作手册》,知识产权出版社2012年版,第11页。

② 魏玮:《知识产权价值评估研究》,厦门大学出版社2015年版,第68—69页。

确定是很重要的，如果以专利使用权出资，但评估的却是专利权的价值，即使评估结果客观公正，也无法作为专利使用权“作价”的参考依据。实践中就有这样的案例，2004 年 2 月，海信科龙电器股份有限公司（以下简称“海信科龙公司”）通过股权转让及增加注册资本取得西安科龙制冷有限公司 60%的股权，成为控股股东。增资协议约定海信科龙公司应以价值 4 315 万元的技术、专利等无形资产的使用权出资。而资产评估公司评估的却是专利权的价值，并就评估结果出具了评估报告，即两项专利价值为 5 365.63 万元。经验资，专利技术出资为人民币 4 315 万元。①法院认为，涉诉两项专利的评估价值是对专利权价值的评估，从办理工商登记的资料显示，应认定海信科龙公司是以专利权出资，而出资人海信科龙公司并未办理专利权转让的相关手续，因此，海信科龙公司应承担出资不实的责任。

3. 专利权的经济寿命

专利的有效期不可延展，因此，在保护期的不同阶段，专利的价值也有很大差别。一般来说，距离保护期届满的时间越长，专利的价值越高，而一旦保护期届满，专利成为一种免费共享的社会公共资源，价值骤减甚至消失，专利权人依靠专利保护而取得的收入和利润也会大幅度下降，即“专利悬崖”（patent cliff）。因此，在进行专利权评估时，保护期的长短是决定其价值的重要因素。如果专利已经过保护期，但仍然按未过保护期的情况来评估其价值，评估结果就会“谬以千里”。例如在“广州中科环能科技有限公司诉爱国者数码科技有限公司等财产损害赔偿纠纷案”中，②中科天圣公司是于 2004 年 8 月 31 日经广州市工商行政管理局核准登记成立的有限责任公司，股东之一中科环能公司以实用新型技术出资，其名称为“一种高效的平板太阳能集热器”，该专利技术的专利权已于 2002 年 3 月 20 日终止。而全体股东居然一致同意，中科环能公司的这项已过专利权保护期的技术作价 100 万元出资到广州中科天圣科技有限公司。虽然中科天圣公司注册成立，但该专利技术在中科天圣

---

① 海信科龙电器股份有限公司与武汉市万欣机械有限公司承揽合同纠纷上诉案，湖北省武汉市蔡甸区人民法院（2009）蔡民二初字第 2 号民事判决书；武汉市中级人民法院（2009）武民商终字第 1355 号民事判决书，【法宝引证码】CLI.C.1762619。

② 广东省广州市中级人民法院（2013）穗中法民二终字第 1672 号民事判决书。【法宝引证码】CLI.C.2187569。

公司登记成立时已毫无价值,因此,法院判定中科环能公司构成虚假出资,其依法应在100万元的虚假出资范围内对中科环能公司的债务承担补充清偿责任。

4. 专利的稳定性

专利的稳定性是指一项被授权的专利在行使权利的过程中被宣告无效的可能性。由于我国《专利法》规定了专利的撤销程序和无效程序,①因此被授予的专利权是相对的,而不是绝对的,一旦发现某种事实破坏了该专利的授权条件,该专利就有可能被宣告无效。尤其是没有经过实质审查程序即被授权的实用新型专利和外观设计专利,被宣告无效的可能性更大。对于一项专利来说,它的价值及价值的增值都建立在权利稳定性的基础之上。②专利权被撤销或宣告无效的可能性越大,其稳定性就越差,实施该专利权利的风险也就越大,该专利的价值就越低。如果专利被牵扯到侵权诉讼、无效诉讼等专利纠纷之中,特别是在法院未决的纠纷中,其评估必须在按一般方法评估出的价码上再打折扣。

5. 实施依赖性

实施依赖性,即一项专利的实施是否依赖于现有授权专利的许可,以及本专利是否作为后续申请专利的基础,即属于关联专利中的"第一专利"还是"第二专利"③。如果股东拟出资的专利属于"第二专利",需要一个或多个在先专利的许可才能实施,显然会在一定程度上受其他在先专利权人的牵制,虽然在一定条件下可以向国务院专利行政部门请求强制许可,但强制许可的范围有一定的限制,④而且须向专利权人支付使

① 我国《专利法》第48条。

② 魏玮:《知识产权价值评估研究》,厦门大学出版社2015年版,第75页。

③ 关联专利,又称为依存专利,源于我国《专利法》第51条规定:一项取得专利权的发明或者实用新型比前已经取得专利权的发明或者实用新型具有显著经济意义的重大技术进步,其实施又有赖于前一发明或实用新型的实施的,国务院专利行政部门根据后一专利权人的申请,可以给予实施前一发明或实用新型的强制许可。而且在依照前款规定给予实施强制许可的情形下,国务院专利行政部门根据前一专利权人的申请,也可以给予实施后一发明或者实用新型的强制许可。"前一专利"往往被称为"第一专利","后一专利"往往被称为"第二专利"。

④ 强制许可受益人的范围可以是专利权人可以做的一切行为,也可以只是其中的某些行为。我国《专利法》第53条规定,除因被认定为垄断而给予强制许可或基于公共健康而给予药品的强制许可外,强制许可的实施应主要为了供应国内市场,但就垄断、限制竞争或基于公共健康而给予的强制许可的实施则可以向国外市场提供。

用费。相反,如果股东拟出资的专利属于基础专利,会衍生出许多专利,而且这些专利的实施都需要本专利的许可,则说明本专利依赖性较弱,其法律价值也比较高。

6. 专利侵权可判定性

基于一项专利的权利要求,是否容易发现和判断侵权行为的发生,是否容易取证,进而行使诉讼权利。这关系到专利的权利要求是否能够容易地保护该发明的方案。容易判定专利侵权的权利要求的特征通常通过外在表现来限定发明的技术方案。举例来说,对一个装置只需要根据说明书描述、使用的状况,或者根据外部输入的测试就可以判定是否侵权属于比较易于判定;如果需要拆解该装置才可以判定是否侵权则属于比较难于判定。根据反向工程以及取证的难易程度也可以确定专利侵权的可判断性的程度,越易于判断,其法律价值越高。

7. 权利要求数量

权利要求数量,即专利的保护宽度。权利要求数量与专利价值有很高的相关度。一般来说,专利的权利要求数量越大,该专利的排他性与垄断性就越强,获取经济利益的能力就越高,因此,其专利价值也就越高。

8. 同族专利数量

同族专利是指专利权人将同一专利向不同的国家或者地区申请专利权,从而形成一系列内容大致相同的专利权,其目的是为了保护同一发明创造,这一系列专利被称为“同族专利”。①在出资的场合,如果权利人将其依照中国专利法获得的专利权作为出资转让给拟设立的公司,公司成立后如果在同族专利所在的国家或地区使用该专利,或者向该国家或地区出口利用该专利技术生产的产品可能会产生侵权问题,在专利法上就是平行进口问题。大量研究证实,同族专利数量越大,其国际市场竞争力越强,代表专利具有越高的经济价值。②但也不能一概而论,由于当前最主要的国际公约,如 TRIPS 协议、《多哈宣言》等对成员方国内法

① 唐春:《基于国际专利制度的同族专利研究》,《情报杂志》2012 年第 6 期。

② 吕晓蓉:《专利价值评估指标体系与专利技术质量评价实证研究》,《科技进步与对策》2014 年第 20 期。

的平行进口问题没有统一的要求,[1]各国和地区的法律对平行进口的态度也不一致,因此在进行专利价值评估时,除了要考虑到同族专利的数量,还要考虑到同族专利所在国家对平行进口的态度。一般而言,同族专利所在地允许平行进口的国家和地区越多,专利权的价值就越高。

二、专有技术价值评估中应当考虑的法律因素

专有技术又称技术秘密,是指不为公众知悉、能为权利人带来经济利益、具有实用性并经权利人采取保密措施的技术信息。根据我国《技术引进合同管理条例》及其《实施细则》的规定,专有技术包括那些未公开的、制造某种产品或者应用某项工艺以及产品设计、工艺流程、配方、质量控制和管理等方面的技术知识。专有技术与发明专利权既有着密切联系,又有着不同之处。作为法律权利,专有技术权是相对禁止的权利,其禁止效力仅及于违法的侵占,不及于合法的取得、使用和披露。换言之,专有技术的法律保护仅赋予相对人义务,制止其侵权行为,对于已经公开的专有技术没有"收回"的效力,因而专有技术一旦被公开、扩散,成为公认的使用技术,也就不存在其特有的价值,其权利人将受到无可挽回的损失。在对专有技术的价值评估中需要考虑以下几个法律因素:

1. 专有技术的权属

一般知识产权的主体都是公开性的,但专有技术的权利主体却通常都是隐秘的、不易确定的。即使专有技术属于自主研发的,权利人也不容易证明,因为专有技术的秘密性,一般情况下,没有法定证明效力的登记文件或授权文件,只能依靠技术完成过程中相关劳动的资料,来确定专有技术的权属。如果一项专有技术的权属模糊,那么在出资后,就可

---

① 《多哈宣言》中第5(d)款指出:在TRIPS协议第3条、第4条有关最惠国待遇和国民待遇原则的规定前提下,TRIPS协议中有关知识产权权利用尽的规定应当使各成员能够自由地、不受干扰地建立其权利用尽体系。TRIPS协议第28条(1)规定:专利权应当授予其所有人如下专有权:(a)如果专利的客体是产品,制止第三方未经所有人同意而进行下列行为:制造、使用、许诺销售、销售或者为这些目的而进口该产品。TRIPS协议的注释6对上述条款中"进口"一词专门规定:这一权利,与依照本协议授予的关于商品的使用、销售、进口或者分销的所有其他权利一样,均应符合第6条的规定。而TRIPS协议第6条明确规定:本协议的任何规定均不得用于涉及知识产权的权利用尽问题。可见TRIP协议在知识产权的权利佣金问题上给了成员各自决定其立场的自由。详见:尹新天:《专利权的保护》(第2版),知识产权出版社2005年版,第101—121页。

能会有第三人向受资公司主张权利,严重的甚至会导致出资目的无法实现。因此,权属是否清晰确定对专有技术的预期收益有很大影响。

2. 专有技术的可替代程度

考察同领域相关技术情况,确定专有技术的先进性、成熟度,即可替代程度,这是决定专有技术价值的基础。专有技术越先进、成熟度越高,其经济寿命越长、获利能力也越强,公司基于技术优越性而产生的垄断地位也会越强,相应地,价值也越高。

3. 专有技术的使用情况

一般来说,权利人自己行使专有技术,泄密风险小,相对的评估价值就高。但如果专有技术被转让过或许可他人使用过,一般来说,交易次数越多、使用人数越多,专有技术被扩散的风险就越大,那么相应地,评估价值也就越低。

4. 专有技术的保密措施及预计的保持时间

专有技术的保密措施及秘密性的保持时间对专有技术的价值影响重大。专有技术之所以具有价值,就是因为其是秘密的、不公开的,保密措施不当或被偶然地正当发现,都会使专有技术逐渐地或突然地失去新颖性、秘密性,从而进入公有领域。因此,权利人采用了何种保密措施、这种保密措施是否健全以及专有技术研发人员的流动情况对专有技术的价值具有重要的影响。保密措施做得越好,专有技术的秘密性越持久,价值就越高,反之,保密措施不到位,专有技术的泄密可能性越大,相应地,评估价值就越低。

5. 专有技术的保密成本

技术作为秘密来保护,并非不花费成本,这种成本来自保密费用,如购置、建造保密措施,向有关人员支付保密费用等。①在专有技术的价值评估中,应当考虑到这部分成本。如果保密成本变得接近于或等于专有技术带来的收益,那么专有技术的价值也就失去了意义。

三、商标权价值评估中应当考虑的法律因素

影响商标权价值的因素有很多,例如商标所依托的商品所处的行业、宏观经济政策、市场竞争情况、商标使用人的经营管理能力等,囿于篇幅,本书只分析影响商标权价值评估的法律因素。

---

① 郑成思:《知识产权价值评估中的法律问题》,法律出版社 1999 年版,第 118—120 页。

（一）商标在生产经营活动中的使用情况

商标的使用情况主要应考虑两点：第一，商标是否已经在生产经营活动中投入使用。对于未投入使用的商标，其价值主要取决于商标设计成本、商标权维持及交易费用。对于投入使用且已经带来一定经济收益的商标，决定其商标价值的主要是积极市场因素，即其标识的商品或服务的声誉，而不再是成本因素。因此，已使用和未使用商标的价值决定因素是不同的，在评估中应当有所区分。另外，还要注意到一些曾投入使用但后来被闲置的商标。我国《商标法》第 49 条第 2 款规定：没有正当理由连续三年不使用的，任何单位或者个人可以向商标局申请撤销该注册商标。实践中就有商标权利人将商标转让后，第三方以该商标连续三年停止使用为由向商标局提出撤销申请，对于股东拟出资的商标专用权，如果该商标长期被闲置，那么该商标面临着被撤销的风险，在价值评估中应当考虑到这一点。第二，商标权的出资方式。即出资人是以商标权还是以商标使用权出资，通常来说，商标权的价值要高于独占商标许可使用权，独占商标许可使用权的价值要高于普通商标许可使用权。

（二）注册商标的无争议期是否届满

商标注册后，仍有可能被撤销。对于已经注册的商标，自商标注册之日起五年内，如果在先权利人和利害关系人认为商标注册违反了《商标法》第 13 条（禁止抢注驰名商标）、第 15 条（禁止代理人和代表人抢注）、第 16 条（禁止注册误导公众的地理标志）、第 30 条（禁止在相同或类似商品上注册与他人已注册商标或已初步审定的商标相同或近似的商标）、第 31 条（先申请原则）和第 32 条（禁止商标注册损害其他在先权利，禁止抢注特定未注册商标），可以请求商标评审委员会宣告该注册商标无效。因此，在对股东出资的商标权进行评估时，如果该商标已经届满五年的争议期限，表明注册商标的稳定性增强，这也会为商标的增值加分。

（三）商标是否已被认定为驰名商标或区域著名商标

商标的知名度与美誉度，是决定商标价值的重要因素。通常来说，商标的知名度和美誉度越高，其价值就越高。如果一个商标因为符合法律、地方法规规定的标准而被行政机关认定为驰名商标或区域著名商标，与普通商标相比，会受到更强的法律保护，其价值也更高。

驰名商标（well-known trademark）是指经过长期使用，在市场上享有较高声誉,并为相关公众所熟知的商标。1883 年《巴黎公约》首次引入了驰名商标的概念,禁止他人将与驰名商标相同或近似的商标在与商标所有权人相同或近似的行业中注册和使用。TRIPS 协定对驰名商标确立了更高的保护标准:跨类保护。①我国商标法对驰名商标的保护主要体现在两点:一是保护范围,不仅包括在中国注册的驰名商标,还包括未在中国注册的驰名商标。不过对未注册的驰名商标的保护比较谨慎,在未注册驰名商标与普通注册商标发生冲突时,法律优先保护未注册驰名商标,但是,对未注册驰名商标的保护要低于对普通注册商标的保护水平,当然更低于注册的驰名商标。②因为它毕竟不是注册商标,与我国的立法基本原则相悖。二是对在中国注册的驰名商标,我国《商标法》第 13 条第 3 款规定了对注册驰名商标的跨类保护,从而使对注册驰名商标的保护水平,明显要高于普通注册商标和未注册驰名商标。三是对已注册驰名商标防止淡化。最高人民法院在 2009 年颁布的《关于审理涉及驰名商标保护的民事纠纷案件应用法律若干问题的解释》③中,对防止驰名商标"弱化"、"丑化"作出了规定。可见,驰名商标的识别功能、彰显使用者身份和地位的功能、质量保障的功能、广告宣传的功能,以及这些功能所带来的巨大的经济效益,绝非普通注册商标所能比拟,而且法律对驰名商标采取的特殊保护,都决定了驰名商标的价值要远远高于普通商标。

区域著名商标的取得需要商标持有人向所在地的工商行政部门提出申请,经政府相关部门评审后认为该商标符合当地政府关于著名商标

---

① TRIPS 协定第 16 条第 3 款规定:《巴黎公约》1967 年文本,原则上适用于与驰名商标所标示的商品或服务不类似的商品和服务,只要在不类似的商品或服务商使用该商标而会暗示该商品或服务与驰名商标所有人存在某种联系,使驰名商标所有人的利益可能因此受损。

② 第一,根据 2002 年最高人民法院《关于审理商标民事纠纷案件适用法律若干问题的解释》第 2 条的规定,复制、模仿、翻译他人未注册驰名商标,行为人应承担停止侵害的民事责任,并不适用其他民事责任问题;第二,法律未规定未注册驰名商标所有人有权在诉前请求向法院申请采取责令停止有关行为和财产保全的措施及申请诉前保全证据;第三,对未注册驰名商标不实行跨类保护。

③ 《关于审理涉及驰名商标保护的民事纠纷案件应用法律若干问题的解释》第 9 条第 2 款:足以使相关公众对使用驰名商标和被诉商标的商品来源产生误认,或者足以使相关公众认为使用驰名商标和被诉商标的经营者之间具有许可使用、关联企业关系等特定联系的,属于商标法第十三条第一款规定的"容易导致混淆"。足以使相关公众认为被诉商标与驰名商标具有相当程度的联系,而减弱驰名商标的显著性、贬损驰名商标的市场声誉,或者不正当利用驰名商标的市场声誉的,属于商标法第十三条第二款规定的"误导公众,致使该驰名商标注册人的利益可能受到损害"。

的认定标准，授予“××省（市）著名商标”的荣誉称号并向社会公告。地方政府对本区域认定的著名商标的保护水平，往往要明显高于对普通注册商标的保护水平，有些地方政府还会给予著名商标所在企业现金奖励、税费减免、贷款优惠等实实在在的好处。①由于区域著名商标具有很高的权威性，接受区域著名商标出资，对提升公司品牌形象和知名度、迅速打开市场均具有重要意义。因此在评估时应充分考虑这一因素。但还要注意当地政府关于区域著名商标的相关管理规定，这对商标价值也有一定影响。例如广东省人民政府在2008年发布的《广东省著名商标认定和管理规定》②第17条规定，被认定为著名商标的注册商标发生转让的，其著名商标于转让时失效。虽然著名商标的失效并不意味着其自身的质量保障功能、宣传功能骤然消失，但政府给予著名商标的福利，“新东家”显然不能再享受。这些都是价值评估中应当考虑的因素。

从理论上说，无论是一个刚刚获得注册、尚未付诸使用的商标，还是一个已使用了很久并具有一定知名度的商标，都可以作为股东出资的标的。但在实践中，股东出资的往往是那些具有一定知名度的注册商标甚至是经认定的驰名商标或者地方区域著名商标，以便于公司能够借助品牌的力量迅速打开市场。在商标权的价值评估中，品牌影响力的大小对商标权的价值评估具有很大的影响。③

公司资本源于股东出资，法律对资本的管制自然延伸到股东的出资行为，包括出资形式、期限、金额、出资信息的披露等方面，但管制的核心是对股东出资财产的评估作价的监管。甚至对出资形式的限制，实际上也是为了规避评估难的问题。④正是由于前文所述的原因，往往导致出资知识产权的评估结果失真。要破解知识产权评估不实的难题，本书认为，在评估途径上，应当建立多层次的选择机制；在评估过程中，应当采用更加科学的评估方法，综合考虑影响评估价值的因素；同时，建立知识产权交易信息库，为知识产权价值评估提供真实、可供参考的信息。

---

① 刘熠：《商标著名否，由谁说了算?》，《南方日报》2012年2月17日第A22版。

② 《广东省著名商标认定和管理规定》（广东省人民政府令第24号），2008年7月广东省人民政府第十一届九次常务会议通过，自2009年1月1日起施行。

③ 例如，在采用Interbrand评估法时，品牌价值=品牌收益×品牌强度，此处的“品牌强度”指的是评估对象与同行业其他品牌的相对地位以及市场影响力。

④ 刘燕：《公司法资本制度改革的逻辑与路径——基于商业实践视角的观察》，《法学研究》2014年第5期。

第二章　隐性知识产权出资及其法律规制

隐性知识产权出资是指股东与公司达成协议,在公司设立或增资时,先以现金出资的形式将股金交给公司,然后将自己的知识产权转让给公司,并以收回价款的方式收回其缴纳的股金,或者先将自己的知识产权转让给公司,并以所得价款作为股金交给公司。也就是说,股东通过"现金出资+知识产权交易"两个行为来完成了知识产权出资。从表面上看,这是两个合法的行为,首先,现金出资是合法的出资方式;其次,我国法律也未禁止股东与公司之间的交易。"法无禁止即可为",因此股东把自己的知识产权卖给公司也无可厚非。但从这种出资安排的结果来看,这实质上构成了一个知识产权出资行为。那么,股东为何要费时费力地将知识产权出资分解成两个行为?对隐性知识产权出资行为,是否有规制的必要?本书通过分析造成隐性知识产权出资的原因,探究对隐性知识产权出资行为规制的法理基础及如何进行法律规制等若干难点,借鉴欧美国家的相关法律制度和学说,提出解决上述问题的适当途径。

第一节　隐性知识产权出资的表现形态及其成因

一、隐性知识产权出资的表现形态

以股东与公司达成知识产权交易的时间为区分标准,实践中的隐性知识产权出资主要有两种表现形态:

(一) 公司成立前达成隐性知识产权出资协议

公司在设立过程中,股东与公司达成协议:股东先进行现金出资,但公司成立后须购买该股东的某项或某些知识产权,公司购买知识产权的价格可能正好等于股东之前交付的现金出资,也可能略高于或低于股东交付的现金出资。这种情况在实践中并不少见，例如在“潘某某与乔某某债权纠纷上诉案”①中，乔某某与潘某某等人约定设立公司，公司章程中规定出资各方均为现金出资，在公司设立时，公司章程规定的出资额也被全部认缴。从表面上看，潘某某等人已经充分履行了现金出资的义务。但事实并非如此，因为在制定公司章程之前，发起人还共同签订了一份出资协议，根据该协议，潘某某及其子分别以两项专利权折价入股。为了规避公司法对实物出资的评估要求，在公司设立登记时提交的公司章程中显示各方均为现金出资，公司成立后，潘某某等两人再将出资专利权转移给公司，收回其现金出资。协议中“将协议约定的知识产权及设备作补充抵资”可以理解为公司通过购买股东的知识产权，用支付货款的方式返还股东的现金出资。同样的案例还有“杨某与北京八德堂科技有限公司股东资格确认纠纷案”，②等等。

（二）公司成立后达成隐性知识产权出资协议

在出资协议或公司章程中规定，某股东的出资方式为现金出资，股东在规定的时间内履行出资义务，并在公司成立后的一段时间内，与公司签署买卖合同，将自己的某项或某些知识产权出售给公司，用收回货款的方式来收回现金出资。隐性知识产权出资的这种表现形态在实践中非常具有隐蔽性，因而很难界定。例如在“湖北开元化工科技股份有限公司（以下简称‘开元公司’）诉枝江力元化工有限公司公司（以下简称‘力元公司’）决议纠纷案”③中，开元公司与南京桑力电子设备厂（以下简称“桑力厂”）于 2010 年 5 月签订《投资协议书》，共同组建力元公司，约定桑力厂出资 600 万元人民币，占注册资本的 60%，其中现金出资

---

① 浙江省杭州市中级人民法院（2010）浙杭商终字第 557 号民事判决书，【法宝引证码】CLI.C.334830。

② 何某某和杨某签订的投资协议中约定，何某某认缴出资额 51 万元人民币，其中以管理营销技术出资作价 31 万元人民币，但由于管理营销技术无法评估，（长期以来，为了避免经营秘密中的客户名单、客户关系及人力资本由于价值评估而被泄露，因此实践中的评估很少，学术研究也很少。）不符合公司法对非货币财产出资的要求，因此双方约定本应由何某某认缴的 31 万元人民币由杨某支付。为了顺利设立公司，双方在签署的公司章程中隐瞒了何某某的管理营销技术出资，而是规定何某某出资方式为“现金出资，出资金额为 51 万元人民币”。详见北京市第三中级人民法院（2016）京 03 民终 558 号民事判决书，http://www.lawxp.com/case/c20119219.html。

③ 湖北省枝江市人民法院（2013）鄂枝江民初字第 00684 号民事判决书，【法宝引证码】CLI.C.16975496。

480万元人民币，四氯苯醌生产技术等无形资产作价120万元人民币。力元公司于同年8月经工商局登记成立。通过查询力元公司在全国企业信用信息公示系统上的出资信息，可以看到，股东桑力厂认缴出资方式为"货币"，实缴额为600万元人民币。也就是说，桑力厂并未将投资协议约定的技术出资交付给力元公司。2013年1月，力元公司召开股东会，决议以120万元人民币的价格购买桑力厂的四氯苯醌生产技术。可见，这种情况属于公司成立后达成的隐性知识产权出资协议。即从外观显示来看，桑力厂的出资方式为现金出资。但在公司成立后，意图将四氯苯醌生产技术出售给公司，用收回货款的方式来收回现金出资。

二、造成隐性知识产权出资的原因

隐性知识产权出资属于规避我国出资法律规范的行为，但却能给知识产权出资股东及受资公司带来一些好处。通过对实践中的案例进行分析，造成隐性知识产权出资的原因主要有以下三个：

（一）规避法律或公司登记部门对知识产权出资形式的限制

根据我国《公司法》第27条，股东可以用"知识产权、土地使用权等可以用货币估价并可以依法转让的非货币财产出资"。这个规定虽然是开放式的，但事实上，股东的知识产权出资方式受到很多限制，除了《公司登记条例》第14条禁止"以商誉、特许经营权或者设定担保的知识产权等作价出资"以外，还存在一些原则上允许但由于没有操作方案而导致实践中不被公司登记机关认可的出资方式。以商标使用权为例，商标使用权虽然可以用货币估价且可以依法转让，学者们也大多认为使用权是知识产权权利群中最核心的权利，可以用货币估价并且可以依法转让，属于适格的出资财产，①但实践中并未得到公司登记部门的普遍认可。上海市工商局出台的《浦东新区商标专用权出资管理办法(试行)》和青岛市工商局出台的《商标专用权出资管理办法(试行)》均明确规定股东可以用商标使用权出资。②除此之外，大多数地方的工商部门并不认

---

① 详见高旭军：《知识产权入股法律问题研究》，《美中法律评论》2005年第11期；朱雪忠、郭威：《企业知识产权出资问题研究》，《商丘师范学院学报》2008年第1期；申屠晓娟：《基于公司法人财产制度的知识产权出资权利形态分析》，《浙江学刊》2012年第2期。

② 详见：上海市工商行政管理局、浦东新区人民政府关于印发《扩大浦东新区分局登记管辖权试行办法》等四项"试行办法"的通知(沪工商注〔2006〕906号)http://www.lawxp.com/Statute/s791866.html；《推进商标战略　促进品牌经济发展》，http://news.163.com/14/0616/04/9UR6AGQT00014Q4P_mobil.html。

可商标使用权是一种适格的出资方式，其主要理由是《公司法》第28条规定了“以非货币财产出资的，应当依法办理其财产权的转移手续”，而知识产权使用权的转让是无需办理产权转移手续的，因此，知识产权使用权不是适格的出资方式。[①]在这种情况下，那些意在以商标使用权出资的股东就会先用现金出资，然后与公司签订商标使用权转让合同，通过“现金出资+买卖合同”的方式，达到商标使用权出资的目的。同样的，任何不被法律或工商登记部门认可的知识产权形式，都可以通过“现金出资+买卖合同”的方式来实现出资。

（二）规避法定的知识产权价值评估程序和责任

根据我国现行《公司法》的规定，知识产权出资必须进行评估作价，如果被认定为价值高估而构成出资不实，不仅出资人要承担补足责任，公司设立时的其他股东（发起人）也要承担连带责任。[②]如果股东采取隐性知识产权出资方式，一方面，不仅省去了知识产权价值评估的程序和费用，而且绕开了评估价值的权力不掌握在自己手中的困难，完全有可能以高价将知识产权卖给公司，从中获利；另一方面，逃避了法定评估，也就意味着股东无需对出资的知识产权的所谓的“后续”价值承担保证责任。[③]

（三）保护公司的商业秘密

我国从2014年10月1日起施行的《企业信息公示暂行条例》要求工商行政管理部门对于其在履行职责过程中产生的注册登记、备案信息应当及时通过企业信用信息公示系统向社会公示。公司应当通过企业信用信息公示系统向社会公示年度报告，年度报告应当包括其股东或者发起人认缴和实缴的出资额、出资时间、出资方式等信息。这样就会泄

---

① 详见李某某与宁波康麦隆医疗器械有限公司股权确认纠纷上诉案，浙江省宁波市中级人民法院（2011）浙甬商终字第62号民事判决书，【法宝引证码】CLI.C.1740340。又如上海市工商局网站上可供下载的公司登记（备案）申请书中关于公司设立登记提交材料目录中规定，涉及发起人首次出资是非货币财产的，提交已办理财产权转移手续的证明文件。

② 我国《公司法》第30条规定：有限责任公司成立后，发现作为设立公司出资的非货币财产的实际价额显著低于公司章程所定价额的，应当由交付该出资的股东补足其差额；公司设立时的其他股东承担连带责任。第93条第2款规定，股份有限公司成立后，发现作为设立公司出资的非货币财产的实际价额显著低于公司章程所定价额的，应当由交付该出资的发起人补足其差额；其他发起人承担连带责任。

③ 邓峰：《资本约束制度的进化和机制设计——以中美公司法的比较为核心》，《中国法学》2009年第1期。

露一些公司不愿公开的资本信息,特别是一些专有技术、商业秘密信息,而采用隐性知识产权出资,更有利于保守公司秘密。

在以上三个原因中,规避法定的出资程序和责任是股东采取隐性知识产权出资的主要动因。而与公司达成隐性知识产权出资协议的“股东”,往往是公司的控制股东,因为只有他们才能利用自己在公司中的影响力和控制地位,操纵股东(大)会或董事会同意其以知识产权交易冲抵现金出资义务的要求,甚至将对公司经营毫无用处的知识产权高价卖给公司,显然,这不仅损害了公司利益,对其他已经足额出资的股东来说也是不公平的。

第二节　隐性知识产权出资的法律规制

一、隐性知识产权出资法律规制的必要性

隐性知识产权出资属于规避法定出资程序和责任的行为,而且往往会侵害公司整体利益。那些与公司达成隐性知识产权出资协议的“股东”,往往是公司的控制股东,他们通过操纵股东(大)会或董事会,将自己的知识产权卖给公司以冲抵现金出资义务,而这些知识产权,可能对公司经营毫无用处。在这种情况下,隐性知识产权出资违反了以下法律原则:

(一) 违反了资本真实原则

资本真实原则是指公司股东必须按照自己在公司设立时所认的注册资本份额真实地向公司缴纳出资。公司法里面,资本的第一重要原则是资本真实。注册资本构成了具有独立法人人格的公司的存在基础,而股东通过真实缴纳自己所认的注册资本份额,获得了有限责任的保护。我国公司法虽历经多次变革,但资本真实原则从未动摇。为了保证注册资本的真实缴纳,我国《公司法》中有如下规定:第一,出资形式的要求,非现金出资的财产需满足两个条件:可以用货币估价、可依法转让(第 27 条、第 82 条)。第二,非现金出资的财产必须进行价值评估,不得高估或低估,以便在资产负债表上准确反映出资财产的价值(第 27 条)。第三,禁止股份折价发行(第 127 条)。第四,公司发起人、股东应当按期足额缴纳公司章程中规定的各自所认缴的出资额,以及发起人、股东出资不

实、虚假出资的法律责任(第28条、第30条、第83条、第93条、第199条)。第五,采用募集设立方式设立股份有限公司,发行股份的股款募足后,必须经依法设立的验资机构验资并出具证明(第89条第1款)。[①]

在隐性知识产权出资中,股东往往把知识产权高价卖给公司,甚至将公司并不需要的知识产权卖给公司,而公司以支付货款的形式将股东之前的现金出资予以返还。这种行为违反了资本真实原则,不仅损害了公司利益,而且间接损害了公司债权人的利益,因为隐性知识产权出资会导致股东的实际出资额小于资本外观显示的数额。而且由于其隐蔽性,更不易被债权人察觉,因此相信股东已完全履行出资义务而放弃对出资人追究责任的债权人就会承受不应有的利益损害。[②]

(二)违反了股东平等原则

希望被平等对待是人的本性,“当那些认为自己同他人是平等的人在法律上得到了不平等的待遇时,他们就会产生一种卑微感,亦即产生一种他们的人格与共同的人性遭到侵损的感觉”[③],人们希望得到尊重的欲望促使法律朝平等方向发展。在公司法领域,各国无不将股东平等视为股东关系的一项基本原则。[④]股东平等原则是指在股东的权利和义务方面,所有股东一律平等。这要求公司除非有正当理由,否则不得对股东区别对待。我国公司法将股东平等原则表述为“同股同权、同股同利”原则。长期以来,人们把“平等原则”作为协会法的一个基本原则,其理论基础是,企业应该提高自身的凝聚力并让股东紧紧围绕在其周围,对股东实行不平等待遇则不利于上述目的的实现。因为对一个股东提

---

① 验资是法定机构依法对公司股东出资情况进行检验并出具相应证明的行为和程序,该制度设计的目的是通过中立的专业机构来保障股东出资行为的真实和出资财产的货真价实。长期以来,验资是把守资本真实的程序关口,但由于验资程序增加了企业负担,以及实践中存在的虚假验资、恶意串通等问题也使得验资制度广受质疑,2013年12月第八届全国人大常委会第五次会议通过的《关于修改中华人民共和国公司法的决定》,取消了有限责任公司和发起设立的股份有限公司在设立过程中的验资程序,取而代之的是,执法机关对公司资本的抽查核验以及对资本失实行为的惩戒追究,同样体现了我国对资本真实性的法律要求。

② 赵旭东:《资本制度变革下的资本法律责任——公司法修改的理性解读》,《法学研究》2014年第5期。

③ [美]E.博登海默:《法理学——法哲学及其方法》,邓正来等译,华夏出版社1987年版,第284页。

④ 林晓镍:《股东利益的冲突与衡平——探寻股东关系的基本原则》,《法学评论》2001年第1期。

供特别优惠往往意味着对其他股东的歧视。①

如果一个股东的出资为隐性实物出资，那么应当考察该股东和公司的交易标的和交易价格是否公平合理，如果交易标的并不是公司经营所必需的，或者交易价格远远高出了市场价格，那么操纵隐性实物出资的股东实际上只履行了部分出资义务甚至根本未履行，但却通过掩盖事实真相而照常享有股东的全部权利。这意味着，公司的股份遭受稀释，公司利益受损，而且对于其他被蒙在鼓里且全额履行出资义务的股东来说也是不公平的，因为同等股份所支付的对价却不相同。因此，基于股东之间利益平衡和公平合理的考量，应当对隐性实物出资行为进行法律规制。

（三）违反了股东对公司的信义义务

信义义务（Fiduciary Duty）②是英美公司法上的重要概念，主要适用于基于委托关系所发生的代理人对委托人的管理责任，③传统的公司法理论中，信义义务只针对董事及其他管理人员，并不认可股东之间存在信义关系。然而，由于享有多数表决权的控制股东往往能选举几乎所有或者大部分的董事会成员，并通过各种手段来操纵董事会，控制公司的财产和经营管理事务，因此控制股东处于实质上的受托人地位，控股股东与其他股东之间形成了“事实上的信义关系”。而且由于控制股东滥用控制权而侵害公司及少数股东利益的案件不断发生，所以，理论界开始逐渐将信义义务的承担主体扩展到控制股东。④美国、德国、法国也通过判例法和立法对控制股东课以信义义务，⑤即控制股东不得滥用控制权损害公司及其他股东的利益，在行使控制权时要负注意义务与忠实义务。⑥这要求控制股东应当善意地行使自己的权利，不能只考虑自身的利

① Hueck, Gleichbehandlung, 128ff, 222ff，参见：[德]托马斯·莱塞尔、吕迪格·法伊尔：《德国资合公司法》，高旭军等译，法律出版社 2004 年版，第 118 页。

② 关于 fiduciary duty 这一术语在中文文献中表述主要有“信义义务”、“诚信义务”、“受信义务”等，其中“信义义务”的使用更为广泛，本书也使用这一表述。

③ 施天涛：《公司法论》，法律出版社 2006 年版，第 379 页。

④ 郭富青：《公司收购中目标公司控股股东的诚信义务探析》，参见王保树主编：《公司收购：法律与实践》，社会科学文献出版社 2005 年版，第 243 页。

⑤ 刘凯：《控制股东的信义义务及违信责任》，《政法论坛》2009 年第 2 期。

⑥ 胡鸿高、胡伟：《控制股东信义义务的法理检视》，《云南大学学报（法学版）》2010 年第 6 期。

益而实施对公司长远发展和其他少数股东利益有害的行为。不仅控制股东对小股东负有信义义务,有些学者还认为,任何股东,无论是大股东、控制股东还是小股东,都应该对公司及其他股东负有信义义务。①德国也通过判例法确立了股东之间负有忠诚义务的规则,②要求股东在以股东身份行事时,必须要考虑到公司和其他股东的利益。

在隐性知识产权出资中,一般出资主体都是控制股东,因为他们可以利用其在公司中的影响力,通过隐性知识产权出资,将经济价值很低或者对公司经营毫无用途的知识产权高价卖给公司,并从中谋利。在这种情况下,隐性知识产权出资行为显然违反了股东的信义义务,不仅损害公司利益,也损害那些足额出资的股东的利益。

综上所述,隐性知识产权出资规避了知识产权出资的法律规定,不仅导致公司资本虚化,而且会损害公司、其他股东以及公司债权人的利益。因此,有必要对其进行法律规制。但我国现行《公司法》及相关法律并未对隐性知识产权出资行为进行明确的法律规制。如何界定隐性知识产权出资?隐性知识产权出资产生什么样的法律后果?这是对隐性知识产权出资进行法律规制的两个要点和难题。他山之石,可以攻玉。域外相关立法和学说可以为我们提供一些参考和借鉴。

二、隐性知识产权出资规制的国际经验

隐性知识产权出资包括两个行为:现金出资和知识产权交易。知识产权交易行为可能发生在公司设立过程中,也可能在公司注册登记后。各国对这两个阶段分别采取了不同的规制措施。

1. 公司成立前达成的隐性知识产权出资协议

为了防止发起人在公司设立阶段滥用权利,对于股东与设立中的公

---

① Da der Treuebegriff stark mit Emotionen bzw. mit moralischen Vorstellungen behaftet ist, empfehlen einige Autoren, statt dessen von Loyalitatspflicht oder von Foderpflicht zu sprechen; vgl. Raiser, Das Unternehmen als Organisation, 142ff; Lutter, AcP180(1980), 84, 104.见:[德]托马斯·莱塞尔、吕迪格·法伊尔:《德国资合公司法》,高旭军等译,法律出版社2004年版,第112页;Stefan Grundmann/Florian Mösleinhttp: European Corporate Law Study Group Germany, available at://static.luiss.it/siti/media/8/20090224-iv-Report-Germany-Bruno.pdf, p.29.

② 不仅大股东对小股东负有忠诚义务,小股东对大股东也负有忠诚义务。股东的忠诚义务包括:第一,禁止损害企业利益;第二,考虑其他股东的利益;第三,在公司中严肃而负责地行使股东权及其影响力。详见:[德]托马斯·莱塞尔、吕迪格·法伊尔:《德国资合公司法》,高旭军等译,法律出版社2004年版,第112—114页。

司达成的购买股东知识产权的协议，德国、日本以及英美法系国家均制定了相关的规制措施，使该协议并不当然地对成立后的公司产生法律效力。德国和日本通过“知识产权价值控制+载入章程”规则，确保知识产权交易是公正合理的；而英国和美国则通过发起人信义义务制度来规制隐性知识产权出资，保障其他股东和公司债权人的利益不受侵害。

德国、日本等国采取“知识产权价值控制+载入章程”来规制公司成立前达成的隐性知识产权出资协议。①德国公司法规定了实物承受制度，如果股东与设立中的公司达成了将自己的知识产权卖给公司并以价款冲抵股东出资额的协议，那么对此须适用有关实物出资的法律规定。根据德国《有限责任公司法》第5条第4款、第8条、第9c条的规定，公司章程中必须对承受的知识产权、对价以及冲抵出资的数额予以明确，并出具一份有关知识产权出资的设立报告，而且股东必须在申请公司登记之前将该知识产权交付给公司。这些都是注册法院审查的内容，如果不具备以上条件，或者承受的知识产权与其对价不相等，注册法院必须拒绝登记。②与上述措施相类似，日本《公司法》通过严格的财产引受制度来规制公司成立前的隐性知识产权出资行为。如果在公司设立过程中，股东与公司达成协议：股东先进行现金出资，但公司成立后须向该股东购买某种知识产权。这个协议的效果并非当然地归属于成立后的公司。根据日本《公司法》第28条、第30条、第33条的规定，首先应当将该知识产权的名称、价额、转让人的姓名或名称记载于公司章程中，公司章程须经过公证人公证，之后，发起人要及时向法院申请选任检查官，对该事项进行调查。检查官应向法院提供调查报告，法院会对该调查结果进行进一步审查，如果认定出资不当，则会强制变更公司章程。但如果受让知识产权的价额未超过五百万日元，或者已经由律师、注册会计师、监查法人、税理士证明受让知识产权的价额是适当的，则无需再经过检查官调查、法院审查的程序。由此可见，对于股东与设立中的公司达成的知识产权交易协议，必须要经过发起人一致同意后记载于公司章程，并经过公证人公证，如果价额高于五百万日元，则需要法院或独立的第三方

---

① 德国《有限责任公司法》第5条、第8条、第9c条、日本《公司法》第28条、第30条、第33条。

② 《德国商事公司法》，胡晓静、杨代雄译，法律出版社2014年版，第26、29—30页。

机构对财产认购的标的及价额进行审查,确保公司与股东的交易是公正合理的。①

英美法系的国家和地区没有对公司成立前的隐性知识产权出资行为进行明确的规定,但关于公司设立过程中的交易问题,存在大量的立法规定、判例和学说。在美国,普遍接受的观点是,在公司设立阶段以公司名义签订的合同,并不当然地对成立后的公司产生法律效力。②在公司设立阶段,如果股东将货物卖给公司,该交易可能是在该发起人同时作为该公司的唯一股东时订立的,也可能是在取得了当时其他发起人的同意的情况下订立的。但无论哪种情况,后来的债权人、投资人或股东如果认为该交易标的被估价过高,可以拒绝承认该交易。对于此种类型的案件,法院往往使用有关受托责任的规定来审查和撤销那些他们认为不公平的交易。③在英国,学者芬恩(Finn)指出,发起人处于受信人的地位,因此负有信义义务。④发起人应当对公司忠诚,不得从中谋私利。如果发起人将自己的知识产权转让给设立中的公司并从中获利,根据普通法的规定,应当向董事会或公司原始股东披露明确的、完整的信息。设立后的公司有权选择履行该合同或者向法院提起诉讼,请求宣告该合同无效。即使公司确认该合同有效,发起人也负有向公司解释其秘密获利的义务,而且必须将获取的秘密利润归还给公司。⑤

2. 公司成立后达成的隐性知识产权出资协议

对于公司设立后股东与公司达成的隐性知识产权出资协议,欧洲国家、日本和美国采取了不同的规制措施,具体有以下几个方面:

第一,规制范围的界定。

欧盟《2012/30/EU 指令》(以前的“72/91/EC 指令”)第 10 条及第 13 条第 1 款规定,自公司成立之日起两年内,如果股东卖给公司知识产权作为获得股权的对价,而且该知识产权的价格超过公司注册资本的

---

① [日]近藤光男:《最新日本公司法》,梁爽译,法律出版社 2016 年版,第 29—33 页。

② [美]罗伯特·W.汉密尔顿:《美国公司法》(第 5 版),齐东祥译,法律出版社 2008 年版,第 90 页。

③ [美]罗伯特·W.汉密尔顿:《美国公司法》(第 5 版),齐东祥译,法律出版社 2008 年版,第 94 页。

④ P.D.Finn, Fiduciary Obligations, Law Book Company, 1977.

⑤ 林少伟:《英国现代公司法》,中国法制出版社 2015 年版,第 101—102 页;葛伟军:《英国公司法要义》,法制出版社 2014 年版,第 40—41 页。

10%,公司应当对该“资产取得行为”进行审查。欧盟 2013 年 10 月发布的《欧洲示范公司法》(European Model Company Act,简称“EMCA”)第二章“公司的设立”,第 13 条“公司成立后财产的取得”(substantial acquisitions after registration)与《2012/30/EC》第 13 条的规定是一致的,适用范围也只限于公众公司。①为了与以上的规定相一致,许多欧盟成员国也出台了类似的规定,例如根据德国法的规定,股份有限责任公司注册成立后两年内,公司与发起人或者持有公司 10%以上股份的股东之间发生的知识产权交易,且约定的交易价额超过公司资本金的 10%的,该交易合同需经过股东大会的批准并在商务注册处登记,还须经过设立审计员的审查并出具审查报告。②如果现金出资和随后的交易行为之间有时间上和实质上的联系,③就应当认定为存在隐性知识产权出资。与上述界定标准不同,根据日本公司法的相关规定,对隐性知识产权出资的认定标准是:股份公司成立后两年之内,取得其成立前就已经存在、为了公司的发展需要继续使用的知识产权,而且公司为该知识产权支付的对价超过公司净资产额的 20%。④由于日本 2005 年《公司法》实现了有限公司和股份公司的一体化,不再区分有限责任公司和股份有限公司,统称为“股份公司”。因此,日本《公司法》关于公司成立后受让股东知识产权的法律规定实际上适用范围更广,不仅适用于股份有限公司,而且适用于有限责任公司。

第二,知识产权价值控制+股东会或董事会批准。

如果被认定为隐性知识产权出资行为,根据欧盟《2012/30/EU 指令》第 10 条及第 13 条第 1 款的规定,应当由行政机关或法院指定或批准的专家对该知识产权进行价值评估并出具评估报告,对使用的评估方法、评估的价值以及构成的对价是否充分等问题进行详细说明,评估报告应当

---

① Directive 2012/30/EU of the European Parliament and of the Council, Official Journal of the European Union, 2012.11.14; European Model Company Act(EMCA), available at http://law.au.dk/en/research/projects/european-model-company-act-emca/.

② 德国股份法 AktG, §52。详见《德国商事公司法》,胡晓静、杨代雄译,法律出版社 2014 年,第 85—86 页。

③ Marcus Lutter: Legal Capital in Europe, European Company and Financial Law Review, special volume 1, Walter de Gruyter, 2006, pp.52—53.

④ 《日本公司法典》第 467 条第 1 款第 5 项、第 309 条第 2 款第 11 项。详见:王保树主编:《最新日本公司法》,于敏、杨东译,法律出版社 2006 年版,第 268—269、194—195 页。

交股东大会批准。①根据英国《公司法》的规定，股份有限公司在注册成立后的两年内，如果向发起人购买知识产权，且约定的价额不低于公司已发行股本面值10%的，必须要对该知识产权进行独立的价值评估，出具评估报告，并将评估报告副本发送给参加股东会议的成员。如果股东会决议批准，还应在15日内将决议和评估报告一同提交给登记官，否则将面临罚款。②根据丹麦《公司法》规定，从公司章程签署之日起至公司注册登记后24个月内，股份有限公司向公司发起人购买知识产权的，且交易价额超过股本面值10%的，需要独立的专家进行价值评估，并出具评估报告。公司董事会须就该知识产权的情况发布一个详细的声明。董事会负有审查责任，应当确保该知识产权交易不会危害公司、股东和公司债权人的利益。经过董事会决议后的两周内，董事会必须在商业和公司机构的信息技术系统（Commerce and Companies Agency's IT system）公示评估报告及董事会的声明。③同样的，法国《商法典》、爱尔兰《公司法》也有类似的规定。④

第三，董事及控股股东信义义务。

对于公司成立后的隐性出资行为，美国主要通过以信义义务为基础的小股东保护机制来规制。首先，在美国，“公司的一切权力应当由董事会行使或在董事会的授权下行使”，⑤就公司与股东的交易而言，董事扮演着守门人的角色。当然权力伴随着责任，董事对公司和股东负有注意义务和忠实义务。注意义务要求董事应当积极为公司谋取利益，忠实义务则要求董事不得损害公司、股东及公司债权人的利益。如果董事通过隐性知识产权出资为自己或个别股东谋私利，那么违反忠实义务的董事要承担法律责任。其次，大多数美国法院都已经认同了控股股东对其他股东负有信义义务。⑥美国部分州的判例直接认为，封闭状态的公司中存

---

① Directive 2012/30/EU of the European Parliament and of the Council, Official Journal of the European Union, 2012.11.14.

② Companies Act(2006) 598—604.

③ Danish Companies Act(2010), s42—44.

④ French Commercial Code, L225-10; Companies Act(2014), s1034、1035.

⑤ 《特拉华州普通商业公司法》第141(a)条、《美国示范公司法》第35条及许多其他州的法律都有此项规定。

⑥ James D.Cox and Thomas Lee Hazen. Cox and Hazen on corporations, 2nd edn. Wolters Kluwer, 2003, vol.II:872—873.参见邓江源：《有限责任公司股东压制的困境与出路》，人民法院出版社2015年版，第55页。

在一个控股股东或多数股东联合体时，具有控制地位的股东实际上掌握着公司的控制权，完全可能在公司成立后将自己的财产高价卖给公司，然后以收取货款的方式收回股金。控制股东这种行为的性质和后果，与董事以权谋私毫无二致。①因此美国判例法以“内在公正”作为评估控制股东与公司之间交易的标准。②如果控制股东通过隐性知识产权出资损害公司利益，应当承担相应的赔偿责任。

第四，股东的举证义务及资本补足责任。

一旦被认定为隐性知识产权出资，根据德国《有限责任公司法》的规定，如果公司支付的对价远远高于交易标的的价值，股东应承担差额补足责任，对于该交易标的的价值，股东负举证责任。③这就意味着股东须证明其卖给公司的知识产权的当时价值足以冲抵其认购的出资额，否则须承担差额补足的责任。相类似的，在美国，如果控制股东与公司进行的知识产权交易不公平，公司的小股东可以以该股东违反信义义务为诉因提起诉讼，而该股东须向法院举证证明其与公司的交易行为是善意的、公平合理的。如果信义义务违反之诉理由成立，可以根据不当得利原则来主张该股东赔偿公司或小股东的损失，返还其通过隐性知识产权出资而获得的利益。④

通过以上比较可知，对于公司成立后，股东将其知识产权卖给公司并抵消其出资义务的行为，欧盟及其成员国的法律规制基本是一致的：适用范围限于股份有限公司；对公司成立后两年内的交易进行规制；交易标的超过一定数额；交易标的应当经过第三方评估；须股东大会决议通过；等等。相比较来说，德国、日本对隐性知识产权出资的法律规制适用范围更广，不仅适用于公众公司，而且适用于有限责任公司。而美国则通过较为完善的董事、控制股东信义义务制度来规制隐性知识产权出资，保护公司其他股东及公司债权人的利益不受侵害。另外，股东对知识产权交易的合理公正性负有举证义务，并承担举证不能的法律后果，

① 苗壮：《美国公司法：制度与判例》，法律出版社 2007 年版，第 439 页。

② Sinclair Oil Corp. *v.*Levien, 280A.2d717(Delaware Supreme Court 1971).

③ 德国有限责任公司法，§ 19。详见：《德国商事公司法》，胡晓静、杨代雄译，法律出版社 2014 年版，第 33—34 页。

④ 胡光志、杨署东：《信义义务下的美国小股东保护制度及其借鉴》，《法律科学(西北政法大学学报)》2008 年第 6 期。

这是德国和美国公司法的共同之处。

三、我国隐性知识产权出资规制的方向选择

我国现阶段出现的隐性知识产权出资现象具有双刃剑的效应。一方面,可以保护公司的商业秘密,避免出资知识产权信息,特别是一些技术秘密信息的泄露;但另一方面,隐性知识产权出资规避了知识产权出资的法律规定,可能导致公司资本虚化,进而损害受资公司、公司其他股东以及公司债权人的利益。创新中国战略需要将更多的知识产权转化为企业发展的应用,知识产权出资是将知识产权潜在的生产力变化为现实的生产力的重要途径。我们在选择对隐性知识产权出资规制时需要全面考量我国的国情及立法状况。一方面,对于隐性知识产权出资带来的积极效应,我们应当重视,本书建议,在工商行政部门公示企业出资信息时,为了保护公司的商业秘密,应当事人请求,可以在"出资方式"一栏只注明知识产权类型,例如专利技术出资,可以只注明是"专利权",而不必公示具体是什么技术;另一方面,对于隐性知识产权出资的消极效应,即存在损害公司整体利益的风险,应当予以法律规制。

四、我国隐性知识产权出资规制的制度安排

我国《公司法》并未对隐性知识产权出资行为进行明确的界定,也未规定其法律后果。对于公司与股东之间的交易行为,我国《公司法》也并未设定"信息披露"、"价值评估"等要求,相关的规定只有第 20 条第 2 款"股东滥用股东权利"及第 21 条"控股股东利用关联关系"损害公司利益,给公司造成损失的,应承担赔偿责任。就第 20 条第 2 款而言,由于股东权本身是一个性质不一、构成复杂、数量众多的权利结合体,"滥用"一词也具有很大的不确定性,这大大增加了该条款的适用难度。①而第 21 条,针对的是在公司设立后的关联交易,而且也未明确关联交易的认定标准,对于隐性知识产权出资而言,行为主体往往是发起人或大股东,其往往在公司成立前就已经与设立中的公司达成了隐性知识产权出资的协议,因此从关联交易的视角来规制并不妥当。②本书认为,结合我国《公司法》所确定的资本缴付原则,并借鉴欧美等国的相关法律规则和学说,对隐性知识产权出资的法律规制应从两个方面着手:如何界定隐性

---

① 刘建功:《〈公司法〉第 20 条的适用空间》,《法律适用》2008 年第 1、2 期。

② 王东光:《隐形现物出资规制比较研究》,《清华法学》2010 年第 4 期。

知识产权出资以及隐性知识产权出资的法律后果。

1. 隐性知识产权出资的认定

何为隐性知识产权出资,如何认定隐性知识产权出资?这是必须首先解决的问题。一般来说,如果有证据证明公司和股东之间达成了以知识产权交易取代现金出资的协议,而且事实上也履行了该协议,就可以认定存在隐性知识产权出资。但实践中此类协议往往是隐蔽的,即使存在此类协议,对于不了解公司内部情况的少数股东及公司债权人来说,也是很难发现的。因此,不能单纯以"股东与公司之间存在现金出资和知识产权交易的约定"作为隐性知识产权出资的认定标准。借鉴欧美国家相关法律制度对于隐性知识产权出资的认定,本书认为,应当综合考察股东与公司之间的现金出资和知识产权交易行为,如果这些行为最终导致股东将自己的知识产权卖给公司并抵消了自己的现金出资义务,就应当认定为隐性知识产权出资行为。至于交易价额是否与现金出资额完全一致、交易行为发生在公司成立前还是成立后,则不应当予以限制,因为即使予以限制,当事人也能轻易规避。在考察股东与公司的知识产权交易时,如何与一般的商业交易区分开来,是隐性知识产权出资认定中的难点。本书建议,可以适用臂长测试标准(arm's length test):①考察公司在同等情况和条件下,是否会与一个非股东的第三人进行这样的交易。如果不会,那就说明交易标的并非公司经营所需或者交易价格被高估,远远超出了市场价,那么这种对公司不利的交易就应当被禁止。

2. 隐性知识产权出资的法律后果

第一,对于公司成立前就与公司达成隐性知识产权出资协议的。

设立中的公司并不具有独立的法人人格,因此,成立后的公司也不当然地概括承受设立中公司的行为后果,只有为设立公司所必需的行为,才由成立后的公司承受其后果。②此所谓"设立公司所必须的行为",是指在公司设立阶段,发起人依法完成一系列的设立行为,如准备法律文件、发行股份、取得办公设施、申请登记等,从而促成公司的有效成立。对于设立中的公司,并不具有除为设立公司所必要的行为以外的行为能

---

① EVA Mecheler. Disguised return of capital—an arm's length approach. The Cambridge Law Journal, March 2010, Vol.69(1):180—182.

② 冷铁勋:《澳门公司法论》,社会科学文献出版社 2012 年版,第 175—176 页。

力。因此,为了防止发起人滥用权利,对于发起人以设立中的公司的名义向股东购买知识产权所签订的协议,应考察该行为是不是设立公司的必要行为。如果是必要行为,可以借鉴前文所述的德国的财产承受制度、日本的财产引受制度以及英美的发起人信托责任制度,股东与设立中的公司的知识产权交易应当载入公司章程并由独立第三方进行价值评估,在公司成立后,还应当经过董事会决议认可该交易合同,否则,合同应属无效;如果属于发起人以设立中的公司的名义从事的经营活动,法律应当明确规定,这类经营活动对设立中的公司和成立后的公司均无约束力,应由发起人自己承担,否则容易造成发起人滥用公司财产,损害公司财产基础的后果。

第二,对于公司成立后与公司达成隐性知识产权出资协议的。

以公平或诚实信用原则来分配举证责任还体现在以证据的距离、举证的难易度来分配举证责任,即易于获得证据的当事人,就该事实之存否负举证责任。①公司成立后,股东以知识产权交易抵消现金出资义务的,当公司其他股东或者债权人依据相关证据质疑知识产权交易的不公正时,考虑到出资人更了解自己的知识产权及其价值,应当由其举证证明在该知识产权转让给公司时,该知识产权交易的标的确实为当时公司经营所需,而且价格是公正合理的。如果股东无法证明,则可以认定为股东通过隐性知识产权出资使其他股东误认为自己已经全部出资,但实际上并未履行或未完全履行出资义务。如前文所述,这样实质上形成了"掺水股",违反了股东平等原则,损害了公司和其他股东的利益,公司及其他股东可以要求其补足知识产权价值和现金出资义务的差额,并对因此给公司造成的损失承担赔偿责任。一般来说,距离知识产权交易的时间越长,证明当时知识产权价值的难度就越大,而如果股东不能证明的话,要承担差额责任。建议法律明确规定股东的举证义务和差额补足责任,使股东对隐性知识产权出资的法律后果有一定的心理预期,这样会在很大程度上起到威慑作用,打消股东隐性知识产权出资的念头。

---

① 程春华:《举证责任分配、举证责任倒置与举证责任转移——以民事诉讼为考察范围》,《现代法学》2008 年第 2 期。

第三章　出资知识产权缺乏实益性及其法律规制

出资物的实益性，又称为有益性，指出资物能够满足公司的生产需要。即只有能够带来实际利益的有价值物，才可以作为出资标的物，不为公司营业所需者不宜用于出资。①具体在知识产权出资领域，实益性要求出资人拟出资的知识产权能应用于公司的生产经营，为公司带来实际经济利益。如果用于出资的知识产权对公司是毫无益处甚至反而成为公司的负担，不仅损害其他股东的利益，而且也会损害公司利益。虽然我国现行《公司法》及《公司登记管理条例》并未要求股东的出资物必须具有实益性，但学者们对于是否应当对缺乏实益性的出资行为进行法律规制颇有争议，因此对该问题有进一步研究的必要。下文笔者将探讨实践中出资知识产权缺乏实益性的原因，并分析学者们理论之争的本质，进而讨论是否有必要对出资知识产权缺乏实益性进行法律规制以及如何进行法律规制的问题。

第一节　出资知识产权缺乏实益性的表现形态及其成因

一、出资知识产权缺乏实益性的表现形态

实践中，并非所有出资的知识产权都能为公司带来实际经济利益，例如股东将自己拥有的知识产权出资到公司后，由于公司主营业务发生变化或者经营策略发生变更等其他原因，导致该知识产权从来没有被公司使用过，更谈不上为公司带来经济效益了；还有些公司为了申报高新技术企业，享受国家的税收减免、项目扶持等方面的优惠政策，允许公司股东将与公司主营业务无关的知识产权出资至公司；等等。例如，重庆瑞阳科技股份

---

①　薄燕娜：《股东出资形式法律制度研究》，中国政法大学2004年博士学位论文。

有限公司在2007年10月，经公司股东会决议批准，决定增加公司注册资本167万元，增资部分由新股东昝昕武以两项专利技术权和一项专利申请权认缴，资产评估公司对上述知识产权的评估价值为626万元，全体股东确认的价值为626万元，其中167万元作为股东昝昕武的知识产权出资，另外459万元作为公司的资本公积。后来，国家知识产权局将专利权及专利申请权的权利人变更为受资公司。2010年至2011年间，该出资股东将自己的公司股份分为三次全部转让。①事实上，用于出资的知识产权根本没有实际应用于公司的产品和业务中，且截至2014年12月31日，这些知识产权均处于“终止”或“视为撤回”的法律状态。②知识产权的价值在于运用，如果用于出资的知识产权不具有价值实益性，则意味着其不能运用于公司的生产经营中，无法提高公司效益，甚至还需要公司承担续缴年费等维持费用，变成了公司的负担。另外，对于一些知识产权来说，随着法定保护年限的减少，其价值发生贬损，更不利于公司资本的维持。

二、造成出资知识产权缺乏实益性的原因

实践中之所以出现股东以缺乏实益性的知识产权出资的情况，主要原因有以下两个：

（一）我国现行公司法并未要求出资物具有实益性

我国现行《公司法》及《公司登记管理条例》并未要求股东的出资物必须具有实益性，这是造成实践中股东出资的知识产权缺乏实益性的制度原因。历史上，我国法律规范曾经要求股东的出资物须具有实益性，国家工商行政管理局在1999年发布的《关于企业登记管理若干问题的执行意见》③中明确规定，股东以实物出资的，其出资物应当是“能够作为资本直接用于该公司生产经营所需”，如果股东以“不能用于所设公司生产经营活动的物品出资的，登记机关不予核准”。可见符合公司经营需要，能为公司所用是出资物的必要条件。但随着我国法律对实物出资从限制到逐步放松，该部门规章于2006年被废止。④自此，在审查公司设

---

①　详见《瑞阳科技公开转让说明书》，中信证券网，http://www.cs.ecitic.com/news/newsContent.jsp?docId=3258698。

②　新三板出资不实的典型情形，http://www.taodocs.com/p-38028617.html。

③　工商企字〔1999〕第173号。【法宝引证码】CLI.4.23286。

④　《国家工商行政管理总局关于废止有关工商行政管理规章、规范性文件的决定》（工商法字〔2006〕119号），【法宝引证码】CLI.4.105440。

立申请材料时,公司设立登记机关不再审查股东的出资物是否为公司生产经营所需,是否能用于公司生产经营。既然法律不再对出资物缺乏实益性的情况予以规制,实践中必然会出现一些股东将不具有实益性的知识产权出资入股到公司的情况。

（二）公司控制人的不当行为

公司控制人是指那些能够决定公司经营策略或对公司经营策略能够施加决定性影响的主体。由于公司控制权配置形态的千变万化,公司控制人可能是控制股东、拥有控制权的董事,也可能是家族企业的核心人物、通过契约关系或亲属关系获取公司控制权的主体,[①]等等。在知识产权出资中,如果公司控制人滥用权利,通过一些不当行为,例如利用其对公司事务的控制力或影响力,操纵股东会接受缺乏实益性的知识产权出资,其结果是,股东之间的制衡关系被打破,公司成为控制人谋取私利的工具。

从理论上说,因为股东之间的权力制衡,知识产权出资人并不能随心所欲地将对公司毫无用途的知识产权作价入股。因为股东之间的立场和利益要求不同,如果有股东以知识产权出资,那么必然会影响到其他股东的利益。通常来说,作为知识产权出资者,其目标是以最小的投入获得最大的收益,具体而言就是能够依照自己的意愿向公司出资知识产权,提高作价金额,尽可能地扩大其在公司中所享有的利益。但对于现金出资者来说,由于货币出资的数额是确定的,他们的利益与知识产权出资者的利益形成一种反比关系:如果用于出资的知识产权不具有实益性或者作价太高,这就意味着在知识产权出资者获得利益的同时,实质上损害了现金出资者和受资公司的利益。因此,就现金出资者的立场而言,为了保障自身利益,必然会阻止知识产权出资人将一些对公司无益、难以产生经济利益的知识产权入股到公司。可见,基于知识产权出资人和现金出资人之间的利益冲突,知识产权出资人并不能随意地将不具有实益性的知识产权出资到公司,也正是基于股东间的相互制约,才使得公司内部利益平衡。可以说,股东之间的这种相互监督、相互制衡,恰恰是良好的公司治理的基础。但是如果公司控制人利用自己对公司的控制权,那么公司内部利益的制衡就会被打破,最终导致公司接受缺乏实益性知识产权。

以上为出资知识产权缺乏实益性的主要原因。当股东将缺乏实益

① 叶敏:《公司控制人的法律分析》,中国政法大学出版社 2015 年版,第 27—31 页。

性的知识产权作价入股，是否涉嫌出资不实？是否应当予以法律规制？由于我国公司法并未要求出资物必须具有实益性，我国学者们对上述问题也存在不同的观点和看法。下文笔者将分析学者们理论之争的本质，进而讨论是否有必要对出资知识产权缺乏实益性进行法律规制以及如何进行法律规制。

第二节 出资知识产权缺乏实益性的法律规制

一、理论之争：对出资物缺乏实益性是否应当予以规制

当出资物缺乏实益性，不能实际应用于公司的生产经营并给公司带来经济利益时，是否应当认定为股东出资不实？是否应予以规制？我国学者对此存在很大争议。有的学者认为，股东的出资物应为公司生产经营所需，公司对出资入股的技术不是用作待价而沽，更不是用作摆设，它只应该为公司生产经营所用。从保护公司整体利益的角度，作为出资标的的知识产权，如果不能为公司经营带来利益，即便具有再大的价值，也不能作为公司的出资标的。①相反，有的学者认为，出资物对于公司是否有益，在公司股东出资之际是难以准确识别的。而且对公司目的的理解不应局限于章程规定的主营业范围，公司盈利的途径不仅仅包括业务经营范围内的经营活动，也可能通过业务经营范围之外的商业活动获利，即使出资标的与公司业务经营无关，公司也可以对其进行变现以实现其财产价值，所以可由股东协商确定该实物可否用于出资。该观点认为，要求出资的知识产权与公司主营业务相关是不必要的，另外，由于公司在经营中受到众多外来因素的制约，出资时认为能为公司所用的知识产权，可能会因为种种原因而难以发挥应有的作用，因此，出资时判别实益性以确定出资财产是否适格是不客观的。②而且出资协议属于出资人和

---

① 石少侠主编：《公司法教程》，中国政法大学出版社 2002 年版，第 76 页；冯果：《公司法》（第 2 版），武汉大学出版社 2007 年版，第 169 页；杨延超：《知识产权资本化》，法律出版社 2008 年版，第 79 页；刘春霖：《知识产权资本化研究》，法律出版社 2010 年版，第 155 页；朱双庆：《技术入股型公司治理》，法律出版社 2013 年版，第 97 页。

② 参见赵旭东主编：《公司法学》，高等教育出版社 2003 年版，第 249 页；金玄武：《公司现物出资制度研究》，山东大学出版社 2011 年版，第 53 页。

受资公司之间的合同，对于出资物是否具有实益性，应当由公司去判断，如果法律强制规范，无疑是对公司自由经济的干涉。①

分析我国学者关于是否应当要求出资知识产权具备“实益性”的两种不同理论观点，不难发现，理论之争的实质是“保护公司整体利益”与“保障投资自由”两种理念的冲突。如果以投资自由为首要价值目标，那么以何种知识产权出资将主要取决于股东的意志与自由，法律无需干预，但由此产生的问题是：可能会使公司接受无益于生产经营的知识产权并形成经营的负担，影响公司资本的经营效率。如果以公司整体利益为首要价值目标，那么应对股东出资的知识产权进行一定的限制，要求出资知识产权必须有利于公司的资本运作与经营，能为公司所用，能为公司带来经济收益，即出资知识产权应当具有实益性。当这两种理念发生冲突时，应当如何平衡二者的关系呢？本书认为，保障公司整体利益应当放在优先的位置，同时最大程度地保障投资自由。下文笔者将分析出资知识产权具有实益性的必要性，并结合我国现行相关法律对该问题的立场，探讨出资知识产权实益性的具体要求以及实践中如何判断出资知识产权是否具备实益性，以求在保护公司整体利益和保障公司自由之间寻求一个平衡点。

二、出资知识产权具有实益性的必要性

本书认为，作为股东出资物的知识产权应当具有实益性，即能用于受资公司的生产经营，为受资公司带来经济收益。具体而言，有以下三个理由：

（一）知识产权出资的立法目的要求出资物应当具有实益性

法律赋予出资人以知识产权出资的权利，其目的和意义在于：如果出资人所拥有的知识产权恰好为公司设立后必须购入的财产，那么允许出资人以该知识产权出资，一方面，可以节省出资人的现金，另一方面，也省去了公司再向该出资人购买该知识产权的烦琐。②由此可见，公司所接受出资的知识产权应当是公司在日后的生产经营中所必需的知识产权。也就是说，法律赋予知识产权出资的合法性，在很大程度上是考虑股东以知识产权出资可以让受资公司不用再行购买该知识产权，节约交

---

① 王虎、李长健：《专利权出资客体的法律探微》，《理论月刊》2005 年第 10 期。

② ［韩］李哲松：《韩国公司法》，吴日焕译，中国政法大学出版社 2000 年版，第 170—171 页。

易成本,提高公司的经济效率。如果出资知识产权不具有实益性,无法用于公司日后的生产经营,显然有悖于知识产权出资的立法目的。

(二) 知识产权的特殊性要求出资物应当具有实益性

知识产权的价值在于运用,如果用于出资的知识产权不具有价值实益性,则意味着其不能运用于公司的生产经营中,无法提高公司效益,甚至还需要公司承担续缴年费等维持费用,变成公司的负担。另外,与其他有形财产不同,知识产权的权利具有期限性的特点,如果股东出资的知识产权并非公司所需,那么易处于闲置的状态,专利技术会随着保护期的届满而价值贬损,商标也会因为长久不用而逐渐被市场主体淡忘,甚至还会面临被撤销的风险,而因此导致的知识产权价值贬损,更是会损害公司整体利益。

(三) 从保护公司整体利益的角度,应当要求出资物具有实益性

从公司经营角度看,对公司有益的财产有利于提高公司效益,最终也有利于公司整体利益,包括公司债权人的利益。如果允许公司股东以质量低劣、对公司生产经营没有帮助的知识产权出资,虽然尊重了股东的"出资自由",但却会导致公司资本的虚增和公司信用的虚假膨胀,不仅对公司其他股东不公平,而且也会间接地给公司债权人带来巨大风险。因此,从公司经营角度看,对公司有实益性的知识产权有利于公司效益的提高,最终也有利于债权人利益的保护。另一方面,从公司治理的角度来看,股权之间的制衡是良好的公司治理的基础。如前文所述,当公司控制人利用对公司的控制权而导致公司接受缺乏实益性的知识产权时,公司内部利益的平衡遭到了破坏,而且使得公司治理结构丧失了意义,有效的公司治理因失去了基础而无法实现。因此,从建立良好的公司治理基础的角度,应当要求出资物具有实益性。

综上,从保护公司整体利益的角度来看,要求出资知识产权具有实益性是十分必要的。国外的一些学者也持此种态度,例如瑞士学说中认为非现金出资的标的应当具有"公司目的框架内的收益力"(Ertragsfähigkeit im Rahmen des Gesellschaftszweckes)。①有的学者认为,所有可转让的有经济价值的财产都可以作为股东出资的对象,但该财产必须是公司经营所必

① [日]志村治美:《现物出资研究》,于敏译,王保树审校,法律出版社2001年版,第134页。

需的。[1]即如果与企业生产经营范围严重不符的知识产权，即使股东之间认可且订有出资协议，也不能作为出资标的。

三、我国相关立法对出资物具有实益性的要求

虽然我国《公司法》及《公司登记管理条例》并未要求股东的非现金出资标的必须具有实益性，更没有要求股东出资的知识产权必须具有实益性，但考察与知识产权出资相关的法律规定，却不难发现，我国一些相关的法律规定体现了对出资知识产权的"实益性"要求。例如我国《中外合资经营企业法实施条例》第 24 条、第 25 条规定，外国合营者出资的机器设备或者其他物料，应当是"合营企业生产所必需的"。外国合营者出资的工业产权或者专有技术，必须符合下列条件之一：(1)能显著改进现有产品的性能、质量，提高生产效率的；(2)能显著节约原材料、燃料、动力的。中国证监会于 2002 年发布的《首次公开发行股票公司改制重组指导意见》(公开征求意见后第 19 稿)第 17 条规定，发起人或股东以经营性资产出资，应同时投入与该经营性业务相关的商标所有权、专利所有权、非专利技术所有权等。可见，上述法律规定对出资入股的知识产权是要求具有实益性的。另外，就技术出资而言，从严格意义上说，技术出资也是技术相关权利的让渡，甚至技术使用权出资也可以视为是一定期限内的技术转让合同，[2]因此，技术出资合同也可以参考技术转让合同的相关法律规定。我国《合同法》明确要求技术转让合同的让与人应当保证"技术的实用性、可靠性"，"技术完整、无误、有效，能够达到合同目的"。[3]

我国台湾地区《公司法》第 131 条规定：发起人认足第一次应发行之股份时，应即按股缴足股款……得以公司事业所需之财产抵缴之；第 156 条第 7 款规定：股东之出资除现金外，得以……公司所需之技术抵充之；第 272 条规定：公司公开发行新股时，应以现金为股款。但由原有股东认购或由特定人协议认购，而不公开发行者，得以公司事业所需之财产为出资。可见符合公司经营需要，能为公司所用是满足出资适格性的必要条件。

---

① Grigor Grigorov. Corporations and partnerships in Bulgaria. Kluwer Law International, 2011:69.

② 马俊驹、余延满：《民法原论》(第 4 版)，法律出版社 2010 年版，第 742 页；王利明：《合同法分则研究》(上卷)，中国人民大学出版社 2012 年版，第 523 页。

③ 我国《合同法》第 347 条、第 349 条。

综上所述，虽然我国《公司法》并未规定股东出资的知识产权必须具有实益性，但我国现行的相关法律规定仍然体现了对出资知识产权的实益性要求。但这些规定比较简单原则，应当进一步予以完善。

四、我国规制出资知识产权缺乏实益性的制度安排

如前文所述，股东能以缺乏实益性的知识产权出资入股，原因主要有两个：我国现行公司法并未要求出资物具有实益性；公司控制人的不当行为。本书建议，对出资知识产权缺乏实益性的法律规制应当从两方面着手：一方面，将实益性作为判断出资知识产权适格性的必要条件；另一方面，完善公司控制人义务和责任制度。

（一）将实益性作为判断出资知识产权适格性的必要条件

本书认为，我国公司法应当明确规定，将实益性作为判断出资知识产权适格性的必要条件。因为一方面，如果允许公司接受对其生产经营无益的知识产权财产，会对公司经营造成负担，影响公司资本的经营效率；另一方面，股东利益、公司债权人利益最终取决于公司的经营实效，只有公司利益的实现才能保证股东利益的实现，而股东利益的实现才是投资自由的根本目的。因此，在保护公司整体利益和保障出资自由的价值目标冲突上，知识产权出资应以公司立场为基本出发点，以资本效率为首要价值目标，要求股东出资的知识产权具有“实益性”。因此，应当明确规定实益性是出资知识产权适格性的必要条件。在具体的适用中，还应当明确两个问题：第一，如何判断股东出资的知识产权是否具有实益性，即判断标准；第二，谁有资格判断股东出资的知识产权是否具有实益性，即判断主体的确定。

第一，出资知识产权实益性的判断标准。

参考借鉴前文所述的国内外学说及法律规定，“实益性”要求股东用以出资的知识产权，应当是公司生产经营所必需的。但对这种“必需性”不能作过于严格的理解。公司的设立目的及其所从事的经营范围各不相同，即使是同一公司，在公司经营的各个阶段，其所需要的标的物也不同，因此不可能制定出一个适合各个公司的标准。虽然订立具体的标准不易，但考察出资物是否符合“实益性”应当遵循以下三个相对宽泛的标准：首先，“实益性”要求出资的知识产权必须具有经济价值，且其评估价值不得低于公司为取得该知识产权所支付的“对价”，即股东因此而获得的公司股权的价值。其次，出资知识产权是公司生产经营所必需的，这种必需性的作用只是一种可能性而非必然性。因为企业的经营实效取决于多种因素,可能知识产权出资时与当时公司的经营范围、经营策略相契合,但在之后的公司经营过程中,由于经营决策失误、经营战略发生变化或者市场、经济、技术形势的变化等原因,最终导致出资知识产权实益性的变化,因此不能以公司设立后的经营实效否定出资当时的实益性。①最后,判断出资知识产权是否为公司“必需”,应当以公司的经营范围、经营计划书、经营策略或招股说明书等文件为准。但需注意的是,由于公司经营目的及公司实际财产构成的差异性,对于具体的知识产权出资形式是否符合公司经营目的和经营需要,应当在具体案件中进行个别化判断。

第二,出资知识产权实益性的判断主体。

在对出资知识产权是否具有实益性的判断中,虽然有以上三个判断标准,但是,实益性的判断和认定毕竟存在一定的主观性,不同的判断主体对实益性的认识也是不同的,如果受到自身利益的影响,则此种主观性将更加明显。因此,由谁来判断出资知识产权的实益性,显得格外重要。公司登记管理机关具有立场与利益的独立性,是否应该由公司登记机关在公司办理设立登记或增资登记时予以审核判断?本书认为不妥,虽然公司登记机关具有独立性,并且拥有国家的权威,但作为行政机关并不具有足够的经营判断能力,因此不宜作为实体上的判断者。实际上,公司股东往往是自身利益的最佳判断者。聪明、理智的股东会对其他股东的垃圾知识产权出资提出质疑,甚至退出与此类股东的投资合作。②因此,由公司的股东们来作为判断主体是最为合适的。由于实益性应当是在出资时对出资知识产权的一种客观衡量,那么应当根据知识产权出资的时间来确定判断主体。具体而言,如果知识产权出资是在公司设立时,那么判断主体应当是公司设立时的其他股东或发起人,通过股东会或创立大会进行决议,判断拟出资的知识产权是否为公司日后的生产经营所必须购买的知识产权、该知识产权的评估作价是否不低于股东的认缴额,等等。③如果知识产权出资是在公司增资或发行新股时,应当

---

① 李友根:《人力资本出资问题研究》,中国人民大学出版社2004年版,第112页。

② 刘俊海:《现代公司法》(第二版),法律出版社2011年版,第153页。

③ 具体而言,在有限责任公司设立或股份有限公司发起设立时由发起人决定,在股份有限公司募集设立时由创立大会决定。

按照我国《公司法》第46条[①]的规定，由董事会制定增资方案，提交股东会决议，由股东会来判断出资知识产权是否能为公司带来收益，只有代表三分之二以上表决权的股东认为该知识产权能够应用于公司生产经营，能够为公司带来经济收益，才能认定该知识产权具有实益性。[②]当然，由于公司经营目的及公司实际财产构成的差异性，对于具体的知识产权出资是否符合公司经营的目的和经营需要，应当在具体案件中进行个别化判断。

（二）完善公司控制人制度

公司控制人的存在是一种正常的经济现象，只要公司控制人在行使权利时遵循诚实信用原则，遵守法律法规和公司章程的规定，那么，他对公司行为的影响即为正常的影响，并非过度控制。[③]但如果公司控制人滥用权利，通过不当行为控制公司接受缺乏实益性的知识产权出资，损害公司及其他股东的利益，则属于对公司的过度控制，应当予以法律规制。目前，我国的公司控制人制度还存在亟待完善的地方，具体有以下两方面：

第一，对公司控制人的界定和判断问题。我国《公司法》第216条第（三）项对实际控制人进行了法律界定："虽不是公司的股东，但通过投资关系、协议或者其他安排，能够实际支配公司行为的人。"该规定描述了实际控制人的身份：即使不是公司股东，但有控制公司的能力。我国《公司法》第21条[④]将公司控制人同控制股东、董事、监事、高级管理人员并列，进行义务和责任的规定。本书认为，我国《公司法》在对实际控制人的界定中将股东排除在外是不妥当的。公司控制人应当是一个包容性很强的概念，只要实际能够对公司实施控制的人都应该归结为公司的实际控制人，可能是控制股东、拥有控制权的董事，也可能是家族企业的核心人物或者通过契约关系或亲属关系获取公司控制权的人。很多情况下，公司控制人的身份是比较隐蔽的，而且随着控制权的配置发生变化，实践中的公司控制人也处于变动之中。因此，如何判断公司实际的控制

---

① 我国《公司法》第46条规定了董事会的职权，其中第六项职权为：制订公司增加或者减少注册资本以及发行公司债券的方案。

② 我国《公司法》第43条第2款、第103条第2款。

③ 徐来：《论实际控制人控制的本质》，《金融与经济》2012年第4期。

④ 我国《公司法》第21条规定："公司的控制股东、实际控制人、董事、监事、高级管理人员不得利用其关联关系损害公司利益。违反前款规定，给公司造成损失的，应当承担赔偿责任。"

人是控制人制度的关键点,也是难点。本书认为,对公司控制人的认定标准是:该主体是否实际参与公司的经营决策并对决策结果具有实质性的控制力或者重大影响力。如果存在控制权行为事实则可认定为公司控制人。在对控制权进行精确计量时,首先,要考察公司的股权结构和治理结构,判断是否存在有控制性股权比例的股东以及公司的董事、监事或高级管理人员是否由控制股东或与控制股东有利害关系的人担任。其次,还要考察公司章程中是否有便于大股东、董事或者监事等行使控制权的条款。最后,审查公司的重大决策的相关记录和资料,通过这些材料分析哪些主体对公司重大事项的决策起着决定作用。当然,在判断公司控制人时应当考虑的因素不止于此,应当就个案对相关的影响因素进行具体分析。

第二,公司控制人的义务和责任。对公司控制人进行法律规制的目的在于,引导公司控制人遵守义务,维护公司股东利益以及公司治理机构的内部平衡。那么,如何引导公司控制人遵守义务呢？法律可以通过对特定行为的肯定或否定性态度来引导个体的行为。具体到公司控制人领域,通过法律规定公司控制人的义务以及违反义务所需承担的不利后果——法律责任,可以对控制人的行为起到警示和引导作用。①在对实际控制人的规制问题上,我国《公司法》采取了区别规制的模式,分别规定了董事、控制股东、实际控制人的义务和责任。其中对董事的法律规制内容比较完善,而对控制股东、实际控制人的义务和责任的规定却比较原则。《证券法》规定了控制股东、实际控制人在内幕交易、股权转让、公司为股东融资或提供担保时的义务及违反义务的相关法律责任。②但上述规定仅适用于上市公司,本书认为,我国《公司法》应当尽快明确实际控制人具体应当承担的义务和责任。具体而言,有以下几方面:明确规定公司控制人的诚信义务;为了保证公众知情权,应当将掌握公司重要信息的公司控制人纳入信息披露义务人;通过对表决程序的设计,限制实际控制人的投票权。③例如,对于公司是否接受缺乏实益性的知识产

① 叶敏:《公司控制人的法律分析》,中国政法大学出版社 2015 年版,第 92 页。

② 我国《证券法》第 69 条、第 71 条、第 74 条、第 130 条、第 150 条、第 151 条、第 189 条、第 193 条、第 194 条、第 195 条、第 214 条、第 222 条。

③ 汪世虎、杨淦:《实际控制人信义义务的法律机制构建》,《深圳大学学报(人文社会科学版)》2015 年第 5 期。

权出资的决议，与该决议结果有利害关系的股东应当回避。赋予中小股东更多救济途径，例如在公司控制人通过不当行为使公司接受缺乏实益性的知识产权出资时，对于该接受出资的决议，其他股东可以行使质询权，董事会应当及时作出答复并说明理由，如果股东对答复不满意，认为该决议侵害了公司利益，可以向法院提起股东代表诉讼，①追究公司控制人的法律责任。

综上所述，如果公司接受无益于生产经营的知识产权出资，不仅会造成经营的负担，影响公司资本的经营效率，而且会损害其他股东的利益，破坏公司股东利益和治理结构的制衡。因此，知识产权出资应以保护公司整体利益为基本出发点，以资本效率为首要价值目标，要求股东出资的知识产权具有"实益性"，即出资知识产权应当是公司生产经营所需，能为公司所用，能为公司带来经济收益。但对这种"必需性"不能作过于严格的理解。因为企业的经营实效取决于多种因素，这种"必需性"只是一种可能性而非必然性。另外，如果公司的控制人通过不当行为控制公司接受缺乏实益性的知识产权出资，损害公司及其他股东的利益，则属于对公司的过度控制，应当通过完善公司控制人制度、明确其相关义务和法律责任，引导公司控制人依照法律法规和公司章程的规定行使权利。

---

① 股东代表诉讼是指当公司的合法权益受到他人侵害，特别是受到有控制权的股东、母公司、董事和管理人员等的侵害，但公司怠于行使诉权时，符合法定条件的股东可以以自己的名义为公司的利益对侵害人提起诉讼，追究其法律责任的诉讼制度。详见赵志刚：《公司集团基本法律问题研究》，北京大学出版社2006年版，第219页。

第四章　知识产权出资交付中的风险及其法律规制

知识产权出资实际上是知识产权财产转移再利用的过程。出资人通过转移知识产权财产权，取得相应的对价（公司股权），受资公司取得知识产权财产权，使用该知识产权并获取收益。在知识产权出资活动中，知识产权的出资交付是很关键的环节，出资人认购股份后，应当按照公司法律制度及公司章程的规定，如期、足额地履行知识产权交付义务。但实践中的知识产权出资交付却存在诸多风险，通过对实践中的知识产权出资履行纠纷案件进行分析，不难发现，在出资履行阶段，受资公司面临的最大的风险就是出资人交付的知识产权自身存在品质缺陷或存在权利瑕疵，以及出资人在约定的出资期限内怠于转让出资标的。①当然，不同类型的知识产权，其出资交付中存在的问题也有所不同，给受资公司带来的风险也各不相同，值得分别研究。下文笔者将对实践中较为常见的知识产权出资类型，如著作权、技术、商标权在出资交付中可能存在的风险问题进行详细分析，并提出相应的法律规制建议。

① 例如：林某某诉陈某股东出资纠纷案，广东省东莞市中级人民法院（2014）东中法民二终字第341号民事判决书，【法宝引证码】CLI.C.2971605；尚某某与赵某某等股东出资纠纷案，河南省洛阳市中级人民法院（2012）洛民终字第1317号民事判决书，【法宝引证码】CLI.C.1451589；杭州水处理技术研究开发中心有限公司等诉杭州北斗星膜制品有限公司解散纠纷案，浙江省杭州市中级人民法院（2012）浙杭商外初字第107号民事判决书，【法宝引证码】CLI.C.2646221；甘肃省科学院磁性器件研究所与兰州西太华工贸集团股份有限公司等技术转让合同纠纷上诉案，甘肃省高级人民法院（2009）甘民三终字第36号民事判决书，【法宝引证码】CLI.C.345837；申请再审人宗某某与被申请人河南省亚神中兴商贸有限公司以及河南亚神环保工程公司联营合同纠纷案，河南省高级人民法院（2012）豫法民提字第79号民事判决书，【法宝引证码】CLI.C.1468001。

第一节 著作权出资交付中存在的风险及其法律规制

出资交付包括事实交付行为和权利交付行为。对于著作权出资交付来说，著作权的事实交付行为几乎可以忽略不计，通常只需要按照出资协议或公司章程的规定交付一份作品即可，无论该作品是附着在有形还是无形的载体上。根据相关的法律规定，著作权出资的权利交付也只是需要签订书面合同，无需向著作权行政管理部门办理转让手续及转让合同的备案，①受资公司依据出资合同获得出资股东的著作权或著作使用权，这是与专利权、商标权这些授权型知识产权的出资履行最大的不同。但是也正因为著作权特殊的法律规则，在著作权的出资交付中，对于受资公司而言，可能存在两大风险：第一，出资人交付的著作权存在权利瑕疵；第二，著作人身权对出资的阻碍。

一、出资著作权存在权利瑕疵

（一）出资著作权存在权利瑕疵的表现形态

著作权是作者或其他权利人基于文学、艺术和科学领域内的作品而依法享有的人身权利和财产权利的总称。②著作权的取得因作品完成而自动生成，无需履行任何形式的登记或注册手续。我国《著作权法》对作者的认定采取署名推定原则，③根据署名推定的作者，享有确认作者身份的权利，人们也往往从作品的署名来判断著作权归属。但在很多情况下，作品上署名的“人”并不一定是作者，即使是作者，也不一定拥有完整的著作权。如果仅仅以署名来判断著作权人的话，难免会发生偏差，实践中一些商事主体利用署名推定原则，将无权转让的作品著作权“出资”给公司，而一旦发生纠纷，就会给公司造成重大损失。具体而言，有以下几种情形：

1. 出资著作权的客体属于职务作品

根据作者所享权利的多少，我国《著作权法》第 16 条将职务作品分成

---

① 我国《著作权法》第 25 条、《著作权法实施条例》第 25 条。

② 冯晓青：《知识产权法》，中国政法大学出版社 2008 年版，第 82 页。

③ 我国《著作权法》第 11 条第 4 款规定：“如无相反证明，在作品上署名的公民、法人或者其他组织为作者。”

两种类型:[1]普通职务作品和特殊职务作品。普通职务作品是指法人或其他组织的工作人员为完成本单位工作任务所创作的作品,对于这类作品,作者几乎保留了全部的著作权,只是在作品完成之后的两年内,[2]单位在其业务范围内享有优先使用权,即使单位不使用该作品,作者也不能授权他人以与单位使用的相同方式使用该作品,除非单位同意。[3]两年期满后,作者可以自行许可第三人以相同的方式使用该作品。因此,虽然从外观上来看,作者享有普通职务作品的著作权,但在普通职务作品完成后的两年内,单位享有在其业务范围内的优先使用权,如果作者以该作品的著作权出资并许可受资公司以相同的方式使用,那么首先必须经过单位同意,而且因出资而取得的经济收益,也要与单位按约定的比例进行分配。特殊职务作品是在普通职务作品的基础上,进一步满足《著作权法》第16条第2款的条件的有限类别的作品——作品的创作中主要利用本单位的物质技术条件,并由单位承担责任的工程设计图、产品设计图、地图、计算机软件等职务作品。除此之外,当事人还可以将普通职务作品通过合同约定为特殊职务作品。对于特殊职务作品,作者只享有署名权,其他全部权利由单位享有。可见,对于特殊职务作品的著作权和著作使用权,作者根本无权用于出资,因为除了署名权,作者不享有任何其他的著作人身权和财产权。如果股东以自己享有署名权的职务作品出资,在缺乏法定的公示和权威的法定证书的情况下,其他股东往往相信作者的陈述而确信其为真正的著作权人,其结果可能会导致公司接受出资的著作权存在严重的权利瑕疵。

2. 出资著作权的客体属于委托作品

委托作品是指受托人根据委托人的委托而创作的作品。对于委托

---

① 我国《著作权法》第16条规定:"公民为完成法人或其他组织工作任务所创作的作品是职务作品,除本条第二款的规定以外,著作权由作者享有,但法人或者其他组织有权在其业务范围内优先使用。作品完成两年内,未经单位同意,作者不得许可第三人以与单位使用的相同方式使用该作品。有下列情形之一的职务作品,作者享有署名权,著作权的其他权利由法人或其他组织享有,法人或者其他组织可以给予作者奖励:
(一)主要是利用法人或者其他组织的物质技术条件创作,并由法人或者其他组织承担责任的工程设计图、产品设计图、地图、计算机软件等职务作品;
(二)法律、行政法规规定或者合同约定著作权由法人或者其他组织享有的职务作品。"

② 《著作权法实施条例》第12条第2款:"作品完成两年的期限,自作者向单位交付作品之日起计算。"

③ 《著作权法实施条例》第12条第1款:"职务作品完成两年内,经单位同意,作者许可第三人以与单位使用的相同方式使用作品所获报酬,由作者与单位按约定的比例分配。"

作品的著作权归属，根据我国《著作权法》第 17 条规定，应当由委托人和受托人通过合同约定。未明确约定的，著作权属于受托人。这里的“著作权”应当包括著作人身权和著作财产权。但无论双方是否约定、如何约定，受托人仍然是委托作品的作者，这是毋庸置疑的，按照署名权应由作者享有的原则，那么委托作品的署名权应当归属于受托人。实践中委托人和受托人关于著作权归属、双方的使用范围的约定存在很大差别，因此受托人可能拥有委托作品的全部著作权，也可能只拥有著作人身权，①甚至只享有署名权，其他著作权均由委托人享有。在受托人仅拥有署名权的情况下，如果受托人以该委托作品的著作权出资，而委托合同的私密性决定了公司的其他股东往往难以获知该著作权的真正归属，从而依据署名推定原则而确信受托人是真正的著作权人，结果导致公司接受的著作权出资存在权利瑕疵。

另一方面，由于法律意识薄弱，实践中还存在很多对委托作品的著作权权属未作明确约定或者仅仅作口头约定的情况，②此时如果委托人以委托作品的著作权或著作使用权出资，并辅以委托合同来“证明”自己对委托作品享有著作权，这对受资公司来说是有很大风险的，因为在这种情况下，委托作品的著作权归属于受托人，根据相关司法解释，委托人仅可以在委托创作的特定目的范围内免费使用该作品。③换言之，委托人根本无权以该委托作品的著作权出资。

---

① 例如在“刘某诉广西壮族自治区南宁卷烟厂等侵犯著作权案”中，真龙广告公司在《南国早报》、《八桂都市报》等媒体上刊登征集广告语启事，刘某按照征集广告语启事的要求创作了涉案作品“天高几许？问真龙”并寄给真龙广告公司，后该作品入围并获奖。那么如何判断该作品的著作权归属？法院认为，真龙广告公司在征集广告语启事中约定“入围作品的使用权归南宁真龙伟业广告有限公司所属”，属于委托创作合同的要约。刘某在投稿时对征集广告语启事的条款没有提出异议，应认定为承诺，委托创作合同成立。因此，涉案委托作品“天高几许？问真龙”的使用权属于委托人真龙广告公司所有。作品的使用权是获得报酬权的基础，使用权的转让实际上就意味着获得报酬权也随之转让，换言之，著作财产权属于委托人真龙广告公司所有。著作人身权因委托合同没有作出明确约定，属于受托人刘某所有。详见广西壮族自治区高级人民法院(2005)桂民三终字第 3 号民事判决书，【法宝引证码】CLI.C.95338。

② 例如在“周某某诉新四军纪念馆委托作品著作权归属及侵权纠纷案”中，新四军纪念馆委托周某某为其创作内容为“新四军原七位师长画像”的瓷壁画作品，双方并未明确规定委托作品的著作权归属，画稿完成后，新四军纪念馆委托钟某某将此画稿复制成陶瓷壁画，并装贴在新四军重建军部旧址的墙壁上，署名为“钟某某、周某某合作”，周某某认为该著作权应由自己单独享有，遂向法院起诉，要求确认其著作权。

③ 参见最高人民法院在 2002 年发布的《关于审理著作权民事纠纷案件适用法律若干问题的解释》第 12 条。

3. 出资著作权的客体属于合作作品

合作作品是指两个以上的作者经过共同创作所形成的作品，合作作品的著作权由合作作者共同享有。①合作作品出资的问题主要在于法律对合作作品认定的模糊性以及对合作作品的使用限制两个方面。

首先，司法实务中对合作作品的界定，主要依据我国《著作权法》第13条第2款以及最高人民法院有关领导作品和自传作品的著作权认定的司法解释。②而现有立法对合作作品的界定标准过于简单概括，不仅学界解释不一，而且司法实务中也难以把握，社会公众对于合作作品的判断更是模糊不清，③实践中大量的合作作品著作权权属纠纷说明了这一点。无论是作者碍于朋友情面或其他原因而允许他人"挂名"，④或者作者在事实上将著作权向他人进行了部分转让，⑤在上述这些情况下，作品的法律性质均已发生了改变，即由单独作品变成了合作作品，而此时如果"真实作者"以该作品著作权出资，接受出资的公司则会面临其他作者主张权利的风险。

其次，我国《著作权法》及其修改稿对合作作品的转让和使用进行了限制。主要体现在以下两个方面：(1)如果合作作品可以分割使用，作者

---

① 参见我国《著作权法》第13条第1款。

② 我国《著作权法》第13条第2款规定：没有参加创作的人，不能成为合作作者。另外，最高人民法院《关于审理著作权民事纠纷案件适用法律若干问题的解释》第13条、第14条规定：下列情形不按合作作品对待：(1)由他人执笔，本人审阅定稿并以本人名义发表的报告、讲话等作品，著作权归报告人或讲话人享有。著作权人可以支付执笔人适当的报酬。(2)当事人合意以特定人物经历为题材完成的自传体作品，当事人对著作权权属有约定的，依其约定；没有约定的，著作权归该特定人物享有，执笔人或整理人对作品完成付出劳动的，著作权人可以向其支付适当的报酬。

③ 此类对合作作品认定的纠纷在实践中并不少见，例如在"杨某以未经许可使用其合作作品为由诉春风文艺出版社等著作权侵权纠纷案"中，小说《幻城》的作者郭某某为其作品出版的需要，邀请杨某为该书创作插图的墨线稿。杨某同意后遂按照共同商定的画风绘制了22幅墨线稿。郭某某收到画稿后，和案外人吴某共同进行了添加背景、添加色彩效果等后期创作，后该书出版，书中采用了三人合作的15幅插图，郭某某向杨某支付了稿酬。杨某认为这些插图属于合作作品，而郭某某则认为属于委托作品，双方遂起纠纷。详见：上海市第一中级人民法院(2004)沪一中民(五)知初字第134号判决书，【法宝引证码】CLI.C.78764。

④ 李某某、蓝天出版社著作权权属、侵权纠纷案，河北省高级人民法院(2011)冀民三终字第45号民事判决书，中国知识产权裁判文书网，http://ipr.court.gov.cn/heb/zzqhljq/201109/t20110921_143236.html。

⑤ 赵某某、三河环波软件有限公司与上诉人保定双狐软件有限公司、保定恒泰艾普双狐软件技术有限公司计算机软件著作权权属纠纷上诉案。河北省高级人民法院(2010)冀民三终字第52号民事判决书，【法宝引证码】CLI.C.347250。

对各自创作的部分可以单独享有著作权,但行使著作权时不得侵犯合作作品整体的著作权(修改稿为:正常使用)。(2)如果合作作品不可分割使用,著作权由各合作作者共同享有并通过协商一致行使,不能协商一致,又无正当理由的,任何一方不得阻止他方行使除转让权以外的其他权利(修改稿为:使用或许可使用),但是所得收益应当合理分配给所有合作者。因此,就可分割合作作品出资问题而言,修改稿比现行著作权法更有利于各合作作者行使权利,他们可以自由使用自己创作的作品,包括出资,不必顾虑是否影响合作作品的销路等问题。①就无法分割使用的合作作品出资问题而言,现行法和修改稿的表述虽有差异但意思一致,在合作作者不能达成一致意见的情况下,任何一方只有使用或许可使用该合作作品著作权的权利,而没有转让的权利,因此以合作作品著作权出资,原则上应当经所有合作作者一致同意。但是,作品毕竟具有公共文化的属性,立法政策要求作品能够尽可能地被公之于众和得到利用。因此,当各合作作者对合作作品的著作权出资问题不能协商一致时,如果绝对禁止对作品加以使用,必然会损害要求使用合作作品的作者的利益,折中的办法就是允许各合作作者以该合作作品的著作使用权出资,但不能以著作权作为出资标的。

综上所述,在著作权出资交付中,如果受资公司仅仅根据署名推定原则来判断著作权权属,却未考察作品是否属于职务作品、委托作品或者合作作品,难免会接受一些有权利瑕疵的著作权,最终导致第三人向受资公司主张权利,著作权出资目的难以实现。

(二)造成著作权瑕疵出资的制度原因:缺乏有效的著作权登记制度

出资人之所以能将具有权利瑕疵的作品著作权出资到公司,究其客观方面的原因,主要是因为我国缺乏有效的著作权登记制度。下文笔者将分析著作权登记制度对防范著作权瑕疵出资的作用,并讨论我国当前的著作权登记制度存在哪些问题,以至于不能有效地发挥上述作用。

1. 著作权登记制度对防范著作权瑕疵出资的作用

著作权登记制度是当作品创作完成后,或当著作权发生出资、转让、许可使用等权利变动时,相关权利人向著作权登记机构提出申请,登记

① 赵海燕:《合作作品判断标准辨析及权属和行使探讨》,《西部法学评论》2015年第1期。

机构经审查后将作品创作的原始信息或者著作权权利变动内容记载于登记簿，并在全国联网的著作权登记系统予以公开，以便公众查询的一种制度。如前文所述，在著作权出资活动中，一些出资人利用我国著作权自动保护制度和署名推定原则存在的一些漏洞，将自己无权处分的作品著作权出资到公司，这种行为无疑会为受资公司带来巨大风险。而有效的著作权登记制度不仅能在很大程度上弥补著作权自动保护制度及署名推定原则的缺陷，便于受资公司查询出资著作权的权利状态，而且能促进著作权转化运营，并降低著作权出资成本。具体体现在以下几个方面：

首先，可以弥补著作权自动保护制度及署名推定原则的缺陷。

我国著作权法对著作权采取自动保护制度和署名推定原则，这意味着作品一旦完成，即受到我国著作权法的保护，并根据署名推定作品的作者，作者无需向政府部门登记其版权主张。这一规则具有一定的积极意义，因为著作权产生于创作行为，它的存在不应当取决于一些确立权利的手续，①法律不应当为著作权的取得设置不合理的障碍。然而，著作权自动保护制度也带来一个问题：著作权信息的缺乏，使得社会公众很难追踪作品的权利归属，例如作品著作权的哪些权利都分别属于哪些人？哪些作品可以使用，哪些属于共有领域？而署名推定原则更是在某种程度上给非法出资创造了机会，在著作权出资活动中，常常出现前述章节所提到的一些出资人将无权转让的职务作品、委托作品、合作作品的著作权“出资”给公司，甚至将作品著作权重复出资或转让的行为，其后果是，一旦发生权属纠纷，受资公司将因此遭受重大损失。而采取著作权登记制度，出资人须证明自己对出资著作权享有合法的所有权和处分权，而且便于公司其他股东或发起人清晰地了解出资著作权的权属状况，相应的也会减少上述非法出资的情况发生。

其次，可以促进著作权的转化运营。

在每年创作的成千上万的作品中，绝大部分作品缺少商业价值，或者虽然有商业价值，但其存在期限却比现行著作权法所赋予的保护期

---

①　［西］德利娅·利浦西克：《著作权与邻接权》，中国对外翻译出版公司和联合国教科文卫组织2000年版，第45、91页，参见：索来军：《著作权登记制度概论》，人民法院出版社2015年版，第6页。

限要短得多。①可以说，具有商业价值的作品只占极小的一部分，而这极少的一部分作品，如果未发表或出版，也很难为他人所知，更不要说转化运营了。如果建立一个有效的网上著作权登记系统，鼓励著作权人对其作品的基本情况及出资、转让、许可情况进行网上登记，那些看重自己作品的商业价值的著作权人往往会更加重视在著作权登记系统进行信息登记。而对于有兴趣获得上述作品著作权或著作使用权的人来说，也可以通过登录著作权登记系统查询作品著作权信息，更好、更快地选择有商业价值的作品，并获悉该作品的著作权归属、是否许可他人使用、版权人的联系方式等信息，这无疑对著作权的转化运营是很有利的。

最后，可以降低著作权出资成本。

在现实中，著作权出资的实现需要成本，例如，出资人和公司在出资前的相互寻找、获取有关信息的成本，关于出资著作权应获得多少股份而讨价还价的成本，以及出资履行的成本等。有效的著作权登记制度可以降低上述成本，同时也能降低著作权出资的风险。当然，建立著作权登记制度以及著作权登记系统，本身也需要成本，因此有学者担忧，“著作权转移公示制度存在高昂的制度设置成本、制度运行成本及维护成本”。②但本书认为，相比于减少的出资交易成本，这些法律形成的成本是值得的。正如证券法对证券市场的严格管制，交易商为了满足各种强制性的披露要求，提供必要的各类报告，必须付出较多的交易成本。但是加强管制减少了交易纠纷，带来了市场的有序运行，进而增加交易量，降低了整个市场的交易成本。③同样，就著作权出资问题而言，登记公示制度是受资公司降低著作权排他成本的最好方式，或者说是其维护交易安全最有效率的方式。④而且，随着信息技术和网络的进步，也使得以较低成本建立一个网上著作权登记系统成为可能。

---

①　帕梅拉·塞缪尔森等:《版权基本原则:改革的方向》,侍孝祥等译,参见:金福海主编:《版权法改革:理论与实践》,北京大学出版社 2015 年版,第 24—25 页。

②　张冬梅:《著作权重复移转纠纷案件审理中的疑难问题》,《人民司法》2009 年第 9 期。

③　科斯:《企业、市场和法律》,1988 年英文版,第 9 页,参见:张乃根:《法经济学:经济学视野里的法律现象》,上海人民出版社 2014 年版,第 119 页。

④　黄玉烨、罗施福:《论我国著作权转让登记公示制度的构建——从著作权的“一女多嫁”谈起》,《法律科学》2005 年第 5 期;苏平:《知识产权登记法律效力比较与借鉴》,《知识产权》2011 年第 8 期。

2. 我国著作权登记制度存在的问题

如前文所述，著作权登记制度对防范著作权瑕疵出资具有重要意义。我国是否存在著作权登记制度呢？本书认为，该制度是存在的。我国《作品自愿登记试行办法》《计算机软件著作权登记办法》《著作权法实施条例》均确立了建立在自愿基础上的著作权登记公示制度。但是从我国的著作权登记制度的实施情况来看，其对于防范著作权瑕疵出资、降低著作权出资成本的作用是非常有限的。主要原因在于我国著作权登记制度还存在一些问题。

首先，著作权登记的法律效力太弱，导致著作权登记积极性不高。我国采取作品自愿登记制度，即著作权的取得并不以著作权登记为前提。我国《著作权法实施条例》第 25 条也规定，著作权转让和许可使用合同[①]可以自愿备案。可见，如果不进行备案也并不会影响著作权转让合同和许可合同的效力。那么备案的作用是什么？能否对抗第三人？答案并不明确。这导致人们对著作权登记的积极性不高。以著作权合同登记为例，从国家版权局发布的数据来看，2012 年我国著作权合同登记为 18 645 件，2013 年为 19 521 件，2014 年则下降为 17 376 件，而同年的作品登记量为 997 350 件。[②]不仅我国，许多采取著作权自动保护制度的国家也存在著作权登记积极性不高的情况。[③]有学者认为，著作权登记情况积极性不高，主要是因为著作权登记的法律效力太弱。[④]这个观点是正确的，因为根据我国现有的法律规定，著作权登记仅具有初步证据的作用和效力。[⑤]这体现在两个方面：其一，是否登记并不影响版权人就相关作品享有著作权；其二，著作权转让或许可合同的登记备案，并不具备对抗第三人的效力。故而在现实生活中，人们著作权登记的积极性不是很高。

---

① 实践中的著作权出资通常包括著作权出资及著作权使用权出资，其性质分别相当于著作权转让和著作权许可使用，因此在本节中涉及著作权登记制度的讨论，笔者参照了法律制度中关于著作权转让和著作权许可合同登记备案制度。

② 详见国家版权局关于我国版权登记的年度统计数据，http://www.ncac.gov.cn/chinacopyright/channels/6468.html。

③ Lesley Ellen Harris, Canadian copyright law(4th edition), John Wiley & Sons, Inc., 2013:41.

④ 唐艳、苏平：《论著作权转让与登记制度型构——兼论对民法物权理论的借鉴与扬弃》，《徐州师范大学学报(哲学社会科学版)》2012 年第 6 期。

⑤ 《作品自愿登记试行办法》第 1 条、第 2 条。

其次,著作权登记管理体制混乱不清。根据《作品自愿登记试行办法》规定,著作权登记机构分别为国家版权局和各地省级版权局。但是在1998年《国务院办公厅关于印发国家新闻出版总署(国家版权局)职能配置内设机构和人员编制规定的通知》中,规定"监督管理作品的著作权登记"为版权管理司的职责之一,①明确了国家版权局不再承担著作权登记的职能,而是将著作权登记"分别交给直属事业单位和社会中介组织"。此后,中国版权保护中心成立,并负责作品著作权登记工作。②也就是说,国家版权局和中国版权保护中心的关系,就著作权登记工作而言,是监管与被监管的关系。但事实上,中国版权中心从成立伊始,一直使用国家版权局的名义从事著作权登记工作。另外,部分省级版权局的职能也发生了类似的转变,例如,北京市、上海市和广东省的版权局已不再负责作品著作权登记工作,而是分别由北京版权保护中心、上海版权保护协会和广东省出版局信息中心承担,③而这些登记机构也都是以当地版权局的名义从事著作权登记工作。这些职能上的变化,不仅与《作品自愿登记试行办法》关于登记机构的规定发生冲突,而且造成了登记机构和监管部门关系的混乱,也带来了与登记有关的行政复议、收费等方面的问题。④

再次,重复登记、错误登记时有发生。如前文所述,《作品自愿登记试行办法》规定的登记管辖划分在事实上已经不存在。登记管理体制的混乱,以及作品的可复制性、共享性等特点,均会导致中国版权保护中心和地方登记机构之间的重复登记、错误登记,在一些案件中,存在权属争

---

① 在《国务院办公厅关于印发新闻出版总署(国家版权局)职能配置内设机构和人员编制规定的通知》(国办发〔2001〕97号)以及《国务院办公厅关于印发国家新闻出版总署(国家版权局)主要职责内设机构和人员编制规定的通知》(国办发〔2008〕90号)中,均规定"监督管理作品的著作权登记"是版权管理司的职责。

② 1998年8月14日,新闻出版署在《关于同意中国版权保护中心组建方案的批复》(新出人〔1998〕955号)规定:"计算机软件及其他各类作品著作权的登记……移交中心负责。"

③ 索来军:《著作权登记制度概论》,人民法院出版社2015年版,第39—41页。

④ 例如登记的收费问题,《作品自愿登记试行办法》只规定"有关作品登记和查阅的费用标准另行制定"。在国务院行政管理部门中,按照有关职能和分工,只有国家财政部门和价格管理部门才能制定行政部门的收费项目和标准,而财政部门确立收费项目必须有明确的法律法规依据或符合其他要求。由于作品登记的依据只是国家版权局颁布的部门规章,缺乏明确规定事项和收费的上位法,同时也不符合可以收费的其他要求,所以作品登记收费规定一直未能出台。况且政府职能已经转移,需要对转移后的登记工作进行定性,才能解决收费问题,但由于登记机构名不副实,增加了解决收费问题的难度。

议的当事人同时在不同地区的著作权登记机构办理作品登记，并且在诉讼中将作品登记证书作为权属证明的证据，①这会导致司法机关无所适从，进而影响到登记的公信力。

最后，登记信息发布不统一，不便于查询。为了建立统一的作品著作权登记体系，国家版权局于 2011 年 10 月 24 日又发布了《关于进一步规范作品登记程序等有关工作的通知》（以下简称《通知》）。从作品登记申请受理、审查、时限、证书内容、登记表证格式、信息统计等方面作了详细规定。虽然《通知》的发布使我国著作权登记公示制度得到了进一步的明确和完善，但目前的情况是，只有中国版权中心以及少部分地方登记机构建立了网上著作权登记管理信息系统②，可以网上登记或查询，其他大部分地区的著作权登记及著作权转让、许可合同的备案还是要到登记部门进行现场办理，社会公众也无法从版权局网站上查询某个作品的著作权权利状态。

综上所述，我国的著作权登记制度存在着登记效力不清晰、管理体制混乱、重复登记以及信息发布不统一等问题。这不仅造成国家财政资源的浪费，而且严重地影响了登记工作的权威性、削弱了人们进行著作权登记的积极性。显然，在防范著作权瑕疵出资、降低著作权出资成本方面，我国当前的著作权登记制度很难发挥应有的积极作用。

二、法律规制：完善我国的著作权登记制度

对于出资人交付有权利瑕疵的作品著作权，如何对此进行法律规制呢？除了由出资人承担权利瑕疵担保义务，③还应当尽快完善我国的著作权登记制度，便于受资公司查清出资作品的权利状态。针对我国登记管理制度中存在的问题，结合域外立法经验，本书认为，应当从以下两方面来完善我国著作权登记制度。

（一）增强著作权登记法律效力，鼓励著作权登记

由于接受著作权出资的相对人从外观判断著作权真实归属的难度较高，因此推行著作权出资登记制度是十分必要的。那么如何鼓励著作权出资登记呢？如前文所述，著作权人对作品登记的积极性不高，主要

① 索来军：《著作权登记制度概论》，人民法院出版社 2015 年版，第 45 页。
② 例如江苏省作品著作权登记系统、广东省版权登记服务网。
③ 杨红军：《版权许可制度论》，知识产权出版社 2013 年版，第 265 页。

源于登记的法律效力太弱,只有增强著作权登记的法律效力,才能使著作权登记制度真正具有吸引力。但是应当赋予著作权登记什么样的法律效力呢?我国学界关于著作权登记的法律效力的研究成果比较丰富,对于作品初始信息登记产生初步证据的作用,大多没有异议,主要争论集中在一个问题上:应当赋予著作权权利变动登记什么样的法律效力?对学者们的观点进行分析梳理,不难发现,大致有两种观点:“登记生效主义”和“登记对抗主义”。主张“登记生效主义”的学者认为,应当将著作权登记作为著作权转让的生效要件,如果未登记,著作权不发生转让的法律后果。①反对的学者认为,“登记生效主义”是一种运行成本很高的立法模式,容易导致对私法自治的过度干预,因此并不可取,②应采取登记对抗主义,即权利变动依当事人间合意而产生效力,非经登记,不能对抗第三人,但公示对抗主义与登记公信力制度并无必然联系。③这两种观点均有值得肯定的地方,如果采用著作权登记生效主义,著作权交易当事人会被“强制登记”,著作权权利变动状况将被公之于众,第三人得以获知权利真实状况,交易安全可以获得保障。然而,不可否认的是,从“自愿登记”变更为“强制登记”,无疑是以限制民事主体的自由为代价的。相比较来说,“登记对抗主义”属于适度鼓励当事人对其交易进行登记,从而实现对著作权转让、许可的适当管理,建立安全的交易秩序。两种观点各有优势,那么应当如何选择呢?他山之石,可以攻玉。域外著作权登记效力的相关规定可以给我们一些启发。

1. 域外关于著作权登记效力的相关规定

著作权自动保护是国际上著作权保护的一个基本原则,即著作权的获得和保护不以任何形式要件为前提条件。例如,《保护文学艺术作品伯尔尼公约》第 5 条第 2 款规定,享有和行使著作权,不需要履行任何手续。基于此,世界上很多国家确立了著作权自愿登记原则,即是否登记并不影响著作权的获得。但是对著作权登记具有什么法律效力,各国的规定存在很大差异。具体来说,著作权登记主要有以下几种法律效力:

---

① 何焕锋:《著作权公示制度探析》,《山东社会科学》2009 年第 11 期。

② 许辉猛:《著作权基本权利》,知识产权出版社 2011 年版,第 308 页。

③ 唐艳、苏平:《论著作权转让与登记制度型构——兼论对民法物权理论的借鉴与扬弃》,《徐州师范大学学报(哲学社会科学版)》2012 年第 6 期。

（1）登记具有初步证据的效力

即除非有相反证据证明，否则直接推定著作权登记的内容就是真实的，包括对作者的认定、权利归属、创作日期、权利变动信息等，在司法实践中，这些登记的事实通常可以作为初步证据。以美国为例，美国在相当长的时间里一直坚持以加注版权标记作为获得版权的前提条件，以注册和提交样书作为实施版权的前提条件。直到《伯尔尼公约实施法案》规定，对公开出版的作品或录音，“可以”加注版权标记。这意味着即使不加注版权标记，也不影响版权的获得。该项规定给作者们以及著作权使用者们带来了一些便利，但也给后来的使用者们和公共利益带来了损害，因为它导致如何判断作品的著作权权属这个问题变得更加难以回答。[①]因此，美国版权法规定，如果著作权人在作品出版后五年内进行注册并获得注册证书，在侵权诉讼中，除非有相反的证据，注册证书上所记载的事实都可以作为判决的依据。[②]就著作权转移而言，虽然著作权转移的生效不需要认证证书，但是，认证证书是著作权转移的初步证据。同样的，在加拿大，作者、著作权受让人、被许可使用人均可以在加拿大知识产权局登记，对于登记人来说，这种登记更像是一种声明：声明登记作品的名称、种类、出版信息以及自己对该作品的权利。而版权局对登记的申请也只是作粗略审查，并不会去核实申请信息的真实性，只要申请人提供了著作权法所要求的信息，经版权局审核通过后即可获得登记证书，同时登记信息也会向公众公示，供公众在网上查询。在著作权侵权纠纷中，推定登记证书上的著作权人为真正的著作权人，即登记的版权人无需再证明著作权的存在以及自己就是著作权人，除非被控侵权人拿出相反的证据。[③]另外，日本《著作权法》规定，无论是否还享有著作权，著作人都可以就其创作的作品进行真名登记，由文化厅官员予以记载并将情况以官报进行公布，真名登记的人即被推定为登记作品的著作权人，任何人都可以请求预览著作权登记簿及其附件。[④]

---

① Pamela Samuelson and Members of The CPP. The copyright principles project: directions for reform, Berkeley technology law journal, 2010, Vol.25:1198.

② Copyright law of the United States, §410(c).《美国著作权法》，杜颖、张启晨译，知识产权出版社2013年版，第135页。

③ Lesley Ellen Harris, Canadian copyright law(4th edition), John Wiley & Sons, Inc., 2013:40.

④ 日本《著作权法》第75条、第78条。《日本著作权法》，李扬译，知识产权出版社2011年版，第52—53页。

(2) 著作权登记作为诉讼的前提

即著作权登记是权利人提出著作权侵权诉讼的前提条件。例如在美国的司法实践中,对于来自美国和非伯尔尼公约成员国的作品,著作权注册登记是提起侵权诉讼的前提条件。[①]在"莫里斯"一案[②]中,被告是一家杂志社,未经许可使用了原告的一些文章,原告提起侵权诉讼时,第二巡回上诉法院认为,根据美国《著作权法》第411条(a)款的规定,所有的美国作品,只有在进行版权注册后,才能提起侵权诉讼。在该案中,原告没有对相关作品进行版权注册,因此,法院作出了有利于被告的判决。

(3) 在发生权利转让时,著作权登记具有对抗第三人的效力

例如,日本《著作权法》规定,著作权可以全部或部分转让,转让登记是对抗要件。这也就是说,在日本,著作权转让合同对出卖人与买受人双方均有法律约束力,但如果没有登记,任何第三人均可以不承认著作权转让的效力。[③]如果著作权人以作品著作权出资的话,其性质与著作权转让一致,即将著作权转让给公司享有以获得对价——公司的股份,因此,将著作权出资合同登记后,同样将取得对抗第三人的效力。对于作品著作权独占许可使用,日本并没有设计登记制度以便被许可人凭借其地位对抗第三人(如著作权受让人、获得二重独占许可的人)。[④]可见,如果著作权人以作品著作权的独占许可权出资,对被投资的企业而言,同样存在着著作权人将该作品著作权转让或再次许可他人使用的风险。同样的,韩国《著作权法》第54条、第55条第1款规定,[⑤]著作财产权的转让(通过继承或其他一般性继承除外)或对著作财产权处分的限制,以及对著作财产权进行质押、出让、变更、消灭或限制处分等,未经文化体育观光部登记在著作权注册簿的,不得对抗任何第三人。

(4) 登记为特定侵权救济的必要条件

在一些国家,著作权登记是获得特定侵权救济的必要条件。例如加拿大,在著作权侵权案件中,登记作品的著作权人能获得的救济措施更

---

① 李明德:《美国知识产权法》(第二版),法律出版社2014年版,第302—303页。

② Morris v.Business Concepts, Inc., 259F.3d65(2d Cir., 2001).

③ 日本《著作权法》第61条第1款、第77条第1项、第78条。《日本著作权法》,李扬译,知识产权出版社2011年版,第45、52—53页。

④ [日]田村善之:《日本知识产权法》(第4版),周超等译,知识产权出版社2011年版,第493页。

⑤ 《十二国著作权法》翻译组译:《十二国著作权法》,清华大学出版社2011年版,第522页。

多(相比于未登记作品的著作权人)。如果侵犯未登记作品的著作权,法院只会判令侵权人停止侵权。[①]而侵犯登记作品的著作权,著作权人不仅可以要求对方停止侵权,还可以请求对方赔偿经济损失,而且作品一旦登记,法院会认定侵权人是在明知著作权权属的情况下故意侵权,因为登记信息是向社会公众公开的,侵权人很难举证证明自己对相关作品的著作权权属并不知情。另外,美国《著作权法》第412条规定,在下面两种情况下权利人不能获得法定赔偿金或律师费:第一,就未发表的作品而言,侵权活动开始于注册生效日之前;就已发表作品而言,侵权活动开始于注册生效日之前,除非著作权人在作品首次发表后的3个月内进行了注册。另外,作品登记证书可以被美国海关及边境保卫局记载,并防止侵权复制品的入关。[②]

(5) 著作权登记为便于计算保护期

在一些国家,例如德国,对于匿名或假名作品,著作权在发表后70年消灭。但在创作完之后70年,以作品在该期限内未发表为限,著作权就已消灭,[③]但如果作者的真实姓名在上述期限内被登记在专利局建立的匿名与假名作品登记簿,[④]著作权保护期的计算从作者死亡开始而不是从首次发表开始。

可见,各国立法对著作权登记赋予了不同的法律效力,差异很大。但对于著作权初始信息登记来说,大多赋予了初步证据的法律效力,这是因为著作权来源于作者的创作,作品创作完后即享有著作权,因此,著作权创作信息的登记,实际上是为了初步确定著作权的归属,基于此,著作权创作信息的登记应当具有初步证据的作用。我国对著作权登记也是赋予了初步证据的效力,此处不再赘述。本书认为,通过借鉴上述域外立法,结合我国当前的法律制度,我国著作权权利变动登记的法律效力应当采取"对抗主义"。

2. 赋予我国著作权权利变动登记以对抗第三人的法律效力

对于著作权权利变动登记,从上述对域外著作权登记效力的分析来

---

① Lesley Ellen Harris, Canadian copyright law(4th edition), John Wiley & Sons, Inc., 2013:40.

② Oliar & Matich, supra note 14, at 1081; see also 19 C.F.R. § § 133.31-.37(2013)(establishing the process for recording a copyright registration with U.S. Customs and Border Protection).

③ 德国《著作权法》第66条第1款,参见《德国著作权法》,范长军译,知识产权出版社2013年版,第104页。

④ 德国《著作权法》第66条第2款、第138条,参见《德国著作权法》,范长军译,知识产权出版社2013年版,第104、175—176页。

看,大多数国家并不存在对著作权的取得、著作权权利变动的强制性登记制度。①尽管著作权的取得、转让的生效并不要求登记(或认证、备案),但是为了更好地维护著作权人的合法权益,有效减少著作权权属纠纷,很多国家的著作权法都赋予了著作权登记不同的法律效力,以鼓励著作权信息登记,如日本、韩国的著作权法对登记的著作权转让合同赋予了对抗第三人的效力,美国、加拿大对于登记作品的著作权,提供了更多的侵权救济。除了上述法律效力外,美国著作权法还赋予了著作权登记的优先效力,当先后进行的几项版权转移发生冲突时,已备案的转移优先。②

结合我国的实践,综合考量著作权的特性、我国对著作权"重复出资"规范的缺漏以及著作权登记的多重价值,本书认为,我国部分学者提出的"登记生效主义",以及一些国家法律赋予作品著作权登记"提起诉讼的前提"的法律效力并不适用于我国,因为在我国著作权登记只具有初步证据的效力,并不像不动产登记那样具有公信力,而且从现实角度考虑,构建著作权登记公信力制度也不可能。一方面,著作权的权利客体具有无形性,权利边界不像有体物那样清晰,随着当前传媒技术、网络科技的发展,使用他人作品变得更加容易,这些都增加了判断著作权权属的难度以及登记准确性的难度;另一方面,考虑到出资登记的效率及成本,登记机关也只能进行形式审查,而不可能对著作权出资登记的真实性、合法性进行实质审查。因此,在不能保证登记信息的真实准确性的情况下,适用登记生效主义、"登记是诉讼的前提"显然是不合适的,相比较而言,采用登记对抗主义更为适合,即赋予著作权权利变动登记以对抗第三人的法律效力,而且我国《著作权法》(修订草案送审稿)第59条第1款也采用了"登记对抗主义",赋予了转让或许可合同备案可以对抗第三人的法律效力,③应该也是基于上述考虑。另外,在发生著作权重

---

① 详见世界知识产权组织(WIPO)在2010年关于各国著作权登记制度的调查:WIPO Second Survey on Voluntary Registration and Deposit Systems, Response from 80 Member States to Questionnaire as at July 1, 2010. http://www.wipo.int/copyright/en/registration/replies_survey_copyright_registration.html.

② Copyright law of the United States, §205(d).《美国著作权法》,杜颖、张启晨译,知识产权出版社2013年版,第114—115页。

③ 该条规定:"与著作权人订立专有许可合同或转让合同的,可以向国务院著作权行政管理部门设立的专门登记机构登记。经登记的专有许可合同和转让合同,可以对抗第三人。"

复出资、多重转让的情况时，著作权权利变动登记具有优先作用，即经过著作权权利变动登记的出资或转让行为具有对抗第三人的效力。综上，应当赋予著作权权利变动登记以对抗第三人的法律效力。

（二）厘清著作权登记管理工作体制，建立统一的登记信息管理系统

如前文所述，我国著作权登记管理体制混乱，导致重复登记、错误登记时有发生，不仅损害了登记工作的权威性、造成国家财政资源的浪费，而且也不便于受资公司查询出资作品著作权真正的权利状态。因此，应当尽快厘清著作权登记管理体制，并建立全国统一的著作权登记信息管理系统。

第一，厘清著作权管理工作体制。

作为公示制度，著作权登记的公信力应当以国家行为作为担保。①但鉴于著作权登记是一项具体事务，从行政管理发展的趋势来看，此项工作不宜由行政管理部门直接承担，这也是国家版权局将该项工作移交给中国版权保护中心负责的主要原因。就作品著作权登记工作而言，国家版权局和中国版权保护中心的关系，是监管与被监管的关系。但这些职能上的变化，与《作品自愿登记试行办法》关于登记机构的规定发生冲突，另外，由于中国版权中心从成立伊始，一直使用国家版权局的名义从事著作权登记工作，容易造成登记机构和监管部门关系的混乱。因此，应当尽快修订《作品自愿登记试行办法》，厘清著作权管理工作体制，作为登记机构的中国版权保护中心应当以自己的名义独立开展著作权登记工作，而国家版权局作为监管机构，应当在制定著作权登记管理办法、指导著作权登记工作以及保证登记工作公正有效等方面发挥监督管理职能。

第二，建立全国统一的著作权登记信息管理系统。

每天，不计其数的作品被创作出来，也有数量众多的著作权转让、许可、出资合同被签订，但是，大多数是没有进行著作权登记的，为什么呢？一方面是因为大多数作品本就不是为了商业目的而创作的，另一方面，著作权登记的成本高于其所能带来的利益。②就目前情况而言，著作权登记和著作权合同备案是需要交付一定费用的，而且我国大多数地区的版

---

① 索来军：《著作权登记制度概论》，人民法院出版社 2015 年版，第 264 页。

② Dotan Oliar、Nathaniel Pattison、K. Ross Powell. Copyright Registrations: Who, What, When, Where, and Why. Texas Law Review, 2013, Vol.92: 2223.

权局并未建立网上著作权登记系统，著作权登记或著作权合同备案还需要到当地的版权局办理。这导致了著作权人对著作权登记的积极性不高，而且社会公众也无法通过网络查询相关作品的著作权权属信息。因此，著作权登记无论由属地机构负责还是全国统一办理，除非对登记内容提供不限地区、不限时间的网络查询和公示，否则任何固定地点的公示和查询都不能满足实际需求。①本书认为，要增强著作权登记系统的吸引力，各地版权局应当建立全国联网、便于用户操作的登记系统，登记机构有义务让社会公众通过该系统很便捷地获取作品著作权信息，正如美国版权基本原则项目（Copyright Principles Project，简称“CPP”）的专家所言，“为用户提供一种‘一次搜索，穷尽所有’的体验”。②而且从促进著作权运用和流转的角度来看，受理机构应当进一步提高审查效率，因为登记时间过长显然会阻碍著作权的正常交易，信息的滞后性也无助于实现交易安全。

综上所述，针对我国著作权登记制度中存在的问题，应当赋予著作权权利变动登记以“对抗第三人”的法律效力，从而鼓励著作权登记，并厘清著作权登记管理工作体制，建立统一的登记信息管理系统，便于受资公司获知出资著作权真实的权利状态，这对于防范著作权瑕疵出资，降低著作权出资成本具有重要意义。

三、著作人身权对出资的阻碍

著作权包括人身权和财产权。人身权，又称著作权人的精神权利，是与著作财产权相对应的一个概念，主要包括发表权、署名权、修改权、保护作品完整权等四项权利③。我国《著作权法》第10条规定著作权人可以将著作财产权许可他人使用或者转让，就著作人身权能否转让未作明确规定，但司法实践认为，我国《著作权法》没有规定署名权等精神权利能够转让，因此不应作扩大解释，著作人身权不得转让、放弃或继承。④

---

① 林华：《著作权转移规则研究》，中国社会科学院2012年博士学位论文，第55页。

② Pamela Samuelson and Members of The CPP. The copyright principles project: directions for reform, Berkeley technology law journal, 2010, Vol.25:1204.

③ 参见我国《著作权法》第10条，除了以上四项权利，一些国家还规定了一些“特殊权利”，例如法国、德国规定了作者享有收回作品权，部分大陆法系国家还规定了接触作品权、追续权等。

④ 参见郑州世纪英合信息技术有限公司与北京三面向版权代理有限公司著作权侵权纠纷上诉案，河南省高级人民法院（2006）豫法民三终字第54号民事判决书，【法宝引证码】CLI.C.125889；俞某某诉杨某等著作权侵权纠纷案，北京市海淀区人民法院（2003）海民初字第2603号民事判决书，【法宝引证码】CLI.C.124009；齐某某等诉西泠印社等侵犯著作财产权纠纷案，沈阳市中级人民法院（2008）沈中民四初字第20号民事判决书，【法宝引证码】CLI.C.133737。

也就是说,如果著作权人以著作权出资,那么可转让给公司的著作权客体其实只是著作财产权,此时著作人身权与著作财产权归属不同主体,对于接受著作财产权出资的公司而言,存在两大风险:(1)由于著作人身权与著作财产权的密切关联性,决定了著作财产权的行使往往受到著作人身权的限制,如果著作财产权转让时不对原著作权人的人身权利加以限制,则有可能因著作人身权与著作财产权的分离而影响受资公司对著作财产权的正常行使。例如当作者行使署名权与公司利益发生冲突时,公司无法拒绝;著作权人要求修改作品时,公司无权阻止,等等。①(2)作者行使著作人身权可能会与公司具体使用作品的意愿相抵触。如果受资公司对作品的使用涉及作者人身权的话,必须经过作者许可,依照其意愿署名和改变作品,这会使得公司在很大程度上受到作者的制约,而且容易造成原始著作权人仍是著作财产权人的假象。正如我国著名的知识产权专家郑成思所言:如果对转让的财产权与保留在著作权人手中的人身权不加协调,则财产性权利的转让就可能没有意义。②

四、法律规制:建立著作人身权出资制度

这里所说的著作人身权出资,是指股东将著作人身权连同著作财产权一起转让给公司,或将其使用权一同出资给公司使用,并非单独的著作人身权出资。前文已经分析了在我国现行的著作权制度下,著作人身权对著作权出资的阻碍,如果著作人身权能连同财产权一起作为出资标的,那么就可以克服人身权对出资的阻碍。但问题是:著作人身权能否随同著作财产权一同出资呢?根据我国《公司法》第27条的规定,非现金出资的标的应当符合两个条件:“可以用货币估价”和“可以依法转让”。就估价而言,著作人身权与著作财产权构成了完整的著作权,而著作权可以由评估人员依据一定的评估方法进行估值,这是毋庸置疑的。那么,著作人身权能否出资就取决于:著作人身权能“依法转让”吗?

(一)关于著作人身权能否转让的理论之争

我国著作权法并未明确规定著作人身权可以转让。基于这种理念,在著作权出资中,可转让给公司的著作权客体其实只有著作财产权,这

---

① 陈奇伟、张海宝:《我国软件著作权出资制度的缺陷与重构》,《南昌大学学报(人文社会科学版)》2013年第6期。

② 郑成思:《版权法》(修订本),中国人民大学出版社1997年版,第305页。

将会造成著作人身权与著作财产权归属不同主体的结果,对于接受著作财产权出资的公司而言,会存在诸多风险。那么著作人身权是否能同著作财产权一起作为出资标的转让给受资公司呢?近年来,理论界关于著作人身权能否转让这一问题争议颇多。有的学者认为,著作人身权本质上是体现在作品中的精神利益,具有强烈的人身性,著作人身权转让违背立法初衷,因此不可转让。①也有学者持反对意见,他们认为,著作财产权和人身权的界限并不明确,通过行使著作人身权,可以促进经济利益的实现。如果禁止转让著作人身权,将会导致著作权保护范围不清晰,著作人身权在一定条件下转让有其客观性、合理性和必要性,我国应当建立著作人身权的自由转让制度。②还有学者持折中的观点,认为著作人身权并非绝对不能转让,但应受到一定的限制,即"限制转让说"。持"限制转让说"的学者很多,但学者们对"限制内容",即具体哪些著作人身权可以转让,哪些应当限制,却各持己见。③

不仅我国学者对著作人身权转让的可能性存在理论上的争议,由于政治、社会、经济、文化意识的差异,世界各国在著作权保护领域也具有不同的法律价值取向,对著作人身权能否转让的立场也大不相同。英美法系著作权法奉行的是"商业著作权说",注重作品的商业价值,强调对作品财产权利的保护。基于这样的理念,英美法系国家的著作权法大都明确承认著作人身权可以转让或者放弃。而大陆法系国家以"人格价值观"作为著作权立法的哲学基础,确立了以保护作者人身权利为中心的著作权观念,即著作人身权与作者是不可分离的,著作人身权不能像著

---

① 胡立峰:《论著作权法中作者的收回权》,《广东商学院学报》2008 年第 3 期;李明发、宋世俊:《著作人身权转让质疑》,《安徽大学学报(哲学社会科学版)》2003 年第 5 期;张俊浩:《民法学原理》(修订第三版),中国政法大学出版社 2000 年版,第 564 页。

② 何炼红:《著作人身权转让之合理性研究》,《法商研究》2001 年第 3 期。

③ 例如,有些学者认为,发表权、保护作品完整性的权利等在作者特别许可的情况下,可以转让;作者身份权、署名权和修改权等,则不能转让。详见:韦之:《知识产权论》,知识产权出版社 2002 年版,第 23 页;有的学者认为,署名权不能转让,而发表权、修改权和保护作品完整权可以转让。详见:张少峰:《试析著作人身权与委托作品的著作权归属》,《学术论坛》2005 年第 7 期;还有学者认为署名权、发表权和修改权是作者对作品的形式拥有的权利,具有可转让性,而表明作者身份权、收回权和保持作品完整权是作者的一般人格权,具有不可转让性。详见:李莉:《论著作人身权的双重性》,《中国法学》2006 年第 3 期;有些学者认为发表权和修改权可以转让,但是署名权和保护作品完整权是不可转让的。详见:余秀宝:《著作人身权转让及其本土化构建研究——基于新媒体技术背景下的讨论》,《汕头大学学报(人文社会科学版)》2014 年第 6 期。

作财产权那样进行商业性的转让。例如德国《著作权法》第29条规定，著作权只能在执行遗嘱中或在遗产分配中向共同继承人转让，除此之外不能转让。日本也有类似规定，著作人格权属于作者个人享有，不仅不可转让，也不可继承。①

（二）著作人身权的出资转让性分析

本书认为，著作人身权是可以转让的，具体原因如下：

第一，著作人身权并不等同于民法上的人身权。

认为著作人身权不可转让的观点，主要理论依据是人身权不可转让，因此著作人身权也不可转让。但是著作人身权并不完全等同于民法上的人身权。首先，虽然作品会体现作者的个性，②但著作人身权与作者人格的联系远不如一般民事人格权与人格的联系那么紧密。著作人身权是作者基于创作而对其作品享有的权利，包括署名权、发表权、修改权和保护作品完整权。而民法上的人身权是每个自然人和法人自出生或成立就享有的生命权、身体权、肖像权、名誉权、姓名权、名称权、荣誉权等权利。放弃著作人身权并不危及作者本身的存在，对作者著作人身权的侵害也并不会伤害作者本身的人格。③而民法上人身权与人的关系重大，人格权丧失则人无法生存，这是因为人身权的内容体现为具体的人格利益与身份利益，是人之为人所应有的权利，体现了人之为人的尊严。因此，不能将著作人身权等同于民法上的人身权，更不能以此作为禁止著作人身权转让的理由。

第二，署名权的出资转让性分析。

我国《著作权法》第17条为署名权的转让提供了法律依据，根据该条规定，委托人和受托人可以通过合同约定委托作品的著作权归属，如果未作明确约定的，著作权属于受托人。据此，委托人在委托他人创作作品时，可以向受托人支付一定的报酬并在征得受托人同意后，通过合同明确约定由委托人享有委托作品的署名权。法律既然允许委托人通过约定取得委托作品的署名权，又有什么理由禁止作者通过合同将自己对作品的署名权出资转让给受资公司呢？

---

① 详见：日本《著作权法》第59条、《民法》第896条但书。

② 郑成思：《版权法》（修订本），法律出版社1997年版，第35页。

③ 谭启平、蒋拯：《论著作人身权的可转让性》，《现代法学》2002年第2期。

第三，发表权的出资转让性分析。

发表权即作者决定其作品是否发表、如何发表的权利。发表权兼具财产权的性质，如果作者不行使发表权，不将作品公之于众，他就根本无法享有出版权、改编权以及获得报酬权等财产权。相应地，如果作者以未发表作品的著作权出资，允许接受出资的公司来使用作品，甚至转让作品。在这种情况下，如果公司没有发表权，作品更大程度的使用价值就无法实现，公司获得的经济利益也会受到很大的局限，因此作者将自己的作品著作权出资到公司，应当视为作品已经发表。①而且我国《著作权法》第16条规定，对于特殊职务作品，实际创作者只享有署名权，其他著作人身权——发表权、修改权和保护作品完整权等都由单位享有。另外，我国《著作权法实施条例》第17条②也表明了发表权可由他人行使。这就等于承认著作人身权可以分离于作者而且可以变动其权利主体。③

第四，修改权、保护作品完整权的出资转让性分析。

我国《著作权法》第10条第三项规定，修改权即修改或者授权他人修改作品的权利。可见，修改权的行使有两种方式，即著作权人自己行使修改权和著作权人授权他人行使修改权。这说明我国著作权法是允许作者将作品的修改权转移给他人行使的，作者将自己的作品自愿许可他人修改、保护作品完整时，因为不违其真实的意思表示，当然不会损害其利益。修改权和保护作品完整权是一个事件的正反两个方面。从正面来讲，作者有权修改自己的作品；从反面来讲，作者有权禁止他人修改、增删或歪曲自己的作品。④如果不允许作者将修改权、保护作品完整权转让给受资公司享有，那么一方面该作品的进一步完善（例如计算机软件的版本升级）都必须经过作者的同意和授权，或者当作者要求修改出资作品时，受资公司无权阻止。这难免会使受资公司受制于作者的意志，无法独立行使作品财产权。另一方面，如果出资作品遭到他人篡改，

---

① 即使在对著作人身权转让持否定态度的日本，也从实用主义的角度规定如果作者转让尚未发表的作品著作权，为了使受让人行使著作权，推定作者同意将其作品发表。详见《日本著作权法》第18条第2款第（一）、（二）项。

② 《中华人民共和国著作权法实施条例》第17条：作者生前未发表的作品，如果作者未明确表示不发表，作者死亡后50年内，其发表权可由继承人或者受遗赠人行使；没有继承人又无人受遗赠的，由作品原件的所有人行使。

③ 陈健：《知识产权权利制度研究》，中国政法大学出版社2015年版，第104页。

④ 郑成思：《知识产权法》，法律出版社2003年版，第319—320页。

受资公司却束手无策，只能转请作者来保护，这在实务中不可能，也不经济。①

综上所述，著作人身权具有可转让出资的可行性。著作权法在保护作者自身利益的同时，也应当考虑到作品使用者的需求和利益，公司只有在取得出资作品的著作人身权后才能更加有效地利用出资作品，使出资作品更大地发挥其经济价值。另外，如果允许出资人将著作权的全部（著作人身权和财产权）予以出资，往往也是出资人所愿意接受的，因为一方面，作者自愿出资转让作品的著作人身权给公司使用时不会损害作者任何利益，另一方面，作品全权绝卖的价格肯定高于保留人身权的价格，此时出资人可从作品绝卖中获得更多的"对价"——公司股份。

（三）著作人身权出资转让的法律规范

如前所述，著作人身权可以连同著作财产权一起出资转让给公司，但由于著作人身权权利的复杂性，所以还应当对著作人身权的出资转让行为进行适当的法律规范。

第一，署名权仅能以转让的方式出资。由于署名权与作者的姓名权、名誉权有着紧密的联系，一件作品的署名应当是唯一的，如果允许其随意转让或许可他人使用将会导致作品署名的混乱，社会公众将无法判断到底谁是作者。因此，署名权只能以转让的方式出资，不适合采用使用权出资的方式，并且应当办理著作权出资登记，向社会公众公示其作品署名权转让的情况。

第二，在作者的修改权和保护作品完整权出资的情况下，要兼顾受资公司和作者的利益。一方面，未经公司许可，任何人不得对公司取得的作品进行修改和使用。这样受资公司在取得出资著作权后，可以不断地根据经营策略或市场需要对出资作品进行修改完善和升级换代，这更有利于实现著作权出资目的，使出资作品真正为公司带来收益。另一方面，要保护作者的声誉不受损害。法律赋予作者修改权和保护作品完整权的目的在于确保作者能够真实表达自己的思想，如果作者担心受资公司对作品进行不当修改，双方可以在出资合同中约定由作者授权公司对作品进行修改的尺度或范围。

① 谭启平、蒋拯：《论著作人身权的可转让性》，《现代法学》2002 年第 2 期。

第二节　技术出资交付中存在的风险及其法律规制

技术是指人类在认识自然和利用自然过程中积累起来的经验和知识。①本书中的"出资技术"是指符合出资要件的专利技术和非专利技术。实践中的技术出资交付,可能会存在以下三类风险:对出资技术信息的约定不明确引发交付争议,交付的出资技术存在权利瑕疵引发交付争议,隐瞒出资技术的真实信息引发交付争议,上述这些风险可能会导致技术出资目的难以实现,严重的可能导致公司难以继续运营下去。

一、出资技术信息约定不明确及其法律规制

（一）对出资技术信息的约定不明确引发交付争议

在公司章程中,对于股东拟出资技术的有关情况应当明确、详细地予以规定,以便于履行。技术的有关情况包括:技术项目的名称,是否属于专利技术,技术的主要指标、作用或者用途,关键技术,生产工序流程、注意事项等。上述这些数据表明了技术的内在特征,如果在公司章程或技术入股合同中对这些事项约定不明确,那么在股东履行出资交付义务时,常常会与公司发生争议,甚至导致技术出资失败。例如在"宿迁市雅邦高分子新材料有限公司(下文简称"雅邦公司")与刘某某股东出资纠纷案"②中,刘某某为雅邦公司的股东之一,雅邦公司于2008年2月通过增资的股东会决议,约定刘某某出资36万元人民币,其中"货币出资10万元人民币,技术出资26万元人民币",但关于出资技术的详细信息却没有约定。决议当日,雅邦公司根据上述决议制定了新的公司章程,但同样未约定出资技术的详细信息。后来,刘某某向雅邦公司交付了10万元货币及尼龙专用胶配制技术,但是雅邦公司并不认可这项技术,认为该技术是第三人拥有的高强度发动机油箱专利技术的附带技术,交付该技术并不意味着刘某某已经履行了出资义务,因此向法院提起诉讼,请求判令刘某某履行26万元的货币出资义务。而刘某某认为技术出资

① 朱双庆:《技术入股型公司治理》,法律出版社2013年版,第99页。

② 宿迁市雅邦高分子新材料有限公司与刘某某股东出资纠纷上诉案,江苏省宿迁市中级人民法院(2012)宿中商终字第0293号民事判决书,【法宝引证码】CLI.C.2092189。

的具体指向就是尼龙胶专用配制技术这一技术秘密,自己已经履行了出资义务,雅邦公司的诉讼请求没有法律依据。在本案中,引起争议的主要原因在于雅邦公司的股东会增资决议及公司章程上均未明确载明刘某某的技术出资究竟为何种技术,因此无法确定刘某某交付技术的行为到底算不算是履行技术出资义务的行为。法院经过审理调查,也无法确认刘某某的出资标的究竟应当为何种技术。法院认为:公司章程的本质是公司股东之间为设立、变更或终止公司及股东权利义务关系而共同协商达成的协议,该协议本身的形成或修改应适用合同法的一般原则及相关法律规定。本案中雅邦公司对股东刘某某就其技术出资的具体内容所发出的要约是不明确的,且双方对该要约的理解不同,因此,雅邦公司新章程中有关刘某某技术出资的这一条款尚未成立。现雅邦公司要求刘某某以26万元人民币现金出资的方式替代技术出资,是对刘某某出资方式作出的实质性变更,应属新的要约。该要约能否得到刘某某的有效承诺决定了公司章程中关于刘某某出资数额及出资方式这一条款能否最终有效成立,因此应由雅邦公司与刘某某重新协商议定,不宜由法院强行判决变更,否则将有违公司自治原则和合同自愿原则。可见,在这种情况下,出资人和受资公司已经失去了相互间的信任,技术出资的目的已经落空。

（二）法律规制:订立内容明确的出资协议

如前文所述,由于出资协议、公司章程对出资技术的约定不明确,在股东出资交付知识产权时,受资公司发现交付的知识产权并非原来双方所约定的知识产权,这对受资公司来说是很大的风险,可能会直接导致出资目的无法实现。要防范上述风险的出现,最重要的是在出资协议以及公司章程中,对出资标的、出资方式的内容应当明确具体,否则易产生纠纷,甚至导致公司无法获得想要的技术。前文所提到的雅邦高分子新材料有限公司与股东刘某某之间的出资纠纷,或许双方对出资标的已经达成口头共识,但是在股东会决议及公司章程中只记载了“技术出资”,而未约定出资的技术到底是什么,结果刘某某在履行出资交付义务时,雅邦公司对其交付的技术并不认可,认为只是他人拥有的专利技术的附带技术。在诉讼中,雅邦公司也无法证明刘某某的出资标的究竟应当为何种技术,法院自然也无法支持其诉讼请求。

基于技术出资客体的复杂性,在出资协议以及公司章程中,应当明确以下内容:(1)应当明确规定出资技术的名称、技术的应用范围;

(2)应当明确出资技术的类型,即出资技术属于专利技术、正在申请专利授权中的技术还是采取了保密措施、不为外人知晓的专有技术;(3)明确出资技术的形式,即股东是以技术所有权出资还是以技术使用权出资,如果是专利技术的话,可能还会涉及专利申请权出资。在以技术使用权出资的情况下,还应当明确作为出资的技术使用权的范围、可使用的时间和地域,以及出资人在出资后能否自己使用或者许可第三方使用该专利技术等问题。如果以专利非独占许可权出资,权利人还可以再许可第三人使用该项专利技术,就会出现生产相同或类似产品的众多公司竞争的局面,进而会造成专利使用价值的降低,而对接受出资的公司而言,显然是不利的。因此,双方对这些细节问题必须厘清,出资协议规定的内容越详细,就越能避免出资人与公司由于出资技术约定不清而产生纠纷的风险。

二、出资技术存在权利瑕疵及其法律规制

(一) 交付技术存在权利瑕疵的表现形态

在技术出资履行中,如果出资人交付的技术存在权利瑕疵,将导致受资公司实质上无法获得出资技术。实践中的出资技术存在权利瑕疵主要有两种情况:交付技术已过专利保护期、以不正当手段获取的专有技术出资。

第一,出资人交付的技术已过专利保护期。

股东出资是公司存在的物质基础,缴付出资是股东最基本也是最重要的义务。专利权出资的情况下,股东出资的专利权应当是合法有效的、不存在权利瑕疵的。如果专利权已经终止,那么受该项专利权保护的发明创造便成为全社会的财富,任何人都可以无偿使用,对公司而言,接受这样的发明创造作为出资标的,又有什么意义呢?以"广州中科环能科技有限公司(以下简称'中科环能公司')诉爱国者数码科技有限公司等财产损害赔偿纠纷案"①为例,中科环能公司与另外两位股东于2004年8月共同设立中科天圣有限责任公司,中科环能公司以一项实用新型专利技术出资,其名称为"一种高效的平板太阳能集热器"。在向广州市工商局提交的公司设立申请资料中,有一份证明书,载明:"中科天圣科技有限公司全体股东一致同意,中科环能公司《一种高效的平板太

---

① 广东省广州市中级人民法院(2013)穗中法民二终字第1672号民事判决书,【法宝引证码】CLI.C.2187569。

阳能集热器》专利技术的评估价值118万元以100万元出资成立中科天圣科技有限公司……"等。而中科环能公司出资交付的专利权却早已过保护期(2002年3月20日专利权终止),虽然中科环能公司认为自己"向中科天圣公司投入了大量的技术人员力量",但其将专利权已终止的专利技术作为出资标的,而且该专利技术在中科天圣公司登记成立时已不存在,有关技术因为专利权的终止而成为公知技术,任何人皆可以使用。因此,出资协议的权利基础已不存在,中科环能公司已经构成虚假出资,应当重新履行出资义务,在其虚假出资范围内对公司的债权承担补充赔偿责任。

第二,以不正当手段获取的专有技术出资。

专有技术与专利技术最大的不同之处在于权属的判断。专利权由国家主管部门授予而取得,国家主管部门颁发的专利权证书是一种法律证明文件,可以证明专利权的权属。因此,在股东以专利权出资的情况下,公司的其他股东很容易判断出资的专利权是否存在权利瑕疵。但是专有技术的权属却很难判断,因为专有技术的权属转移通常依托于当事人的约定,而当事人的约定往往是隐秘的,第三人很难获知。因此,在实务中,作为出资的专有技术,可能会存在权利瑕疵,甚至有的出资人会以自己非法取得的专有技术出资,如果专有技术权利人主张侵权之诉,毋庸置疑,该出资人要承担侵权责任,那么,对被投资的公司有什么影响呢?最直接的影响是无法获得该专有技术,专有技术出资目的落空。另外,是否要承担侵权赔偿的连带责任?能否继续使用该技术?根据我国相关法律和司法解释的规定,①如果公司明知出资人以非法获取的技术秘密出资,但仍然接受并使用的,那么公司也构成了侵犯商业秘密的行为,应当与该出资人共同承担连带的侵权赔偿责任且负有保密义务;如果公司对于出资人对该技术秘密无处分权并不知情,且不存在重大过

---

①　参见我国《反不正当竞争法》第10条第2款规定:"第三人明知或者应知前款所列违法行为,获取、使用或者披露他人的商业秘密,视为侵犯商业秘密。"《最高人民法院关于审理技术合同纠纷案件适用法律若干问题的解释》第12条规定:"侵害他人技术秘密的技术合同被确认无效后,除法律、行政法规另有规定的以外,善意取得该技术秘密的一方当事人可以在其取得时的范围内继续使用该技术秘密,但应当向权利人支付合理的使用费并承担保密义务;当事人双方恶意串通或者一方知道或应当知道另一方侵权仍与其订立或者履行合同的,属于共同侵权,人民法院应当判令侵权人承担连带赔偿责任和保密义务,因此取得的技术秘密的当事人不得继续使用该技术秘密。"

失，即公司属于“善意取得技术秘密的当事人”，那么公司可以继续使用该技术秘密并向技术秘密权利人支付使用费，但“不得超过其取得时确定的使用范围”。这里的关键问题是如何认定“善意取得”，本书认为，应当根据签订《出资协议》、公司章程时的情况以及公司使用技术秘密的情况，如果有足够的证据证明公司其他股东以及高级管理人员已经尽到合理的审查或注意义务，且公司为获得技术秘密支付了合理的对价，即已经分配给股东相应的股权，这样才能认定被投资公司属于“善意取得技术秘密”。例如，在“王某某等与北京四方联科技有限责任公司侵犯技术秘密纠纷案”①中，王某某原系四方联公司的业务员，四方联公司在与王某某的《聘用合同》中约定了保密条款，即“王某某有责任维护四方联公司的利益，绝不允许将公司有关技术图纸、资料、专利技术等商业秘密向外透露或采取非法手段窃取”。在工作过程中王某某接触并获取四方联公司的部分技术秘密，后来，王某某离开四方联公司，并以其获取的技术秘密作为出资客体与他人共同设立了宇人正印公司，并将其于四方联公司任职期间获悉的技术秘密及盗取的技术秘密图纸交给宇人正印公司使用，随后王某某还就该技术申请专利授权，在说明书中公开了四方联公司技术秘密的部分内容，使其成为公知技术，其以非法手段获取四方联公司技术秘密并予以披露使用的行为属于不正当竞争行为。法院认为，鉴于王某某担任宇人正印公司的法定代表人并进行经营管理，可以认定王某某和宇人正印公司之间对侵权行为在主观上均处于明知状态，而且共同实施了侵权行为，因此应赔偿四方联公司的损失，并承担连带责任。

（二）法律规制：明确出资人对交付技术的担保义务

出资人交付存在权利瑕疵的技术会给受资公司带来巨大风险，不仅出资目的落空，严重的可能导致公司难以继续运营下去。为了防范此种

① 王某某等与北京四方联科技有限责任公司侵犯技术秘密纠纷上诉案，北京市高级人民法院（2011）高民终字第3268号民事判决书，【法宝引证码】CLI.C.860811。类似的判例还有“许继电气股份有限公司诉郑某某、漯河市爱特电器设备有限公司侵犯商业秘密纠纷案”，一审判决书：河南省许昌市中级人民法院（1997）许法民初字第5号民事判决书；二审判决书：河南省高级人民法院（1998）豫法民终字第12号民事判决书。【法宝引证码】CLI.C228162。在该案中，郑某某在许继电气股份公司工作期间接触并掌握了电力线载波机生产技术，该技术属于许继公司的商业秘密，郑某某将其掌握的该项技术秘密作价20万元入股，与漯河卷烟厂、张某等人共同组建设立了漯河市爱特电气设备有限公司，生产并销售电力线载波机，法院判定两被告属于侵犯许继公司的商业秘密的行为，应承担停止侵权、赔偿损失的民事责任。

风险，本书认为，对于受资公司而言，应当在接受技术出资前对其权属问题进行详细考察，并在发起人协议、出资协议、公司章程中规定出资人对专有技术存在瑕疵应承担的责任。但更重要的是，应当通过法律明确规定技术出资人对交付技术的担保义务：权利保证义务和品质保证义务。

1. 权利保证义务

在技术出资中，一些出资人将存在权利瑕疵的技术，例如已经过了专利保护期的技术、以不正当手段获得的技术等，交付给受资公司，导致公司在支付股权后却无法获得出资技术的财产权，这对受资公司来说是很不公平的。为防范此种风险的发生，平衡技术出资人和受资公司的利益，应当明确出资人对出资技术的权利保证义务，即出资人应当提供能够证明自己对出资技术享有处分权的材料，保证出资技术不存在权利瑕疵。具体而言，技术出资人的权利保证义务包括两个方面：第一，出资人应当保证权利真实有效。第二，出资人应保证权利无瑕疵，即知识产权本身不侵犯第三人的权利。出资人应当如何履行对出资技术的权利保证义务呢？不同类型的技术，对出资人履行权利保证义务的要求也有所不同。

（1）专利技术出资情况下，出资人的权利保证义务

从物权法理论来看，通常标志权利拥有的主要特征为占有或者权利凭证。对于专利权人来说，专利权证书可以证明其是证书所载的技术的合法权利人。因此，以专利技术出资的，出资人应当提供专利证书、专利说明书、权利要求书、最新缴纳年费凭据等文件，明确出资的是哪一类专利（发明、实用新型或外观设计）、距专利保护期届满还有多长时间、权利人是谁等，并证明该专利是否曾经或正在许可他人使用等信息。如果是以专利使用权出资，还应当证明出资人享有该专利的使用权，该专利使用权的形式是什么（独占许可、排他许可还是普通许可）。如果该专利权不属于出资人，那么出资人以该专利使用权出资时，还应当提供已获得专利权人同意的证明。

（2）专有技术出资情况下，出资人的权利保证义务

对于专有技术来说，因为其具有无形性和秘密性，权利人无法以占有为标志证明其对专有技术的所有权，也无法提供具体权利凭证，那么专有技术出资人如何证明自己的身份和地位呢？本书认为，出资人应当提供该专有技术的研发档案资料，证明自己是该专有技术的合法权利人，并提供对该技术方案查新检索的相关资料、保密范围及采取的保密

措施等,证明该技术属于被采取保密措施的技术秘密,并未被他人公开或申请专利。

2. 品质保证义务

出资人对出资技术的品质保证义务要求出资人应当按照约定的方式或有利于实现出资目的的方式,将出资技术财产权转移给公司或交付给公司使用,并保证所提供的技术完整、无误、有效,能够达到约定的目标。

(1) 出资人应当按照相关法律的规定,交付出资技术

为保证技术出资财产转移的真实性、可靠性和有效性,出资人的“交付”应当包括事实交付和法律交付。事实交付是指出资人应当向公司交付出资技术及相关材料。法律交付,即按照法律规定办理其财产权的转移手续。如果以专利申请权或专利权出资的,根据我国《专利法》第10条第3款及《专利法实施细则》第14条第1款的规定,应当将转让合同及有关证明文件向国家专利局登记,申请将该权利变更到接受出资的公司名下,国家专利局进行审查后,认为符合我国《专利法》及《实施细则》相关规定的,将进行权利人变更,并在国家专利局的专利公报上公告。专利申请权或者专利权的转让自登记之日起生效。以专利使用权出资的,根据我国《专利法实施细则》第14条第2款规定,应当在签订出资合同生效之日起三个月内向国家专利局备案。

(2) 出资人应保证出资技术完整、无误、有效,达到出资目的

在实践中,一般出资的技术都是现有的、特定的、完整的和相对成熟的技术成果。按照出资知识产权应当具备实益性的要求,出资技术应当有助于开发新型产品、提高产品质量、降低经营成本、提高管理水平和经济效益。参照我国合同法关于技术转让合同的规定,技术出资人除了交付实施技术的有关资料外,还应当进行必要的技术指导,使受资公司的技术员工掌握除图纸及说明书之外的默会知识,保障生产顺利进行。公司接受技术出资的目的在于将该技术运用于公司生产经营,因此,提供技术支持来保障公司能熟练运用出资技术是“达到约定目标”的必然要求。另外,专有技术的出资人还应当承担保密义务,负有不向任何第三方泄露出资专有技术的义务。①

---

① 我国《合同法》第345条、第347条。

（3）按照约定的方式或有利于实现出资目的的方式进行交付

在以技术出资的情况下，出资人应当按照出资协议、公司章程等文件要求的履行方式来交付出资技术，如果未约定履行方式或者履行方式不明确的，按照合同法的相关规定，应当按照有利于实现合同目的的方式来履行交付义务。①例如在“北京维达法姆科技有限公司（以下简称‘维达公司’）与北京四环生物制药有限公司（以下简称‘北京四环公司’）等股权转让纠纷案”②中，双方并未决定涉案技术——“通过黏膜给予白介素的癌症治疗方法”的交付方式。技术出让方维达公司认为，其已经将技术交付给北京四环公司的研发人员，同时由于该技术已经在澳大利亚申请专利，也向中国国家专利局申请发明专利，提交了专利申请书、说明书及其摘要和权利要求书，而且该技术也已经公示，应当视为维达公司已经履行了交付义务。法院认为，涉案技术的专利公示，并不能等同于完成了涉案技术的交付义务，因为专利公示往往只是技术的一部分而非全部，要达到技术的最佳实施效果，还需要掌握涉案技术的配方、实验的工艺，特别是对于药品而言，相同的名称、相同的有用成分，但其药效却有天壤之别，有的药物在通过病人的消化系统时，能够适时地崩解融化，释放出有用成分，而有的药物要么释放太早，药效不持久，要么释放太晚，甚至在人体内来不及溶出，导致药效不明显。为什么会有这么大的差别呢？因为制作药品运用的辅料和工艺才是决定药品效果的最主要的因素。不同的生产商生产的同一种称号的药品，所采用的辅料和制作工艺，差别会很大，而这些才是药品技术中最核心的东西。因此，在技术出资转让的交付中，出资人应当按照约定的方式或者最有利于实现出资目的的方式进行交付，即出资人交付给受资公司的可能不仅仅是核心技术，还包括相关的附属技术、配方工艺等的书面资料。

三、隐瞒出资技术真实信息及其法律规制

（一）隐瞒出资技术的真实信息而引发交付争议

我国《公司法》第 27 条规定股东可以用知识产权等“可以用货币估价并可以依法转让的非货币财产出资”，这个规定虽然是开放式的，但事

① 我国《合同法》第 62 条（五）规定：履行方式不明确的，按照有利于实现合同目的的方式履行。

② 北京市第二中级人民法院（2015）二中民（商）终字第 04512 号民事判决书，【法宝引证码】CLI.C.6277956。

实上,股东的知识产权出资方式受到很多限制。以技术出资为例,虽然学界的主流观点认为专利使用权、专有技术均可以用货币估价并且可以依法转让,属于适格的出资财产,甚至专利申请权也可以作为出资客体。①但实践中并未得到公司登记部门和法官们的普遍认可。一方面,一些地方性法律文件对技术出资的客体予以限制。以杭州市为例,杭州市政府在2001年发布的《杭州市技术成果作价入股的实施意见》(杭政办〔2001〕16号)的通知中规定,技术出资方可以"发明、实用新型、外观设计专利权、非专利技术成果"作价入股,作为出资的专利权"其剩余的法定保护期一般不少于3年",非专利技术成果是指"通过市及市以上科技行政部门鉴定(验收、评审)或登记备案的科技成果"。显然,该通知已经否定了专利申请权和使用权出资的适格性,而且对于可出资的专有技术的范围也作了严格限制。另一方面,通过一些司法判决可以看出我国法院对技术使用权能否作为适格的出资方式也存在不同的意见。有的认为以技术使用权出资不符合公司法"应当办理财产权转移手续"的规定;②有的认为应当"以公司章程记载为准",公司章程是确定股东权利义务的重要依据,只要是股东一致同意以技术使用权出资并在公司章程中记载的,就应当予以肯定。③因此在实践中,为了顺利通过工商行政部门的设立登记,公司发起人会在公司章程中隐瞒出资专利技术的真实信息,例如在股东之间签订的出资协议中,约定某股东以某专利技术使用权出资,但公司章程对其出资方式的规定却是"专利权出资"。这会引发一个问题:公司成立后,工商行政部门会在该公司的企业信用信息公示系统中,披露该股东的出资方式是"专利权",而非"专利使用权",这意味着该股东的出资履行义务是:将专利权转让给公司,并到国务院专利行政部门办理转让登记手续。而不愿以专利权出资的股东往往会拿出之前签订的出资协议作为抗辩理由,拒绝将专利权转让给公司。例如在"李某某与宁波康麦隆医疗器械有限公司股权确认纠纷案"中,④李某某

---

① 胡震远:《论专利申请权的资本能力》,《暨南学报(哲学社会科学版)》2012年第9期;骆增进:《法学视角下专利申请权出资适格性分析》,《大连海事大学学报(社会科学版)》2013年第5期。

② 洛阳金升科技有限公司与河南省天鹏实业有限公司等股东权益侵权纠纷上诉案,河南省高级人民法院(2002)豫法民三终字第96号民事判决书,【法宝引证码】CLI.C.135959。

③ 无锡先迪德宝电子有限公司与金德成专利实施许可合同纠纷上诉案,江苏省高级人民法院(2008)苏民三终字第0136号民事判决书,【法宝引证码】CLI.C.161219。

④ 浙江省宁波市中级人民法院(2011)浙甬商终字第62号民事判决书,【法宝引证码】CLI.C.1740340。

与其他发起人签订的《合资合作协议书》约定李某某以三项专利的独家使用权出资，共同发起设立康麦隆公司。此后，康麦隆公司制定公司章程，约定李某某以专利技术出资，于公司成立后六个月内依照有关规定办理专利技术的过户手续。公司成立后，李某某一直不认可公司章程所规定的“专利权出资”，也未按照公司章程办理专利技术的过户手续，认为自己已经将专利技术实施权让渡给公司，故其出资义务已履行完毕。在这种情况下，从公司的外观信息来看，股东并未履行出资义务，也不应当享有股东资格。如果公司与股东不能协商解决，则可能会造成公司无法使用需要的技术，甚至会使公司遭受严重的经济损失。

（二）法律规制：取消对技术出资形式的限制

如前文所述，在我国，技术出资的形式受到很多限制，不仅各地出台的地方性法律文件对技术出资的客体予以限制，而且司法界对专利使用权、申请权能否作为适格的出资方式存在不一致的意见。因此在实践中，为了顺利通过公司设立登记，公司发起人常常选择在公司章程中隐瞒出资技术的真实信息，这种行为往往会为日后的出资交付、出资技术的使用带来风险。为了防止这种行为，最根本的办法是取消各地对技术出资形式的限制。但是，专利技术的许可权、申请权是否具有出资适格性呢？能否取消对技术出资形式的限制呢？

1. 专利使用权出资的适格性分析

对于专利使用权是否能成为适格的出资对象，学者们大多持肯定态度，但地方政府以及法院、工商行政部门的态度却大相径庭，①造成了各

---

① 明确规定专利使用权可以出资的有：(1)上海市工商局在2011年发布的《关于积极支持企业创新驱动、转型发展的若干意见》，其中第二项(12)规定：拓宽出资方式……扩大知识产权出资范围，开展专利使用权等新类型知识产权出资试点工作；(2)浙江省舟山市定海区工商局为对接海洋综合开发试验区建设而推出的十项登记新政(2012)；(3)湖南省科技厅、工商局及知识产权局于2014年12月联合发布的《关于支持以专利使用权出资登记注册公司的若干规定(试行)》(湘科政字〔2014〕144号)，在认可专利使用权出资适格性的同时，明确将出资的使用权类型限定为独占许可使用权，专利使用权出资后，包括专利权人在内的任何第三方都不得具有对该项专利技术的使用权。相比较而言，也有一些地方是禁止用专利使用权出资的。例如，1998年，深圳市发布第78号政府令《深圳经济特区技术成果入股管理办法》第4条明确规定禁止专利使用权出资。另外，实践中，司法部门、工商行政部门对此也存在不一样的观点和做法。在“李某某与宁波康麦隆医疗器械有限公司股权确认纠纷上诉案”中，宁波市工商行政管理局慈溪分局主张不能以专利使用权出资，如需以专利技术出资，必须将专利权转移到公司名下。在“邓某诉冯某股东出资纠纷案”中，法院认为，冯某以专利独占许可使用方式作为技术出资，系双方当事人真实意思表示，依法成立，合法有效，对双方当事人均具有法律约束力。详见：上海市黄浦区人民法院(2011)黄民二(商)初字第97号民事判决书。

地区法律适用不统一。考察专利使用权是否属于适格的出资财产,关键是看专利使用权是否具备我国《公司法》第27条规定的“可以用货币估价”和“可以依法转让”两个条件。首先,专利使用权是可以作出价值评估的相对独立的财产权,实践中大量出现的专利权实施许可合同说明了这一点,专利权的可估价性还体现在当公司破产时其可以作为独立财产进行破产清算;其次,专利使用权是专利权权利群中最核心的权利,根据我国《专利法》的规定,专利权人可以将专利使用权转让给他人并获取报酬,①这是专利权人的一项重要权利。可见,专利使用权具备我国《公司法》第27条规定的条件,应当属于适格的出资财产。

尽管专利使用权是适格的出资财产,但是关于专利使用权出资的具体规则,仍然有两个问题需要探讨:一是谁是适格的出资主体;二是哪些专利使用权可以作为出资客体。

(1) 专利使用权出资主体

就专利使用权出资的主体而言,往往有两种情况:第一,专利权人本人就其所享有的专利使用权出资;第二,专利使用权被许可人以其享有的专利使用权出资。第一种情况不存在什么争议,因为专利权人对自己所有的专利享有许可他人使用并获得报酬的权利,也就是说,专利权人可以将专利使用权出资到公司并得到相应股份,这也是专利权人实施专利权的一种方式。但就第二种情况而言,被许可人是否可以作为出资主体却值得思考。本书认为,被许可人不能作为适格的专利使用权出资人。理由如下:

首先,如果允许被许可人将专利使用权出资到公司,那么受资公司取得该专利使用权并支付对价——公司股份,假如出资后该公司由于经营不善而破产,那么该公司有偿获得的该专利使用权必然也应该作为公司财产进行拍卖或变卖,所得价款计入公司财产作为破产清算对象,否则对于债权人来说是不公平的。这样在某种意义上也必然要求该专利使用权属于可独立转让的财产。但根据我国《专利法》第12条②的规

① 我国《专利法》第12条规定:任何单位或个人实施他人专利的,应当与专利权人订立实施许可合同,向专利权人支付专利使用费。

② 我国《专利法》第12条规定:任何单位或者个人实施他人专利的,应当与专利权人订立实施许可合同,向专利权人支付专利使用费。被许可人无权允许合同规定以外的任何单位或者个人实施该专利。

定，被许可人无权独立转让专利使用权。也就是说，被许可人出资的专利使用权无法构成公司债务的担保，从这个意义上说，被许可人的专利使用权无法作为出资客体。

其次，被许可人难以保证其用作出资的专利使用权真实可靠、合法有效。专利使用权以专利权有效为前提，如果专利权因各种原因而失去效力或被撤销，专利使用权也将不复存在。被许可人与专利权人属于不同的利益主体，即使专利权人与被许可人在合同中约定由专利权人保证专利权的有效性，但由于合同的相对性原则，也只能约束双方当事人，而对接受出资的公司不产生直接法律效力。①如果专利权失去法律效力或者被撤销，受资公司仅能追究被许可人的责任，不能直接起诉专利权人。

由此可见，从规避专利使用权出资履行风险和保护公司整体利益的角度考虑，被许可人不宜成为专利使用权出资的主体，应当将专利使用权出资主体限定为专利权人。

（2）专利使用权出资客体

根据许可的内容，可将专利权分为三种基本形式的许可，即独占许可、排他许可和普通许可。独占许可是指在许可的时间、地域等范围内，只有被许可人可以实施该专利。与独占许可相比，排他许可的特殊性在于除了被许可人，专利权人也可以实施该专利。普通许可是指在相同的时间、地域等范围内，专利权人不仅可以自己实施，而且可以在普通许可后再许可第三人、第四人实施该专利。不同性质的许可，也会导致在许可使用范围内的竞争程度的不同。虽然专利使用权“可以用货币估价”且“可以依法转让”，但是从公司的整体利益角度，这三种许可形式并非都适合出资，下文将分别予以分析。

首先，在独占许可使用权出资的情况下，在约定的时间及地域范围内，受资公司享有专利使用权，不仅专利权人不能将该专利使用权再许可第三人实施，而且专利权人自己也不能再实施出资协议约定范围内的专利。受资公司作为独占被许可人还拥有独立的诉权，可以独立向法院提出诉前申请，请求法院责令被申请人停止侵犯专利权行为。②由此可

① 张玲、王果：《论专利使用权出资的制度构建》，《知识产权》2015 年第 11 期。

② 《最高人民法院关于对诉前停止侵犯专利权行为适用法律问题的若干规定》（2001）第 1 条第 2 款。

见,一个独占性许可在其独占范围内实质上相当于专利权的转让,这使得独占许可使用权实质上具有物权的性质,价值也比较稳定,可以作为出资客体。

其次,在排他许可使用权出资的情况下,在约定的时间及地域范围内,专利权人不能再许可受资公司以外的第三人实施该专利技术,但专利权人自己可以实施该技术。受资公司在专利权人不申请维权的情况下,可以对侵权第三人主张权利。可见,就权利性质而言,排他许可使用权也具有物权的效力,其价值具有可评估性,可以作为出资客体。但需注意的是,如果出资人即将出任公司董事等高级管理人员的,则不宜以排他许可使用权出资。一方面,我国《公司法》第 148 条规定了公司董事等高级管理人员的法定竞业禁止义务,这意味着出资人在以排他许可使用权出资后,就不能在公司业务的相同领域内实施该出资专利技术,也就是说,受资公司在实际上获得了与独占许可使用权出资等同的效果。另一方面,独占许可使用权的价值肯定要高于排他许可使用权,以独占使用权出资能够获得更多的股权。因此,从出资人的角度考虑,如果将出任公司董事等高级管理人员,应当以独占许可使用权出资。

最后,在普通许可使用权出资的情况下,公司可以在约定的范围内实施该专利技术,专利权人不仅自己可以在该范围内实施该技术,而且也可以许可第三人实施该专利。专利使用权的价值往往会随专利许可数量的多少而有所变化,一项专利技术被越多的企业掌握和实施,该专利获取利润的能力就越弱,它的价值也会随之下降,这就意味着,在普通许可使用权出资的情况下,因为专利权人可能再许可的数量不确定,因此专利使用权的价值具有极大的不稳定性,不仅难以进行价值评估,而且后续授权导致的被许可人数量的增加也意味着专利使用权的价值会随之降低。这与公司注册资本的确定性和不变性原则相背离,因此普通许可使用权不宜作为出资客体。

综上所述,专利使用权是具有出资适格性的,但为了维持专利法和公司法规范之间的协调,平衡出资人与受资公司、债权人之间的利益,建议将专利使用权出资的主体限定为专利权人,专利使用权出资的客体限定为独占使用权和排他使用权,普通许可使用权不宜进行出资。

2. 专利申请权出资的适格性分析

学术界对于专利申请权的资本能力问题存在着较大的争议。肯定论者认为，专利申请权具备了确定性、现存性、评价可能性、可独立转让性，符合出资客体适格性的要件，应承认其资本能力。①否定论者则主张，专利申请权对受资公司不具有直接的经营性使用价值，其结果有批准和驳回两种可能，具有不确定性，不符合公司法要求的资本确定原则，因此不宜作为出资标的物。②如果一项技术既包含正在申请专利的申请文件中表述的技术，又包含了申请人有意未在申请文件中披露的技术，即技术秘密，那么，从保护其他股东的角度，应当禁止前者作价出资，只能以后者作价入股。③也有学者认为，专利申请权是否有资本能力，不能一概而论，如果一项专利申请具有实用性和先进性，应当承认其具有资本能力。④本书赞同肯定说，以下从技术入股的构成要件的角度对专利申请权的出资适格性进行详细分析。

第一，技术出资的构成要件。

在讨论专利申请权是否具有资本能力前，首先要分析技术出资的构成要件有哪些。我国《公司法》第 27 条第 1 款规定拟出资的技术等非货币财产必须符合“可以用货币估价并可以依法转让”两个条件，即“评价可能性”和“可转让性”。理论界对于技术出资的构成要件主要有两种分类学说：“四要件说”和“五要件说”。“四要件说”自日本学者志村治美的现物出资构成要件理论发展而来，认为适格的出资技术应当符合“技术的确定性”、“技术的现存性”、“评价可能性”、“独立转让可能性”，⑤“五要件说”在“四要件说”的基础上增加了“有益性”。⑥可见，确定性、现

① 王虎、李长健：《专利权出资客体法律探微》，《理论月刊》2005 年第 10 期；骆增进：《法学视角下专利申请权出资适格性分析》，《大连海事大学学报（社会科学版）》2013 年第 5 期；朱双庆：《技术入股型公司治理》，法律出版社 2013 年版，第 107—109 页；张文德：《知识产权运用》，知识产权出版社 2015 年版，第 224 页。

② 李玉香：《现代企业知识产权类无形资产法律问题》，法律出版社 2002 年版，第 189 页；刘春霖：《知识产权出资标的物研究》，《法商研究》2009 年第 2 期；赵玲：《企业知识产权出资问题研究》，《科技与法律》2009 年第 3 期；刘远山、余秀宝、蔡清明：《我国专利权投资入股论要——以〈公司法〉的规定为视角》，《海南师范大学学报（社会科学版）》2011 年第 2 期。

③ 衣庆云：《专利申请权和专利使用权入股问题探析》，《当代法学》2000 年第 1 期。

④ 胡震远：《论专利申请权的资本能力》，《暨南学报（哲学社会科学版）》2012 年第 9 期。

⑤ 王虎：《专利权出资客体的法律探微》，《理论月刊》2005 年第 10 期；刘远山、余秀宝、蔡清明：《我国专利权投资入股论要——以〈公司法〉的规定为视角》，《海南师范大学学报（社会科学版）》2011 年第 2 期。

⑥ 骆增进：《法学视角下专利申请权出资适格性分析》，《大连海事大学学报（社会科学版）》2013 年第 5 期。

存性、评价可能性、可转让性这四个要件已被大多数学者认同,而较有争议的是"有益性"能否作为评价出资标的物是否适格的一个客观要件。本书在前述章节已经论述过"实益性"作为知识产权出资构成要件的必要性,因此,本书赞成"五要件说"。专利申请权能不能进行出资不是一个武断的结论,必须针对具体的情况来判断是否符合这五个要件。

第二,"五要件说"下的专利申请权出资适格性分析。

(1)现存性和确定性

"现存性"是指出资客体必须是现在就已经实际存在的,而且出资者享有该技术的支配权;①"确定性"是指作为出资的客体必须是客观确定的。专利申请权是对特定的发明创造享有进行专利申请的权利,专利申请权的存在是以对该发明创造的所有权为基础的,专利申请权的主体与该发明创造所有权的对象是统一的,权利主体也必须是统一的。因此,专利申请权是一种财产权,取得专利申请权实质上是取得发明创造的所有权,专利申请权出资的实质相当于专利申请权转让,转让标的应包括特定的发明创造所有权、就该发明创造办理专利申请程序的权利以及请求获得该发明创造专利权的权利,②这些权利都是现存的、确定的。

(2)评价可能性和可转让性

在我国实践中,专利申请权评估作价并转让的情况并不少见。③提出专利申请后,能否获得专利授权具有极大的不确定性,这种不确定性为准确估算专利申请权的价值带来了极大的挑战,但现有的资产评估方法已经能够对此类不确定的目标做出适切的价值估算。④以发明专利申请权的价值评估为例,专利申请权可以分为两个阶段:第一阶段是专利申请提交后至技术方案公布前;第二阶段是技术方案公布后至公告授权前。在第一阶段,由于技术方案还未公开,此时的技术方案属于权利人的专有技术,而此时的专有技术又具有特殊性。一般的专有技术因为权利人从未打算公开,因此专有技术自形成之日起可能一直处于运用的过

---

① 朱双庆:《技术入股型公司治理》,法律出版社 2013 年版,第 94 页。

② 陆飞:《专利申请权的基本特性与转让合同的标的》,《知识产权》1991 年第 3 期。

③ 李一农、李芳荣:《深圳局 10 万元转让一项专利申请权》,《中国国门时报》2008 年 10 月 17 日第 003 版;商东、唐传虎:《常州执行全国首例专利申请权抵债案》,《新华日报》2006 年 11 月 23 日第 B01 版。

④ 骆增进:《两岸知识产权出资规定的比较研究》武汉大学 2014 年博士学位论文。

程中,而权利人打算申请专利的专有技术,为了保证技术方案的新颖性,一般来说,权利人不会使用,即便使用也是尽量控制在非常小的范围内。对于这个阶段的专利申请权,实践中的做法主要是使用成本法进行评估。①对于在第二阶段的专利申请权,权利人已经公开了技术方案,并提出实审请求的,此时较之专利授权更进一步,可以在对技术方案认真分析后考虑适用收益法进行评估,但其参数的确定要区别于专利权,因为专利申请权虽然进入实审程序,但依然有被驳回申请的风险,如果适用收益法,其折现率应当高于专利权,这样才能体现出其风险大的特点。②

"可依法转让"是我国公司法判断非现金出资是否适格的一个重要标准,其法律意义在于:当公司不能及时偿债时,股东的出资财产作为公司债权人的担保财产,可以拍卖或变卖。关于专利申请权的可转让性,我国《合同法》第342条及《专利法》第10条均已明确规定,③专利申请权可以转让,当事人应当订立书面的专利申请权转让合同,并向国务院专利行政部门登记,专利申请权转让自登记之日起生效。

(3) 有益性

有益性又称实益性,本书前文已经详细论述,此处不再赘述。对专利申请权出资适格性持否定观点的主要理由是专利申请权属于期待权,如果在专利申请过程中,该发明创造被公开,但最终没有获得专利授权,那么该发明创造因成为公知技术而无法满足出资客体的"有益性"要件。本书对此观点不予认同。实践中,申请专利的技术未必都会公开,有可能在法定的公布时间到达前,由于申请文件不齐备、撰写格式不符合要求等原因被驳回,申请人也可以在公开前撤回,那么此时该项发明创造仍然属于技术秘密,此种情况下的专利申请权出资实质上属于专有技术出资。另外,即使该发明创造被公开后没有获得专利授权,对受资公司来说也并非毫无利益。专利法要求技术的公开程度是"所属领域的技术人员能够实施"。这里的"能够实施",实际上只是技术公开的最低限度,

---

① 魏玮:《知识产权价值评估研究》,厦门大学出版社2015年版,第108—109页。

② 魏玮:《知识产权价值评估研究》,厦门大学出版社2015年版,第110页。

③ 我国《合同法》第342条第1款:技术转让合同包括专利权转让、专利申请权转让、技术秘密转让、专利实施许可合同。可见,明确了专利申请权转让的合法性。另外,我国《专利法》第10条第1款规定:专利申请权和专利权可以转让。第3款规定:让专利申请权或者专利权的,当事人应当订立书面合同,并向国务院专利行政部门登记,由国务院专利行政部门予以公告。专利申请权或者专利权的转让自登记之日起生效。

并不要求公开实施该技术的最优方案。因此，实践中的专利申请人在撰写专利说明书时，往往最大限度地将能够达到最佳技术效果的核心技术予以保留，而这种核心技术才是最具有竞争力的，可以说，这种专利与专有技术的相互结合，是比较常见的。①以药品为例，各国大型制药公司围绕原研药的专利会有大量的辅料和制作工艺的技术秘密，而这些技术秘密恰恰决定了药品有效成分能否按时成功地在人体内释放，可以说，这些技术秘密才是药品发挥药效的关键，是制药企业药品研发极为核心的知识产权。因此，即使最终没有获得专利授权，即使专利说明书中的技术方案已经公开，也并不表明该技术毫无价值，因为在整个技术方案中未公开的核心技术秘密仍然存在，也就是说，即使在此时，专利申请权仍然具备有益性。

由此可见，专利申请权具备出资客体的“五要件”，因此在立法选择上应当允许出资人以专利申请权作为出资标的。但在承认专利申请权的资本能力的同时，也需看到，提出专利申请后，能否获得专利授权的不确定性也确实会给受资公司带来很大的影响。如果能获得专利授权，对受资公司而言，相当于支付了较低的对价而得到了专利权（就特定技术而言，专利申请权的评估价额显然要低于专利权的估价），当然有利于公司整体利益；但是在技术已公开却未能获得专利授权的情况下，如果公司还持有实施该技术的核心技术秘密，即使未能获得专利对公司的生产运营也影响不大，反之，则会对受资公司产生重大影响，甚至导致出资目的落空。从鼓励专利技术转化运用的角度，如果出资人主观上对未获得专利授权没有过错，则不应当承担资本补足责任和出资违约责任，因为公司的其他股东在接受出资前已明知此风险，而此种风险也是影响专利申请权的评估价额的重要因素。但是，如果出资人主观上存有过错则应承担资本补足责任。

综上所述，专利使用权、申请权均具有出资适格性，因此，建议各地取消对技术出资形式的限制。但为了维持专利法和公司法规范之间的协调，平衡出资人与受资公司、债权人之间的利益，还应当对专利使用权、申请权的出资进行规制。在专利使用权出资的情况下，建议将专利使用权出资的主体限定为专利权人，专利使用权出资的客体限定为独占使用权和排他使

---

① 戈登·史密斯、罗素·帕尔：《知识产权价值评估、开发和侵权赔偿》，夏玮等译，电子工业出版社2012年版，第26页。

用权,普通许可使用权不宜进行出资;在专利申请权出资的情况下,需考虑到该技术方案具有获得专利授权的不确定性,如果最终未取得专利权,而且出资人主观上对未获得专利授权存在过错,则应承担资本补足责任。

第三节　商标权出资交付中存在的风险及其法律规制

公司接受商标权出资的目的是获得商标使用权,通过借助出资商标的知名度和美誉度,推动其商品或服务的销售。但是在商标权的出资交付中,由于种种原因,受资公司可能会面临三种风险:出资人将其非法取得的商标权交付给公司;由于出资人过错导致履行不能;近似商标一并转让制度带来的风险。这些风险往往导致出资人无法将商标权交付转让给受资公司,不仅会影响受资公司对出资商标的正常使用,甚至导致受资公司无法取得商标,出资目的不能实现。下文笔者将分析实践中商标权出资履行中存在的风险,在此基础上,寻求相应的法律规制措施,并就我国相关法律制度的完善提出建议。

一、出资人以非法取得的商标权出资及其法律规制

（一）出资人以非法取得的商标权出资

根据我国《商标法》第 39 条第 1 款及《商标法实施条例》第 25 条的规定,注册商标的转让,出让人和受让人应当签订商标权转让协议,并共同向商标局提出转让申请,转让商标申请手续由受让人办理,商标局核准转让申请后,发给受让人相应证明,并予以公告。在实践中,商标局在对商标转让材料进行审查的过程中,由于并不具备鉴定印章及签名真伪的职责和能力,因此只能对与办理商标注册申请时使用的印章或签名明显不符的印章及签名进行处理,并不能完全防范假冒商标权人签章的行为,对于转让人是否变更名称、其主体资格是否存续也无法确定,这会导致实践中出现商标权被非法转让的情况。例如在“南京尚诚家庭用品有限公司等与南京金箔集团金宝园艺器具有限公司商标权转让纠纷上诉案”①中,2002 年 4 月,南京金箔集团金宝花卉器具有限公司(以下简称

---

① 江苏省高级人民法院(2006)苏民三终字第 0055 号民事判决书,【法宝引证码】CLI.C.30051。

"金宝花卉公司")变更为南京金箔集团金宝园艺器具有限公司(以下简称"金宝园艺公司")。在此之前,金宝花卉公司向国家商标局申请注册"时尚园丁"图文组合商标,国家商标局于2003年核准商标注册申请,并颁发了商标注册证。由于未及时办理申请人的名称变更手续,商标注册人仍为金宝花卉公司。2004年,金宝园艺公司的一名职工在未经授权的情况下,利用已作废的金宝花卉公司的公章,与第三人恶意串通,向国家商标局申请将"时尚园丁"文字及图形商标转让给第三人,国家商标局核准后,将商标注册人变更为该第三人。结果是,自己拥有的商标权已经被转移到他人名下,而金宝园艺公司却毫不知情。另外,实践中出现过"僵尸商标"复活的情况,即在转让人的主体资格已消灭的情况下,商标权本应归于消灭,但商标权利仍在进行转让并经商标局公告核准。①以上这些非法转让商标权的情况,具体到出资领域,则会出现出资人将非法取得的商标权进行出资的情况,对于受资公司来说,如果在尽到充分的注意和谨慎义务的情况下仍然无法查明商标权的真实归属,那么则有可能在接受出资后陷入诉讼。

(二)对以非法取得的商标权出资的法律规制

商标权的转让需要当事人向国家商标局提出申请,申请被核准后,进行商标权权利主体的变更登记。一些商事主体会利用商标局审查上的漏洞,非法取得他人的商标权,如前文所提到的南京尚城公司与南京金宝园艺公司的商标权转让纠纷案就是如此。如果股东将非法取得的商标权出资到公司,那么受资公司则面临着第三人向其主张权利的风险,甚至会陷入诉讼,无法取得商标权。对于这种情况,一方面,应当要求股东对其出资的商标权负有权利保证义务;另一方面,要强化国家商标局对商标转让的核准审查工作。

第一,明确规定商标权出资人的权利保证义务。

对于商标权或商标使用权出资人而言,其出资履行义务主要是完成出资财产的法律转移行为,并对其承担保证义务。根据我国《商标法》的规定,②在以商标权出资的情况下,出资人与受资公司在签订过商标权出

---

① 曾旻辉、郑友德:《从"黑天鹅商标案"看商标权非法转让救济方式的缺失》,《知识产权》2013年第2期。

② 我国《商标法》第39条第1款、第43条。

资转让协议后，双方应当共同向国家商标局提出转让申请，办理商标权转让登记；如果以商标使用权出资的，应当将许可使用权出资协议在商标局备案，并由工商局就商标权转让情况进行公告。对于“备案”的法律效力，我国最高人民法院在相关司法解释中明确规定：未经备案，不得对抗善意第三人。①对于受资公司来说，以上法律移转行为，已经足以使受资公司取得商标权或商标使用权了，相比较来说，提供印刷好的商标标识等事实交付行为则显得无关紧要了。正因为商标权的转移以登记为生效要件、商标使用权的转移以登记为对抗要件，受资公司可以登录国家商标局网站查询股东拟出资的商标权权属，有的学者认为没有必要再要求这类知识产权的出资人承担权利瑕疵担保责任。②但是，国家工商行政管理总局商标局网站上公示的商标的权利归属以及状态，是否真实可信？根据前文分析，商标局在对商标转让材料进行审查的过程中，由于并不具备鉴定印章及签名真伪的职责和能力，因此并不能完全防范假冒商标权人签章并将他人的商标权非法转让的行为，而且由于商标局对于商标权人是否变更名称、其主体资格是否存续也无法确定。这会导致实践中出现商标权被非法转让的情况，一些商事主体利用商标局审查上的漏洞取得他人的商标权并非不可能，而将非法取得的商标权当作出资标的出资到公司，也并非不可能。因此，由出资人对出资商标权承担权利担保义务并承担违反义务的法律责任，是十分必要的，可以在一定程度上防范出资人将他人商标权非法出资。

第二，强化国家商标局对商标转让的核准审查工作。

如前文所述，正是由于国家商标局对商标转让申请材料的真实性未作严格审查，才给一些非法取得他人商标权的行为制造了可乘之机。为了减少商标权非法转让现象的发生，更好地保护接受商标权出资的公司和商标权人的利益，对于商标转让核准的审查登记机关——国家商标局，应当强化其对商标转让的核准审查工作。对于商标权的转让申请，国家工商局应当要求申请人提交更多的能够体现转让的合法性及双方真实意思表示的材料，核查《注册商标证》的原件、出资转让人和受资单位的主体资格是否存续，如果出资转让人为单位的话，应当将工商部门在全国企业信息公示

① 详见《最高人民法院关于审理商标民事纠纷案件适用法律若干问题的解释》第19条。
② 骆增进：《两岸知识产权出资规定的比较研究》，武汉大学2014年博士学位论文。

系统中公示的本企业信息进行截图并打印，以供国家商标局核查。

二、出资人过错导致的履行不能及其法律后果

以商标权出资的，该商标权权属应当由出资人转移到受资公司，从这个意义上讲，其性质相当于商标权转让。根据我国法律对商标权转让的规定①，出资人应当依法办理商标权的转移手续，即向商标局提出转让申请，办理商标权权属转移登记，把商标权转移到被投资公司名下，被投资公司成为新的商标权人。在实际操作中，商标权大多是在公司成立后才办理转让手续，此时公司可能已经开始使用该商标开展生产经营活动。但在公司成立后股东履行交付义务，即办理商标权转移手续的过程中，可能会由于商标权出资人的过错，导致出资商标难以“到位”的情况，不仅公司难以获得商标权，甚至连使用该商标都构成了侵权行为。例如在“彭某某与蔡某某合同纠纷案”②中，蔡某某享有“湖滨”、“湖滨果源”及其同音的汉字、拼音或外语组合等十件商标专用权，2011 年 5 月，蔡某某与彭某某签署共同出资设立公司的合作协议，约定蔡某某以相关技术和商标所有权作为出资，为配合“湖滨”商标，双方还约定注册成立的公司名称为“洛阳湖滨食品贸易有限公司”（以下简称“湖滨公司”）。湖滨公司成立后，蔡某某与湖滨公司共同向国家商标局提出商标转让申请并被受理。但国家商标局在经过调查后发现申请转让的商标已经被三门峡市中级人民法院冻结，因此，驳回了商标转让申请。后来，蔡某某一直未能消除涉案商标过户的障碍，导致涉案商标被拍卖，所有权被转移给他人，这意味着股东之间的合作基础不复存在，甚至公司设立的目的也无法实现。

股东出资的知识产权是公司资本的来源，是公司赖以生存和发展的经济基础，股东应当按照公司法律制度及公司章程的规定，如期、足额地履行知识产权交付义务。如果由于出资人的过错而导致受资公司实际上无法取得知识产权财产权，出资人实质上属于未履行出资义务，根据我国《公司法》相关规定，③出资人应当承担资本补足的责任，另外还要

---

① 我国《商标法》第 39 条第 1 款及《商标法实施条例》第 25 条。

② 河南省洛阳市中级人民法院（2014）洛民终字第 689 号民事判决书，【法宝引证码】CLI.C.3229097。

③ 我国《公司法》第 28 条第 2 款规定：股东不按照前款规定缴纳出资的，除应当向公司足额缴纳外，还应当向已按期足额缴纳出资的股东承担违约责任。《最高人民法院关于适用〈中华人民共和国公司法〉若干问题的规定（三）》第 13 条第 1 款规定，股东未履行或者未全面履行出资义务，公司或者其他股东请求其向公司依法全面履行出资义务的，人民法院应予支持。

对其他已经履行出资义务的股东承担违约责任。

三、近似商标一并转让制度带来的风险

商标权的出资实质上属于商标权转让，即出资人将自己的商标权转让给公司所有。关于商标权的转让，目前大多数国家采取自由主义原则，即商标权人可以将商标连同使用商标的企业一同转让，也可以只转让商标。同时出于社会公共利益以及利益分配公平性的考虑，对注册商标的自由转让也制定了一些限制性措施。例如许多国家都规定了商标转让不得给消费者造成误导、商标转让公示制度或转让登记制度等。①我国对商标转让的限制性规定主要体现在《商标法》第42条及《商标法实施条例》第31条，即双方当事人应当就商标的转让签订书面协议，并向商标局提出申请，商标局核准后予以公告，近似商标②应一并转让，对容易导致混淆或有其他不良影响的转让，商标局不予核准。近似商标一并转让制度旨在防止由于近似商标的分别持有而可能引起的消费者混淆。但是该制度在客观上会给受资企业带来一定风险。在商标权出资的情况下，出资人将商标权转让给公司时，如果出资人和其他股东并不熟悉近似商标一并转让制度，即使知道，在何为近似商标的问题上，对于普通人来说，也很难判断。通过商标局网站查出几个近似商标并不困难，但在近似商标的认定上个人主观因素还是发挥着重要作用，商标局的不同工作人员审查出的近似商标数量可能都会存在差异，更何况一般的商事主体。因此，近似商标一并转让制度很可能会带来出资商标权无法转让给公司的风险。例如在"张某某与洛阳牡丹宴酒业有限公司股东出资（商标权）纠纷案"③中，张某某与另一股东签订《关于组建"洛阳牡丹宴酒业营销有限公司"协议》，约定张某某以注册商标"牡丹宴"出资，与另

---

① 例如《俄罗斯商标法》第25条第2款："如果商标转让在商品或商品生产者方面给消费者造成误导，则不得转让。"《欧共体商标条例》第17条第4款："如果转让文件清楚地表明，共同体商标的转让使公众对于注册的商品或服务的性质、质量或产地产生误解的，协调局应不予注册。"德国《商标法》第8条第2款规定："转让未在商标注册簿上登记，权利继承人不得主张由商标注册所生的权利。"法国《知识产权法典》第714-7条规定："任何注册商标的权利移转或变更非经在全国商标登记簿上登记，不得用于对抗第三人。"

② "近似商标"在狭义上通常是指两个或以上外形相近似的商标。本书研究我国《商标法》第42条第2款的近似商标转让制度，其中"近似商标"包括联合商标和防御商标。

③ 河南省高级人民法院(2009)豫法民三终字第34号民事判决书，【法宝引证码】CLI.C.293223。

一股东设立“洛阳牡丹宴酒业营销有限公司”，公司成立后，张某某以转让人的身份向国家商标局申请将“牡丹宴”商标权转让至牡丹宴酒业公司名下，商标局在审查时认为，张某某在酒类商品上注册的另一个商标“牡丹仙”与“牡丹宴”相近似，且核定使用的商品相同，根据《商标法实施条例》第 25 条第 1 款的规定，[①]应一并转让。而张某某自称并不知道“近似商标一并转让”的法律规定，自己已经向国家商标局申请办理“牡丹宴”商标权的转让手续，表明“已经履行了《组建公司协议》中约定的出资义务”，因而拒绝转让“牡丹仙”商标。在这种情况下，商标局将不会为“牡丹宴”商标权办理转让登记。而对于受资公司来说，为了配合股东的出资商标，将名称定为“洛阳牡丹宴酒业营销有限公司”，并为生产做好了准备，但却由于无法获得出资商标而无法开展正常的生产经营活动，不仅股东之间的合作基础发生严重动摇，而且公司也陷入进退维谷的境地。

四、法律规制：近似商标转让制度的模式选择和重构建议

近似商标一并转让制度意味着，联合商标或者防御商标被视为一个整体，如果要转让其中一个，其他的必须一并转让。我国商标法上这种设计的初衷在于防止近似商标由于分属于不同的主体而有可能导致在日后商业活动中造成消费者误认或混淆。但这种制度在客观上也带来了一些负面影响。

（一）我国近似商标一并转让制度存在的不足

第一，会给商标买受人或接受商标权出资的公司带来很大风险。

近似商标一并转让制度作为我国商标法对商标转让的特别的限制性规定，普通的商事主体并不熟悉，更何况在何为近似商标的问题上，是很难判断的。该制度在客观上给商标买受人或接受商标权出资的公司带来很大风险，因为受让人和受资公司的地位变得非常被动，能否取得商标权将取决于商标权人的意愿。如前文提到的“张某某与洛阳牡丹宴酒业有限公司股东出资（商标权）纠纷案”，在出资商标还存在近似商标的情况下，出资人拒绝将这些近似商标一同转让给受资公司，结果导致无法

① 2014 年《商标法实施条例》修改后，原第 25 条第 1 款变为第 31 条第 2 款，但内容未变，即：“转让注册商标，商标注册人对其在同一种或者类似商品上注册的相同或者近似的商标未一并转让的，由商标局通知其限期改正；期满未改正的，视为放弃转让该注册商标的申请，商标局应当书面通知申请人。”

在国家商标局办理商标权的转移登记，受资公司自然无法获得商标权。

第二，造成实践中法律适用的混乱。

现有近似商标一并转让制度过于简单概括，不仅学界解释不一，而且司法实务中也难以把握，社会公众对于近似商标及其数量的判断也存在很大的难度。因此，对该类案件的裁判，无论是理论界还是司法实务界都存在很多争议。例如，我国《商标法》第42条的规定是否属于《合同法》第52条中的"强制性的法律规定"？这决定着近似商标分开转让合同的法律效力。有学者认为，该规定属于效力性强制性规定，分开转让近似商标的行为属于《合同法》第52条规定的"违反法律、法规的强制性规定"的情形，应属无效。①也有学者持不同观点，认为我国商标法关于近似注册商标一并转让的规定应为管理性规范，而非"强制性法律规定"，因此，近似商标的分开转让行为虽然违反了该规范，但并不导致合同无效。②理论上的争议导致司法实务中对该类案件的裁判结果存在较大差异，也引发了诸多问题。有的法官持近似商标一并转让的立场。例如在"'羊老大'商标纠纷案"中，陕西省高级人民法院把一个商标判给"榆林羊老大"，并利用一并转让原则把其他近似商标也判给"榆林羊老大"。③在"张某某商标权出资纠纷案"中，法官也持同样观点。④也有的法官认为分开转让近似商标合同是无效的。⑤还有些法院虽然根据当事人的诉请对单个涉案商标归属作出判决，但在执行阶段却根据最高人民法院《关于对注册商标专用权进行财产保全和执行等问题的复函》⑥将与

① 戴涛、杨林：《分割转让近似商标的合同效力探析》，《江苏警官学院学报》2012年第4期。

② 孙国臻：《近似注册商标分开转让合同纠纷裁判及其价值选择》，《人民司法》2014年第21期。

③ 姚芃：《"羊老大"之争引出商标权的司法审查难题》，《法制日报》2005年6月28日第010版。

④ 张某某以"牡丹宴"商标出资到牡丹宴公司，但国家商标局认为张某某所持有的"牡丹仙"商标与"牡丹宴"相近似，应一并转让。河南省高级人民法院判决张某某根据国家商标局具体要求办理"牡丹宴"商标权的转移手续，全面履行合同约定的出资义务。详见河南省高级人民法院(2009)豫法民三终字第34号民事判决书，【法宝引证码】CLI.C.293223。

⑤ 孙国臻：《近似注册商标分开转让合同纠纷裁判及其价值选择》，《人民司法》2014年第21期。

⑥ 最高人民法院《关于对注册商标专用权进行财产保全和执行等问题的复函》(民三函字〔2001〕第3号)中要求法院采取执措施时，应当根据近似商标一并转让的原则，对近似商标一并进行评估、拍卖、变卖。商标局在接到法院有关转让注册商标的裁定时，如发现无上述内容，可以告知执行法院，由执行法院补充裁定后再协助执行。

涉案商标近似的商标一并执行。①因为法院虽然对单个商标的权属进行了判定，但商标局依然不会进行转让登记。也就是说，无论法院判决结果如何，商标局事实上还是要对法院的裁判结果进行审查。可见，司法权在近似商标分开转让问题上虽然进行了确权，但是这种确权最终要经过行政权的审查才能真正起作用。

第三，违反当事人意思自治原则。

在近似商标一并转让制度中，"近似商标"涵盖了联合商标和防御商标。事实上，我国并不存在联合商标制度和防御商标制度，这些外观相同或近似的商标均是作为独立的商标注册登记的，在实践中也是作为独立的商标被运用到各类商品或服务上。但是在转让时，却不再被视为独立的商标，而成为了一个整体。这是匪夷所思的。而且当前的近似商标一并转让制度，强制性地要求商标权人必须将其持有的近似商标一并转让给受让人，否则将"视为放弃转让该商标的申请"，即拒绝为当事人办理商标转让登记，可见该制度完全不考虑双方当事人的意思表示，显然违反了民法上的当事人意思自治原则。尤其是前文所提到的一些强制转让的判决，剥夺了当事人就近似商标议价的机会，而且相当于强制剥夺了转让人的财产，可能会给转让人造成重大损失。

由此可见，虽然近似商标一并转让制度能防止近似商标因为分属不同所有人而导致的市场混淆，但是在适用中引发了理论界和司法实务界的争议，导致裁判结果不统一，而且也违反了当事人意思自治的原则。因此，应当对我国的近似商标一并转让制度重新审视。如何处理尊重当事人自由意志与防止市场混淆之间的矛盾，这是对近似商标转让进行法律规制的要点和难题。他山之石，可以攻玉。域外相关立法和学说可以为我们提供一些参考和借鉴。

（二）域外经验：近似商标转让制度的两种模式

有的学者认为，我国的近似商标一并转让制度违背了契约自由原则，是公权力对私权利的不当干涉，应当予以取消。②如前文所述，在近似商标转让问题的法律规制中，存在着当事人意思自治原则与防止商标混

---

① 孙国臻：《近似注册商标分开转让合同纠纷裁判及其价值选择》，《人民司法》2014年第21期。

② 曲天明：《注册商标转让合同效力与商标权属变动的关系研究》，《青岛科技大学学报（社会科学版）》2011年第4期。

淆原则的冲突，那么应当如何取舍和平衡呢？通过对域外相关立法进行分析，可以将其划分为两个模式：近似商标一并转让模式和近似商标自由转让模式。

第一，近似商标一并转让模式。

近似商标一并转让模式是指法律明确规定对于同一商标权人持有的在相同或类似商品上注册相同或近似的商标，如果发生转让，必须一并全部转让给受让人，否则主管机构将不予进行转让登记。例如巴西《商标法》第135条明确规定：转让必须包含转让人名下的涉及相同或相类似商品或服务的所有相同或近似商标的注册商标和注册申请，否则主管机构将取消注册商标或拒绝注册申请。①还有一些国家法律明确规定了联合商标制度，这些联合商标作为一个整体，必须一并转让。以印度《商标法》为例，该制度主要包括三方面内容：其一，赋予联合商标的合法性。印度《商标法》第16条规定，以同一所有人名义注册或申请注册的商标相同或近似，并用于相同或近似商品种类或服务种类的，商标局局长可以要求将这些商标作为联合商标进行登记。另外，如果商标所有人就商标的整体和部分分别提出注册申请，那么这些单独商标也会被注册为联合商标。②其二，使用一个联合商标等同于使用其他商标。大多数国家商标法都规定了注册商标未使用的撤销制度，即注册商标在一定时间段内未使用，任何人可以向法院或商标管理机关提出将该商标撤销的申请。而权利人申请联合商标的目的往往并不是为了使用，而是保护其主商标，也就是说，联合商标往往面临着因为未使用而被撤销的风险。因此，联合商标制度中往往有这样的规定：联合商标中一个商标的使用即视为所有联合商标的使用，这其实也是将联合商标视为一个整体。例如印度《商标法》第55条规定，使用联合商标或实质相同商标中的一个等同于使用其他商标。若需要证明注册商标的使用情况，裁判厅可以在其认为适当的范围内，将对联合商标的使用认可为该商标的同等使用。其三，联合商标需一并转让。如前文所述，联合商标实际上被视为一个整体，因此，在发生转让时，这些联合商标必须一并转让。如印度《商标法》第44条规定，联合商标只能作为整体而不可分别转让或继受。南非《商

---

① 《十二国商标法》翻译组：《十二国商标法》，清华大学出版社2013年版，第11页。

② 《十二国商标法》翻译组：《十二国商标法》，清华大学出版社2013年版，第153页。

标法》规定的联合商标制度的内容与印度类似。①

近似商标一并转让模式将防止混淆原则放在了首位，但在尊重当事人意思自治方面却存在不足。我国商标法虽然规定了近似商标一并转让制度，但与上述国家规定还存在一些区别，就联合商标制度而言，我国并无严格意义上的联合商标制度，我国现行商标法允许同一商标权人在相同或类似的商品上注册近似的商标，但这些注册商标不是以联合商标的名义注册的，而是以单个的、独立的商标申请注册的，而且这些单个的商标如果连续三年不使用的话也可能会被申请撤销。

第二，近似商标自由转让模式。

在近似商标转让问题上，有些国家坚持当事人意思自治优先的立场，允许商标权人将近似商标单个分开转让，同时采取相应的配套措施来防止近似商标分开转让而可能导致的市场混淆。该制度具体包括两个方面：

（1）近似商标可自由转让

例如韩国《商标法》第 54 条第 1 款规定，商标权可以按每个指定商品分割转移。在这种情况下，类似指定商品上的商标权应当一并转移。由此可以推断出，非类似指定商品上的商标权，例如在不同商品类别上注册的防御商标是可以分割转移的。而且第 54 条之二也进一步规定，当一个商标权指定两个或两个以上的商品时，该商标权可以就每个指定商品进行分割。一个商标权尚且可以分割，在不同商品种类上注册的防御商标更是可以分割转移。另外，对于联合商标的分割转让，值得研究的是日本的联合商标制度。日本的商标法历史上曾存在过联合商标制度，在该制度下，这些近似商标被看作一个整体，不能分割转让，而且只要商标权人使用其中的一个商标，就可免除因联合商标的不使用而被全部撤销。②这在很大程度上鼓励了人们去申请联合商标，结果不仅商标权

---

① 根据南非《商标法》第 30 条（1）（2）（3）规定，同一所有权人注册或正申请注册的商标如果跟自己之前注册的商标相似，以致这两个商标被不同的人使用时可能会导致欺骗或混淆，注册长官可以随时要求在注册簿上将这些近似商标登记为联合商标。商标及其任何单个部分或多个部分，以同一所有权人名义分别注册为独立商标的，也应被视为并注册为联合商标。南非《商标法》第 31 条规定，无论出于何种目的，如果需要证明一个注册商标的使用时，注册长官或法院可以将一个相关的注册商标的使用证明视为该商标的使用证明；南非《商标法》第 30 条（4）规定，无论是否注册为联合商标，只要依据本法被视为联合商标，只能够一并转让，不能分割转让。详见《十二国商标法》翻译组：《十二国商标法》，清华大学出版社 2013 年版，第 331 页。

② 1996 年日本《商标法》修改前的第 7 条、第 50 条第 2 款的括号内规定。

人申请了大量的不必要的联合商标，而且给审查机关也造成了很大的负担。因此，1996 年《商标法》取消了联合商标制度。但根据该法第 4 条第 1 款第 11 项的规定，如果有人提出与申请日之前他人已经提出注册申请的商标相同或者近似、并使用在相同或类似商品或服务的商标注册申请，将被驳回。因为这将造成商品出处的混淆，损害在先注册人的利益。但是，该条文并未禁止同一商标权人在相同或类似商品上注册若干个近似的商标注册，这是因为这些近似商标都归同一人所有，因此一般来说，不会造成商品出处的混淆。但是这些相类似的商标不再被视为一个整体，而是被当作独立的普通商标对待，因此可以独立地转让。

（2）防止近似商标混淆市场的法律规制

既然允许近似商标分开转让，那么这些近似商标完全有可能会分属于不同的市场主体，由于近似商标又使用于相同或类似的商品或服务，极有可能会造成实践中的消费者误认。因此在允许近似商标分开转让的同时需要制定相应的配套措施来防止市场混淆，例如韩国《商标法》规定，如果近似商标的持有者出于不正当竞争目的而导致消费者混淆，任何人可以向知识产权局申请撤销该商标。[①]而日本《商标法》对此规定得更为具体和详细，主要包括三方面的内容：

其一，如果近似商标的分开转让导致这些近似商标分属于不同的商标权人，其中一个商标权人或商标使用权人在指定商品或服务上使用注册商标存在损害其他注册商标的商标权人或专有使用权人的利益时，后者可以要求前者对其使用附加适当的标记，以防止市场混淆。（日本《商标法》第 24 条之四）

其二，如果商标权人故意在指定商品或服务上使用与注册商标近似的商标，并导致他人对该商品的质量或服务的品质发生误认或者与他人业务所属商品或服务发生混淆的，任何人都可以提出撤销该商标的准司法审判请求。（日本《商标法》第 51 条第 1 款）

其三，商标权转移导致使用在相同商品或服务上的近似注册商标属于不同商标权人的，其中任何一个注册商标的商标权人出于不正当竞争

---

① 韩国《商标法》第 73 条第 1 款第 9 项规定，相似商标因为商标权转移而归于不同的商标所有人，且其中一个商标权人，出于不正当竞争目的，在与自己的注册商标指定商品相同或类似的商品上使用自己的注册商标，致使消费者对商品质量产生误认或与其他商标权人的商品相混淆的。可以提出撤销该注册商标的请求。第 6 款规定：该撤销请求可以由任何人向知识产权局提出。

目的,在指定商品或服务上使用注册商标导致和其他注册商标的商标权人或使用权人业务所属的商品或服务发生混淆的,任何人都可以提出撤销该注册商标的准司法审判请求。(日本《商标法》第 52 条之二第 1 款)

可见,在近似商标分开转让的情况下,日本对近似商标进行法律规制的前提是实践中已经发生消费者混淆,各个商标权人在分别使用近似商标时,如果并未引起消费者的认知混淆,那么皆大欢喜,但如果造成消费者混淆,那么该商标将被要求加上区分标记,甚至面临被法院撤销的风险。但事实上,据日本东京桃尾松尾难波律师事务所的松尾刚行律师介绍,日本《商标法》第 24 条之四在实践中很少适用。究其原因,主要有两个:一方面,日本商标法虽然允许商标权人注册联合商标,但是这些近似商标均为独立的商标,必须按照商标法的规定方式来"使用",如果连续三年未使用,任何人可以依据第 50 条第 1 款的规定请求法院撤销该商标。将近似商标视为普通商标的做法,从源头上消除了商标权人将一些不必要的近似商标申请注册的想法和动力;另一方面,又通过"商标撤销"、"加注区分标记"等制度来增加近似商标并行使用的风险,这种风险也会在很大程度上消除买受人购买近似商标的积极性。通过这两个方面的法律规制,对于近似商标的注册人来说,这些近似商标既不好用,又不好卖,因此,人们申请联合商标的积极性就不高了,相应地,近似商标分开转让造成市场混淆的情况也就更少了。

(三)我国近似商标转让制度的模式选择

相比较来说,近似商标一并转让模式可以防止近似商标由不同主体持有使用而导致的市场混淆,但却未尊重当事人的意思自治,而且会造成行政权对司法权的压制。而近似商标自由转让模式在允许近似商标自由转让的同时,制定相应的配套措施来防止市场混淆,比较好地平衡了当事人意思自治原则和防止市场混淆原则。本书反对机械的近似商标一并转让制度,分析相关的法理和经济学理论,我国更适合选择近似商标自由转让模式。

第一,从商标权的本质分析。

商标权是商标法框架中的一种权利,也是反不正当竞争法框架中的一种财产法益,但究其本质而言,商标权是一种私权,属于无形财产权。商标权人对该财产权拥有独立的支配权,不仅可以通过多种方式将商标在特定类别的商品或服务上进行使用,而且可以通过授权他人使用该商标以获取经济收益。同样的，作为一项财产，自由处分就成了它的应有之义，商标权人可以按照自己的意志将商标权转让给他人，无需他人行为的介入或协助。传统上基于消费者利益考量，各国对于商标权的转让往往进行一定程度上的限制，但随着人们逐渐认识到商标权的私权属性并将商标权视为独立的财产，法律对商标权转让的限制也被逐渐放开。但是当前我国《商标法》规定的近似商标一并转让制度却使得商标权人对其商标权不再具有直接支配性。

第二，从“近似”与“混淆”的逻辑关系分析。

如前文所述，主张近似商标一并转让观点的主要依据在于，近似商标分属不同主体，会造成市场混淆，为了避免此种混淆，商标权人在转让商标时，应当将自己持有的近似商标一并转让给受让人。问题是：近似商标必然会导致消费者产生误认和混淆吗？“近似”是对两商标特点的客观描述，“混淆”是指对消费者造成的客观后果。事实上，商标近似并不必然导致混淆。首先，商标虽然是识别商品来源的标志，但不是消费者识别商品的唯一根据。商品的外观，如包装上的标志、图案、显著的商品外形常常比商标更抢眼，成为消费者识别商品来源的线索。有研究表明，商品外包装越接近，越容易引起消费者混淆。①实践中近似商标的共存现象也说明近似商标的并行使用并不必然导致消费者混淆。其次，很多商标在获得注册后，商标权人实际上无意使用该商标，或者虽然投入使用但是由于疏于管理等原因，导致该商标的知名度实际上很低，在这种情况下，即使他人使用了与该商标相近似的商标，也不会导致消费者混淆，不会损害商标的识别功能。最后，在我国司法实践中，商标相同或近似、商品同种或类似只是判定存在混淆可能性的参考因素，两者之间并没有必然联系。②世界上大多数国家也普遍采用“多因素检测方法”来

---

① British Brand Group Survey New study shows similar packaging misleads shoppers (1 May 2009), available at: http://britishbrandsgroup.org.uk/upload/File/BBriefing%2049.pdf.

② 例如在“耐克国际有限公司诉中华人民共和国国家工商行政总局商标评审委员会商标驳回行政纠纷案”[北京市第一中级人民法院(2012)一中知行初字第2368号行政判决书]、“(法国)拉科斯特股份有限公司与(新加坡)鳄鱼国际机构私人有限公司、上海东方鳄鱼服饰有限公司北京分公司侵犯商标专用权纠纷案”[最高人民法院(2009)民三终字第3号民事判决书]等案中，法官在判断相关公众是否会产生混淆时，不仅要考虑两商标视觉上是否相似，更要考察各自使用的地域范围、使用的历史和现状、针对的消费群体、商标的使用方式，并结合相关市场实际，进行公平合理的判断。

判定近似商标之间是否存在混淆可能性，而不是简单地将“商标近似”等同于“市场混淆”。[①]例如美国第二巡回法院在“宝丽来诉波拉得案”[②]中提出认定混淆可能性应当考虑“涉嫌被侵害的商标的强度、商标之间的相似度、双方产品的相近度、先使用人推出后使用人产品的可能性、实际混淆、被告使用商标的善意、被告产品的质量、购买者的精明”等八个因素，并为后世法院所效仿。1979 年的“麦克格里科案”[③]，法院认为“两件商标虽然相似，但不存在混淆的可能性”。

第三，从经济人理性的立场分析。

经济学上的“经济人假设理论”认为，“经济人”是有理性的，即“经济人”能根据市场情况、自身处境和自身利益作出判断，使所追求的效用达到最大化，从而使社会利益最大化。对于理性“经济人”而言，增加收益是最起码的价值追求，[④]即使现实中存在的一些“利他”现象，与“经济人假设理论”也并不相悖，因为结合成本收益两方面的分析，这种利他行为，“依然出自最为根本的唯一不变的利己动机”。[⑤]以近似商标权的转让为例，商标权人拥有的一些防御商标或联合商标在法律意义上均为独立的商标，在制度经济学意义上，这些商标与他人的商标有清晰的权利边界。一般来说，他人在相同或近似商品、服务上使用与自己相同或近似的商标，对于任何“经济人”而言，都可能是利益受损的信号。因此，商标权人为自身利益着想，不会轻易将近似商标转让给他人，除非该受让人为此付出足够大的成本，使得商标权人认为出让该商标能获得最大的经济效用。而另一方面，作为“经济人”的受让人通常也是在对该商标及相关市场进行综合分析之后，认为虽然付出了“足够大的成本”，但受让该商标能为自己带来更大的经济收益。也只有在这种情况下，双方才能

---

① 各国司法实践中对混淆可能性的认定通常会考察多种因素，除了考察商标在视觉上是否近似外，还要考虑在先商标显著性和名声、消费者智力水平和注意程度、原被告商品的销售渠道、被告意图和消费者实际混淆情况等因素。详见张体锐：《商标法上混淆可能性研究》，知识产权出版社 2014 年版，第 60—73 页。

② Polaroid Corp. v.Polarad Electronics Corp., 287 F.2d 492, 495(2d Cir. 1961).

③ McGregor Doniger, Inc. v.Drizzle, Inc., 202 USPQ 81(2d Cir.1979).

④ 李雨峰、倪朱亮：《寻求公平与秩序：商标法上的共存制度研究》，《知识产权》2012 年第 6 期。

⑤ 苏华、杨理可：《“理性经济人”假设的合理性新探》，《河南师范大学学报（哲学社会科学版）》2011 年第 4 期。

达成近似商标转让的协议。依照微观经济学的供给与需求理论，只有经过交换，个人才能获得各类物品的最佳组合，达到效用或利益的最大化。[①]也就是说，从理性"经济人"的角度分析，达成近似商标分开转让协议是因为双方都存在足够的可期待经济效益，基于商标权人和买受人自由意志的商标权转移正是对商标权这一资源的有效利用。相反，近似商标一并转让制度不仅有违当事人的意思自治，而且可能会给受让人带来严重损失。

（四）我国近似商标转让制度的重构建议

近似商标在由不同主体持有并使用的情况下，确实存在着引起消费者混淆的可能性，如何在尊重当事人意思自治和防止市场混淆、保护消费者利益之间取得平衡，是近似商标转让制度的关键点。笔者认为，我国近似商标转让制度在采取自由转让模式的同时，应当借鉴日本、韩国的近似商标转让法律制度，在允许近似商标分开转让的同时，通过相关的配套制度来防止市场混淆。具体而言，包括以下两个方面：

第一，近似商标分开转让后的使用限制。

为了避免近似商标由于不同主体持有使用而导致消费者混淆，应当对近似商标的使用加以限制。

首先，商标转让的双方当事人应当签署商标共存协议。

国际贸易协会（The International Trade Association）对商标共存协议的定义为："两个或两个以上的商标所有人就相似但不存在混淆可能性的商标所达成的，能够使商标可以和平共存的相关规则。"[②]如前文所述，相同或近似商标同时使用并不必然导致消费者混淆，这为近似商标的协议共存留下了一定空间。为了避免消费者混淆，在商标权人将其持有的近似商标进行分开转让时，应当与买受人就近似商标的使用进行安排，签订商标共存协议，双方当事人应当从近似商标使用的商品或类别、价格、商标使用的地域范围以及各自针对的消费群体等方面作出约定，以达到商标区分的目的。无论在我国还是其他国家，商标共存是一种客观存在的现象，有的国家对商标共存予以明确的承认，而有的国家则通

---

① 宁立志：《知识产权权利限制的法经济学分析》，《法学杂志》2011 年第 12 期。

② The International Trade Association：Glossary. Available at：http://www.inta.org/index.php?option = com-glossary&func = display&letter = C.&Itemid = 127&catid = 45&page = l&geteontent = l.

过相关规定间接地承认商标共存。①从我国处理商标纠纷的司法实践来看，法官们也倾向于尊重当事人的合意，同时把信守契约自由作为判断共存协议效力的首要标准。②商标共存协议通过对相同或近似商标的使用进行安排，从而使它们可以被不同的市场主体并行不悖地使用且不会导致消费者误认和混淆。不仅解决了商标权人之间的利益冲突，也免除了买受人将来因为使用此类商标而涉讼的后顾之忧。

其次，加注标记。

商标不仅是识别商品来源的标志，而且会向消费者传递有关商品质量的信息，因为消费者一旦拥有对某一被标注的商品的消费经验，商标便逐渐拥有了代表生产商声誉的功能，便于消费者区分商品或服务的不同品质。③当近似商标因为被分开转让而由不同的主体持有并使用时，为了维护消费者对品牌商品的品质期待，应当借鉴日本《商标法》中关于加注标记的规定，近似商标受让人在使用转让的近似商标商标时，应当同时注明产品出处，即生产厂家，以实现商标区分，避免造成消费者误认、混淆或其他不良影响。另一方面，也可以避免近似商标之间大量的侵权讼争。

第二，近似商标撤销制度。

在近似商标分开转让时，通过商标共存协议和加注标记等方式对近似商标的并行使用进行限制，能够在很大程度上避免消费者混淆。但是，商标共存协议并不具有绝对效力，更不能凌驾于商标制度之上。因为在实践中，也可能由于共存协议内容的不当，导致一方当事人利用另

---

① 例如美国《兰哈姆法》第 1052 条(d)规定：包含与已在专利商标局注册的商标，或他人在美国在先使用且尚未放弃的商标或商号相似的商标，以致其使用在申请人的商品上或与之相关时易于造成混淆或误认或欺骗；除非专利商标局局长认为在使用方式、使用地域、使用商品的条件和限制下，两人以上对相同或近似商标的连续使用不会造成混淆、误认或欺骗，这些人将获得并存注册，假如在下列日期之前他们在商业中的并存合法使用已使他们有权使用该商标……

日本也同样存在商标共存现象，但与美国商标制度不同的是，主要是通过对商标在先使用权的规定间接承认了商标共存。日本《商标法》第 32 条第(1)款：在商标注册申请人提出商标注册申请之前，他人没有不正当目的在日本国内使用和申请注册的商标相同或者近似的商标，而且标识的产品或者服务也和注册商标标注的产品或者服务相同或者类似，并且在需要者中间被广泛认知时，可以继续进行使用。

② 戴哲：《论商标共存协议的效力认定——美国法的司法实践与借鉴》，《重庆工商大学学报(社会科学版)》2014 年第 2 期。

③ 刘燕：《论注册商标转让的限制》，《吉林大学社会科学学报》2013 年第 5 期。

一方的商标声誉和市场优势地位来推广自己的产品或服务，即俗称的“搭便车”，从而误导消费者购买本方产品。这种行为实际上已经造成了消费者混淆，损害了公共利益，同时也不正当地损害了另一方的合法利益，属于不正当竞争行为。从保护消费者利益的角度和维护市场竞争秩序的角度，应当赋予社会公众对近似商标的撤销请求权。[①]即当近似商标由不同主体持有并使用时，如果确实在实践中引起了消费者混淆，任何人均有权向商标局请求撤销引起混淆的商标，由商标局进行判断近似商标是否已经在客观上导致相关公众产生商品来源的混淆，并作出是否撤销该商标的决定。

综上所述，允许近似商标的分开转让，是对商标权这一私权的保护。商标共存协议、近似商标加注标记以及近似商标撤销制度，是对公共利益的维护，上述制度结合起来，才能实现保护私权与维护公共利益的平衡，从而最大程度地避免和解决纠纷，促进市场有益竞争。

---

① 陈武：《论近似商标共存制度》，《知识产权》2008 年第 3 期。

第五章　出资知识产权价值非正常贬损的风险及其法律规制

由于知识产权的价值受到众多因素的影响，出资入股后，知识产权资本很有可能发生价值贬损，发生价值贬损的情形可分为正常的价值贬损和非正常价值贬损。正常的价值贬损主要包括：(1)知识产权资本可能因为国家政策导向、市场主体对知识成果的需求减少而发生价值减损；(2)知识产权的经济寿命对知识产权的价值影响很大，一般来说，专利、计算机软件著作权随着时间的流逝，价值往往趋向于贬损。就专利技术而言，专利悬崖[①]或者一种新的，更为先进、实用或效益更高的专利技术的出现，原有专利技术会出现大幅度贬值，而新版本的计算机软件一旦问世，原来的版本也变得无人问津。对于知识产权资本正常的市场价值变动，属于知识产权资本固有的风险，应当由公司承担，与出资人无关。正如出资后的知识产权资本在公司经营中发生的增值收益，应当由公司享有一样。[②]《最高人民法院关于适用〈中华人民共和国公司法〉若干问题的规定(三)》第16条也体现了这样的观点：出资人以符合法定条件的非货币财产出资后，因市场变化或其他客观因素导致出资财产贬值的，除非另有约定，否则出资人不承担补足出资责任。

对于知识产权资本正常的价值变动，应当由公司承受，但是由于出资股东过错或公司经营管理不当等人为因素导致的知识产权资本在公司的运营中发生价值贬损或灭失，则属于知识产权资本非正常贬值，不仅会损害公司利益，也会间接地损害公司债权人的利益，应当予以法律规制。

---

① 专利悬崖是指专利失效后其带来的利润会大幅度下降。例如，前瞻产业研究院发布的《2014—2018年中国医药行业深度调研与投资战略规划分析报告》显示，2014年全球医药企业因药物专利过期损失超过340亿美元，这一数据高居历史第二位，其规模之大仅次于2012年的550亿美元。

② 刘春霖：《论股东知识产权出资中的若干法律问题》，《法学》2008年第5期。

第一节 出资知识产权价值非正常贬损的表现形态

知识产权出资后，存在着非正常价值贬损的情况，具体体现在以下几个方面：

一、非授权类知识产权出资后，出资人再次处分该知识产权

由于一些知识产权的获得不依赖于国家机关的授权，例如作品著作权、专有技术、知名商品特有的包装、商誉权等，其权利的形成源于权利人的创作、创造或使用行为，因此这些知识产权又被称为非授权类知识产权。非授权类知识产权的形成不以公示为权利外观，其转让也无需通过国家机关的登记公示，完全依靠当事人之间的协议，而除当事人之外的第三方几乎无法知晓该知识产权的真实权属。因此，在实践中，便有一些股东在以非授权类知识产权出资后，再次处分该知识产权，如将该知识产权转让或许可不知情的第三方使用，等等。以著作权出资为例，在“上海策文教育科技发展有限公司（下文简称‘策文公司’）与北京华文教育发展有限公司（下文简称‘华文公司’）著作权纠纷案”①中，郭某某作为《字经》著作权人与李某某于2002年8月协议约定成立上海策文字经教育发展有限公司（以下简称“策文字经公司”），其中郭某某以《字经》的著作权出资并获得相应股权。策文公司成立后，委托上海音像公司加工制作《字经》磁带、VCD等，并于2003年7月就《中华字经》第一册和第二册向上海市版权局申请并取得作品登记证书。但是次月，郭某某便以著作权人的身份与郑州大学出版社就《中华字经》作品签订图书出版合同，并就《中华字经》向河南省版权局申请并取得作品登记证书，而《中华字经》与策文公司的《字经》除了课程编排顺序及篇名、个别文字及颜色等略有差异外，二者文字基本相同。在该案中，郭某某以《字经》作品著作权出资后，作品的著作权财产权应当由策文公司享有，郭某某则失去了对该著作权财产权的处分权和使用权，其授权郑州大学出版

---

① 北京市第二中级人民法院（2006）二中民初字第07880号判决书，【法宝引证码】CLI.C.163217；中华人民共和国最高人民法院（2007）民三监字第7-1号民事裁定书，【法宝引证码】CLI.C.292490。

社出版《中华字经》并就该作品进行著作权登记等行为，侵犯了策文公司所享有的著作权中的复制权、发行权和获得相应报酬的权利，尤其是华文公司（郭某某担任该公司的法定代表人）在其网站上发表"《中华字经》是郭某某的原创作品，此前从未将版权转让给其他单位……"的声明，更是容易让社会公众误认为策文公司是盗版单位。总之，郭某某的上述行为不但造成了市场混淆，而且对策文公司来说，显然股东出资的著作权已经贬值了。

另外，在以技术出资的情况下，也容易产生类似的纠纷。例如一些股东以技术独占许可权出资后，仍许可第三方使用该技术。①或者以专有技术出资后，仍然使用该专有技术。例如在"甘肃省科学院磁性器件研究所（以下简称'磁研所'）与兰州西太华工贸集团股份有限公司（以下简称'西太华公司'）等技术转让合同纠纷案"②中，磁研所与西太华公司协议约定共同出资重组兰州海兰德泵业有限公司（以下简称"海兰德公司"），《出资协议》第11条规定，磁研所以磁力驱动技术系列产品的图纸资料、生产工艺等技术入股（部分是专利技术，部分是专有技术），海兰德公司是该全部系列技术的所有人、独占使用人，磁研所"不得与海兰德公司以外的其他任何一方进行实施、研究、发展与磁力泵、阀、釜等项目有关联的技术合作"。可见，该条款体现的是海兰德公司独家享有磁力泵及其相关技术的所有权及使用权的意思表示，即除了海兰德公司外，任何人包括磁研所都不得再使用该技术。合同签订后，磁研所向海兰德公司移交了磁力泵的相关技术资料及设备等，履行了出资义务。但是后来，磁研所又使用上述技术与绍兴圣华电子有限公司、襄樊五二五泵业有限公司等合作，从事磁力泵及其系列产品的研发、制造、宣传及销售，不仅使得海兰德公司"独占使用"的愿望落空，而且在客观上与海兰德公司形成同业竞争之势，致使海兰德公司经营困难，利益受到严重损害。

二、提前失权导致的知识产权价值贬损

知识产权可以分为非授权类知识产权和授权类知识产权。③前者因

---

① 详见：今典技术公司与阜国公司等财产损害赔偿纠纷上诉案，【法宝引证码】CLI.C.241166。

② 甘肃省高级人民法院（2009）甘民三终字第36号民事判决书，【法宝引证码】CLI.C.345837。

③ 胡震远：《知识产权资本化研究》，中国法制出版社2013年版，第134—135页。

创作或使用行为直接产生权利，如著作权、专有技术等；后者则由有关行政主管机关审查后授予权利，如专利权、商标权等。无论非授权类还是授权类知识产权，都存在提前失权的风险。知识产权一旦提前失权，对受资公司来说，意味着该知识产权的价值也荡然无存了。在实践中，专有技术和授权类知识产权提前失权的情况更为常见，下面将具体分析专有技术及授权类知识产权提前失权给受资公司带来的风险。

（一）专有技术的提前失权

如前文所述，由于专有技术作为非专利技术，处于秘密状态，所以没有国家机关颁发的权利证书，其转让也无需经过登记公示的手续，因此在专有技术出资的情况下，股东只需依照“出资协议”及公司章程的约定履行专有技术的交付义务即可。除了当事人，其他人很难得知该专有技术的权利归属。因此在实践中有一些股东在把专有技术出资后又以专有技术所有人的名义就该技术申请专利授权，而一旦获得专利授权，股东自然成为专利权人。在这种情况下，股东应将专利权转让给受资公司，因为专有技术归属于受资公司，基于专有技术而获得的专利权自然也应当归受资公司所有。如果股东拖延或拒绝转让专利权，那么对于受资公司而言，相当于专有技术已经提前失权了。[①]在这种情况下，受资公司将面临以下风险：第一，专有技术的内容已经被专利权说明书和权利要求书所揭示公开，专有技术的秘密性不复存在，技术的价值从原来依托于其秘密性转化为依托于专利权的排他性的特权。由于专利权在该股东手中，所以，这项技术的价值就因依托于专利权的排他性特权而回到了该股东的手中；第二，如果公司继续使用该项技术，那么应取得专利权人，即技术出资股东的同意和许可，否则将构成侵权行为；第三，如果该股东将其专利技术多方许可给他人，甚至许可给公司的竞争者使用，必然会使公司在市场竞争中处于不利境地。上述风险不仅会使得公司丧失对专有技术的所有权，极大地遏制公司的发展，甚至可能导致公司难以生存。

（二）授权类知识产权的提前失权：被依法撤销或被宣告无效

授权类知识产权主要指那些需要向有关国家主管机构申请，国家主管机构审查后予以公示授予的知识产权，主要包括专利权、注册商标专

---

① 详见：合资经营企业因专有技术出资争议仲裁案裁决书，【法宝引证码】CLI.AA.279。

用权、植物新品种权等。授权类知识产权提前失权的情况主要有两种：被依法撤销或被宣告无效。以专利权为例，取得专利授权后并不意味着专利权的绝对稳定，有可能会被专利管理机关宣告无效，[①]特别是实用新型和外观设计专利权，由于其权利的授予并不经过实质审查，因此重复授权相当多，导致这两类专利权的法律稳定性较差。另外，经过注册的商标也存在被宣告无效或被撤销的风险。不具备注册条件但取得注册的商标，会被商标审查机构宣告无效，而商标在注册后如果存在违法使用或连续三年不使用的情形也会导致商标被撤销。[②]在司法实务中，这样的案例不胜枚举。例如在"安徽皖家酒业有限公司与商标评审委员会等商标撤销争议行政纠纷案"[③]中，皖家酒业公司就"皖家百年 WANJIABAINIAN 及图"（下文简称"争议商标"，见下图）向商标局申请注册，并于 2007 年 3 月获得核准，核定在第 33 类酒类商品使用，注册号为第 4318432 号。2007 年 11 月，皖酒制造公司以争议商标与其第 1575667 号"百年皖"注册商标（以下简称引证商标）构成类似商品上的近似商标，且系以不正当手段取得注册为由，向商标评审委员会申请撤销争议商标。

争议商标

引证商标

争议商标由汉字"皖家百年"及拼音、屋顶和云组成，属于图文组合商标，引证商标是汉字"百年皖"，虽然看起来争议商标与引证商标存在一定差异，但就公众认知商标的习惯而言，主要还是通过商标中的中文

---

① 根据我国《专利法》第 45 条的规定，发明、实用新型或外观设计在被授予专利权后，任何单位或者个人如果认为该专利权的授予不符合专利法有关规定，可以请求专利复审委员会宣告该专利权无效。

② 我国《商标法》第 44 条、第 49 条。

③ 安徽皖家酒业有限公司与国家工商行政管理总局商标评审委员会等商标撤销争议行政纠纷上诉案，北京市高级人民法院（2010）高行终字第 1029 号行政判决书，【法宝引证码】CLI.C.827258。

文字的呼叫来记忆和识别商标。“皖家百年”与“百年皖”相比，均包含“皖”、“百年”，虽然排列顺序不同，但在含义上并无明显区别。而且两商标核定使用的均为第33类酒类商品，容易使消费者对商品的来源产生混淆或误认。因此，商标评审委员会认为“皖家百年”商标与“百年皖”商标已经构成“同一种或者类似商品上的近似商标”，裁定予以撤销。这意味着“皖家百年”商标事实上已经提前失权了，要是用作公司资本的话，恐怕一文不值。其实，不仅商标权可能因为与之前的注册商标冲突而失权，外观设计专利权因为与知名商品的特有名称、包装相似而被判决禁用的情况在司法实践中也是屡见不鲜。

三、专利申请权出资后，公司未能获得专利授权

出资人以专利申请权出资的情况下，对接受投资的公司而言，存在着不能成功获得专利授权的风险。因为从提出专利申请到获得专利授权，中间还有很长的路要走，例如按照国家专利局的要求来补充相关材料、提出实质审查申请等。任何一个环节出了问题，都可能导致最终不能获得专利授权。问题是：不能获得专利授权的风险应当由谁来承担呢？如果未能获得专利授权，是否应当由出资人来承担资本补足的责任呢？以“宁波高凌通信技术有限公司与邬某某等出资纠纷案”①为例，邬某某于2006年3月将其继受取得的PHS/CDMA双模手机技术及专利申请权出资到宁波高凌通信技术有限公司（以下简称“高凌公司”），同时该技术的发明人朱某某等也通过货币出资成为该公司的股东。随后，邬某某依约交付技术并将专利申请人变更为高凌公司，高凌公司也将该技术投入生产。同年11月，邬某某与胡某某签订股权转让协议，约定邬某某将其持有的高凌公司股权转让给胡某某，高凌公司盖章确认，随后办理了财务、资料、合同、协议、印鉴等的移交。2007年3月，国家知识产权局向高凌公司发出审查意见通知书，认为权利要求所要保护的技术方案不具有突出的实质性特点和显著的进步，建议对申请文件进行修改。但高凌公司并未在规定的期限内对申请文件进行修改，克服申请文件所存在的缺陷，导致被国家知识产权局视为撤回专利申请。对于高凌公司来说，不但未获得PHS/CDMA双模手机技术专利权，而且技术内容已经在

① 浙江省高级人民法院（2009）浙商终字第150号民事判决书，【法宝引证码】CLI.C.1582987。

申请专利权的过程中通过申请书向社会公开,即变成了非专利公知技术,任何社会公众均可以自由实施,显然,该技术的价值发生了巨大贬损,公司面临注册资本不足的风险。问题是,在本案中,高凌公司无法取得专利权的主要原因在于:未按照国家知识产权局的要求在规定期限内对申请文件进行修改。那么谁负有修改的义务,受资公司还是出资股东?不能一概而论。就本案来说,邬某某依约向高凌公司交付了技术,将专利申请人变更为高凌公司,而且高凌公司股东在历次股东会及决议中也表示了对技术价值的认可,因此,应认定邬某某已履行了出资义务。一般而言,如果出资股东属于出资技术的研发人员或专业人员,那么在以该技术的专利申请权出资后,理应负责对专利申请文件的修改补充。但本案中邬某某是从他人手中继受取得 PHS/CDMA 双模手机技术,并非出资技术的研发人员和专业人员,而且该出资技术的发明人也加入高凌公司并成为股东,那么该技术的再研发、投入生产,必然应当由其研发人员负责,而不可能由不懂技术的邬某某来掌握或负责。因此持有技术资料又掌握技术研发人员的高凌公司应当负有完成专利申请的责任,如果在邬某某转让股权退出公司之后,仍然要求其承担完成专利申请的责任,不仅与常理不符,而且没有法律依据。

四、出资技术难以成功商业化

知识产权出资后,企业还会面临知识产权难以转产成功的风险。难以成功商业化的知识产权,对受资公司来说,不仅仅价值贬损,更是一个负担。以技术出资为例,通过考察实践中的技术出资纠纷及技术转让纠纷,不难发现,纠纷的主要起因在于技术标的难以成功商业化,难以为受资公司或受让方带来预期的经济收益,导致技术出资及技术转让目的难以实现。影响技术成功转产的因素很多,主要有以下几个原因:

(一)出资技术存在缺陷或出资人怠于履行协助义务

出资技术存在缺陷是导致出资技术难以成功商业化的最主要因素,不能指望依靠有缺陷的技术方案生产出受市场欢迎的产品。有些技术在出资前尚处于实验室试验成功阶段,能否真正转化成生产力、批量生产,恐怕只有到出资人交付技术后,受资公司通过组织批量生产试验时才能知晓。如果由于技术本身存在缺陷,则可能导致批量生产试验不成功,难以实现产业化。另外,出资人在将出资技术交付给公司后,还负有提供技术指导等协助义务,使出资技术能够给受资公司带来预期的经济收益。反之,如果出资技术存在缺陷或者出资人怠于履行协助义务,则常常导致出资技术难以成功商业化,出资目的无法实现。例如在“林某与上海某医疗器械有限公司、第三人范某公司解散纠纷案”①中,林某等四人与范某在2007年3月签订《投资生产可植入式人工电子耳蜗的合作协议》。该协议内容为:目前国内使用的可治愈耳聋的人工电子耳蜗完全依赖进口,由于范某曾在美国留学期间参与并试制出人工耳蜗的样机,现约定双方合作成立某医疗器械公司,范某以人工耳蜗项目技术出资,占公司50%股份,林某等四人以现金出资,成立公司的目的是完成人工耳蜗的研发和临床推广。公司成立后,范某未能按原约定如期完成人工电子耳蜗的研发,后来既不参与公司的经营管理,也不参加股东会、董事会会议。一方面,由于人工电子耳蜗的研发与临床推广是公司的唯一业务,范某的研发工作停滞不前,造成公司无法在市场中继续生存。另一方面,由于范某占公司50%股份,按照公司章程的规定,范某的缺席使得公司股东会决策陷于僵局,严重影响公司的正常经营活动。因此,林某等四人向法院提起诉讼,请求解散公司。法院考虑到双方合作的基础已经遭到严重破坏,难以找到其他途径来解决纠纷,公司的继续存续会导致股东的利益受到进一步损害,判决上海某医疗器械公司予以解散。在实践中,由于出资技术存在缺陷或出资人怠于履行协助义务而导致出资目的难以实现的情况并不少见。②

(二) 公司经营失误而难以实现出资知识产权商业化

股东以知识产权出资后,受资公司便拥有了知识产权的支配使用和处分权。如果受资公司有很强的知识产权管理意识,积极为知识产权的产业化提供配套资金、实验基地、广告宣传等,那么无疑会在很大程度上促进知识产权的产业化,反之,则很难达到预期的出资目的。例如在“宝纳资源控股(集团)有限公司与梅某某技术合作合同纠纷案”③中,2004年8月20日,中宝纳资源控股有限公司(后更名为宝纳公司,以下简称

① 上海市杨浦区人民法院(2011)杨民二(商)初字第55号民事判决书,【法宝引证码】CLI.C.943981。

② 王某与北京四海华辰科技有限公司股东资格确认纠纷案,北京市第二中级人民法院(2015)二中民(商)终字第04122号民事判决书。详见:北京法院审判信息网,http://www.bjcourt.gov.cn/cpws/paperView.htm?id=100191569897。

③ 北京市高级人民法院(2012)高民终字第3484号民事判决书,【法宝引证码】CLI.C.885134。

“宝纳公司”)与梅某某签订技术合作合同约定共同设立项目北京秀水公司,梅某某以“一种可控光生物降解聚烯烃树脂母料及其制备方法”等三项技术(已向国家知识产权局提交专利申请)20年的普通实施许可权入股,宝纳公司以现金出资,双方各占50%的股权;宝纳公司必须在三个月内在山东省资源有保证的地区,建立10万吨/年的氧化法清洁纸浆示范基地;梅某某承诺交付给公司真实有效的技术资料,承诺出资技术并具备产业化实施的可行性。2006年6月,北京秀水公司成立,梅某某依约向公司交付了技术资料,多次委派技术人员并亲自进行指导,但东营示范基地最终没有进行喷浆实验。公司提起诉讼,要求梅某某承担出资技术未能成功商业化的责任。但法院经审查认为,梅某某已经交付了技术资料,并履行了技术协助和指导义务,对于出资技术的可行性,国家环境保护总局出具的《复函》以及山东省造纸工业研究设计院编制的《可行性研究报告》,均指出:出资技术是一种创新性的制浆方法,对减轻造纸废水污染有积极作用,具有技术和经济上的合理性和可行性。而且,宝纳公司应该就压力容器泄露、未履行备案手续等承担相应的责任,喷浆实验没有最终进行的责任并不能归咎于梅某某。可见,就本案而言,出资技术未能实现产业化的责任主要在于受资公司经营管理不善,没有做好技术产业化所需的相关工作。

五、经营失误导致的商标权贬值

在实践中,由于企业经营决策失误而导致的知识产权资本缩水的情况很多,①但最常见的就是公司经营决策失误而导致的商标贬值。就商标权而言,其价值与商标使用情况以及使用该商标的商品质量状况息息相关,如果公司董事等经营者片面追求利润最大化,违法经营,管理混乱会使企业发生重大质量事故,比如含三聚氰胺的三鹿毒奶粉事件、金华敌敌畏火腿事件、南京冠生园“旧馅月饼”事件,还有为众多国际知名快餐连锁店提供变质肉的上海福喜事件等。这些由企业管理人员组织实施的违法经营行为不仅导致很多扬名海内外的驰名商标、“中华老字号”

---

① 例如,诺基亚发曾凭借Symbian系统的智能手机轻松占据智能手机领域的领军位置,然而随着2007年iPhone手机的发布,带着全触屏界面以及基于应用的操作系统,iPhone改写了智能手机的定义。但是诺基亚忽视了用户随之而改变的消费需求。随着iOS和Android系统的相继出现,智能手机市场也日益成熟——越来越多的手机用户想要追求更好的智能手机体验,Symbian系统越来越无法跟上时代的步伐。

的商标价值一落千丈,企业经营陷入困境,甚至导致企业破产,债权人的合法权益受到极大损害,本能获得清偿的债权部分甚至全部落空。以三鹿事件为例,“三鹿”商标曾集驰名商标、免检产品、中国名牌等众多荣誉于一身,在三鹿集团鼎盛时期,国内某机构曾评估其品牌价值达到150亿元人民币。然而,三鹿牌婴幼儿奶粉三聚氰胺事件发生后,其本身的无形价值基本归零,“三鹿”牌及相关保护性商标以整体打包的方式售出,价格仅为730万元人民币。①另外,受资公司的董事如果未尽到监督和管理的责任,导致使用出资商标的产品质量下降、粗制滥造,侵害消费者的权益,还有可能致使出资商标权被撤销。

第二节　出资知识产权价值非正常贬损的法律规制

一、对出资知识产权价值非正常贬损进行法律规制的必要性

知识产权的价值受到众多因素的影响,具有很大的不稳定性,因此在知识产权出资入股后,发生价值贬损的情况也比较常见。如前文所述,对于市场变化或其他客观因素导致出资知识产权资本的价值贬损,属于知识产权资本固有的风险,应当由受资公司承担,除非另有约定,否则出资人不承担补足出资的责任。但是对于非正常的价值贬损,例如前文中提到的知识产权价值贬损案例,知识产权资本在公司的运营中发生价值贬损或灭失均是由于出资股东存在过错或公司经营管理不善等人为因素导致的,其结果不仅会导致公司资本的减少,而且可能导致公司经营困难,甚至会导致公司破产。可以说,知识资本的非正常价值贬损,会使得公司的整体利益,包括其他股东、公司员工及公司债权人等的利益,受到严重损害,因此应当对此种风险予以法律规制。

二、出资知识产权价值非正常贬损的原因分析

通过对前述知识产权价值非正常贬损的原因进行分析后,可以发现,导致这些情况发生的原因主要有两类:出资人过错及公司决策不当。属于前者的有:(1)非授权类知识产权出资后,出资人再次处分该知识产

① 《“三鹿”品牌重出江湖　消费者能否买单存争议》,详见中国新闻网,http://www.chinanews.com/cj/2013/12-11/5607205.shtml,访问日期:2015年3月17日。

权,即出资人的侵权行为;(2)由于出资人过错而导致的知识产权提前失权;(3)由于出资知识产权存在品质缺陷或出资人怠于履行协助义务而导致出资知识产权不能成功商业化。属于后者的有:公司决策不当而导致的知识产权被依法撤销、难以实现商业化及商标贬值等情形。公司董事作为公司经营决策的主体,应当对决策不当而导致的知识产权价值贬损承担责任。下文笔者将结合我国相关法律规定,分别探讨在上述情况下,知识产权出资人和公司董事的法律责任问题。

三、知识产权出资人的法律责任

如前文所述,出资人原因而引起知识产权价值贬损的原因可以归纳总结为三种类型:出资人侵权行为、授权类知识产权提前失权、出资知识产权存在品质缺陷。那么在上述原因导致出资知识产权价值贬损时,受资公司是否能要求出资人承担资本填补责任?法律依据又是什么?下文笔者将结合我国相关法律规定,结合违约责任、侵权责任的理论研究,探讨出资人在何种情况下承担法律责任以及承担法律责任的范围。

(一)我国关于出资知识产权价值贬损责任的相关法律规定

在公司存续期间,作为出资的知识产权财产可能由于自身因素、市场因素、国家政策或替代技术的出现等客观原因而发生价值贬损,也可能由于相关当事人的过错而导致知识产权的价值贬损甚至消失。这无疑会导致公司资产缩水,对公司债权人来说,甚至会使原本能得到清偿的债权部分或者全部落空。那么知识产权价值贬损的责任应该由谁来承担呢?我国《公司法》没有明确规定,但《公司法司法解释(三)》第16条明确规定,出资人以符合法定条件的非货币财产出资后,因市场变化或其他客观因素导致出资财产贬值的,除非另有约定,否则出资人不承担补足出资的责任。另外,我国一些地方政府发布的仅在本地区具有法律效力的地方政府规章,也涉及知识产权出资入股后的价值贬损问题,如深圳市政府在1998年发布的《深圳经济特区技术成果入股管理办法》第32条规定:“已经入股的专利权、计算机软件著作权因保护期满而终止的,相应的股份不受影响。”第33条规定:“非专利技术成果入股一年后,其使用价值减少或丧失的,相应的股份不受影响。但因技术出资方的过错导致非专利技术成果使用价值减少或丧失的,技术出资方应当对因此给公司或债权人造成的损失承担赔偿责任。”中山市政府在2000年发布的《中山市技术成果入股与提成实施办法》第7条、第8条规定,当事人应当在签订的技术成果入股合同中约定“风险责任的承担”，如果约定不明确的，“由当事人按出资比例分担风险责任”。

以上司法解释和地方政府规章的表述虽然有很大差别，但进行综合分析后可以看出立法者立场基本上是一致的：第一，由于市场因素、出资知识产权保护期届满等客观原因导致的知识产权价值变动，属于知识产权资本固有风险。如果这种风险导致知识产权在出资后发生贬值，出资人无需承担资本补足的责任；第二，如果知识产权本身有缺陷或由于出资人的过错而导致知识产权价值减损，那么出资股东应当对因此给公司或公司债权人造成的损失承担赔偿责任。关于第一种情况，学者们基本没有异议，因为既然知识产权有可能升值，为公司带来更大的收益，那么也有可能贬值，致使公司资产缩水，这是在知识产权出资入股之初，所有股东及发起人都应当意识到的问题，因此这些客观因素导致的知识产权价值贬损，自然应当由受资公司承担资本填补的责任。对于第二种情况，即由于知识产权自身存在的缺陷及出资人的过错而导致的知识产权资本贬损，出资人应当承担什么性质的责任呢？其承担责任的前提条件应当有哪些呢？公司法及相关司法解释并没有明确规定，各地方政府规章的规定也不尽相同，下文笔者将围绕这两个问题进行将详细分析。

（二）不同情形下，出资人承担法律责任的性质及构成要件

对于知识产权自身存在的缺陷及出资人的过错而导致的知识产权资本贬损，出资人应当承担什么性质的责任，违约责任？侵权责任？笔者认为不能一概而论，就出资人的角度而言，引起知识产权资本非正常价值贬损的原因主要有三种：出资人侵权行为、授权类知识产权提前失权、出资知识产权存在品质缺陷。下文笔者将详细分析这三种情况下出资人承担资本补足责任的性质及构成要件。

第一，出资人侵权行为的情形。

知识产权出资后，其财产权由出资人转移给了受资公司，公司拥有独立支配、处分知识产权资产的权利，出资人无权干涉，否则将构成侵权，出资人应当承担侵权责任。一般侵权责任的构成要件包括：行为、过错、损害事实和因果关系四个构成要件。在参考民法一般侵权责任构成要件的基础上，结合我国相关的法律规定，本书认为，当出资人的侵权行为造成知识产权在出资后发生价值贬损时，出资人承担资本补足及损失赔偿责任应当具备以下四个构成要件：

其一,出资人存在侵权行为。

在知识产权出资中,出资人往往对出资知识产权的性质、在同类知识产权中的竞争地位、在技术和法律上是否有其他制约因素等情况是最为了解的。因此其可以利用法律上的一些漏洞来从事一些使出资知识产权价值贬损而自己获利的行为。例如在前文中所列举的情况:出资人利用非授权类知识产权转让无需在国家知识产权管理机关登记公示的特点,将出资后的知识产权再次转让或许可给第三人使用;出资人以专有技术出资后又以该专有技术向国家专利局申请专利授权并获得专利权,等等。知识产权出资后,其财产权由出资人转移到了公司,因此,出资人的上述行为实际上属于侵害受资公司财产权的侵权行为。

其二,知识产权出资后,发生了非正常价值贬损的情况。

该要件包括两个方面的含义:一方面,知识产权发生了非正常的价值贬损;另一方面,非正常价值贬损发生的时间是在知识产权出资后,即出资人已经将知识产权或知识产权使用权转移给公司。认定该要件的关键问题是:如何界定“非正常价值贬损”?首先应当排除因市场变化及其他客观因素导致出资知识产权资本的价值贬损,例如由市场供求状况引起的知识产权价值的变化、授权类知识产权在保护期届满时价值下跌等,这属于知识产权资本固有的风险,这些风险导致知识产权在出资使用后的价值贬损属于“正常的价值贬损”。除此之外,就是“非正常价值贬损”,具体而言,主要有以下几种情况:非授权类知识产权出资后,出资人再次处分该知识产权,这在实际上会产生与出资人抽逃出资、出资不实相同的后果;知识产权提前失权导致的价值贬损;专利申请权出资后,公司未能获得专利授权;出资的知识产权难以成功商业化,无法为企业带来预期的经济收益;企业经营策略失误导致的商誉贬值,等等。这里的列举无法穷尽,在具体的案件中,应当结合具体情况进行具体分析。

其三,出资人对知识产权的非正常价值贬损存在主观过错。

过错是一个民法上的概念,过错的基本形态可分为故意和过失。故意是指行为人明知其行为的后果或者明知行为违反了某种义务而仍然为之的一种主观心理状态,因此故意必须包括两个要素:明知和欲求。①过失则是指行为人因疏忽或轻信而未达到应有的注意程度进而引起对

① 程啸:《侵权行为法总论》,中国人民大学出版社2007年版,第338页。

他人的损害。在民事责任的成立上,责任要件只是某种存在状态,从这个意义上讲,区分行为人的主观状态是故意或过失,基本上没有意义的。①那么,如何界定出资人对知识产权的非正常价值贬损是否存在主观过错呢?一般情况下,出资人对知识产权的非正常价值贬损的主观过错是显而易见的,例如出资人将专有技术出资后,该专有技术的所有权已经转移到公司,该出资人仍然以该专有技术发明人的名义向国家知识产权局申请专利并获得专利权授权,结果是:该专有技术已经随着专利权的授予而向社会公众公开,而专利权却归出资人所有,对于受资公司来说,是竹篮打水一场空。而这个结果对出资人来说,在其申请专利授权前就是可以预知的,但他在明知的情况下,依然从事侵害受资公司财产权的行为,其主观过错是显而易见的。又如出资人利用非授权类知识产权转让无需在国家知识产权管理机关登记公示的特点,将出资后的知识产权再次转让或许可给第三人使用,而在此之前,出资人对于出资知识产权再次转让或许可给受资公司带来的损失也是完全能够预料到的,这也可以说明,出资人主观上是故意的。

其四,出资人的侵权行为与知识产权的价值贬损存在因果关系。

因果关系是侵权责任的基本要件和必要的先决条件之一,原则上,没有人需要为另一个人的损失承担责任,除非该损失是他本人的行为或者其他能够被归因于他的一些资源(source)所导致的,并且除非依规则存在一些附加的要件。②在出资人对出资知识产权的价值贬损承担法律责任的构成要件中,也必须具备"因果关系"这一要件,即在"出资人的违法行为"和"知识产权价值发生贬损"之间必须存在着因果关系,换句话说,"知识产权价值发生贬损"是由上述"出资人的侵权行为"引起的。例如,有的股东在以非授权类知识产权如著作权、专有技术等出资后,将该知识产权转让或许可不知情的第三方使用,对于受资公司来说,该出资物无疑贬值了,而其贬值正是由于出资股东对出资知识产权的非法处分和使用而导致的;相反,如果"知识产权价值发生贬损"不是上述"出资人的侵权行为"引起的,而是由其他原因引起的,那么,在知识产权价值

---

① [日]田山辉明:《日本侵权行为法》,顾祝轩、丁相顺译,北京大学出版社 2011 年版,第 35 页。

② [荷]J.施皮尔主编:《侵权法的统一:因果关系》,易继明译,法律出版社 2009 年版,第 85 页。

贬损和出资人主观过错之间便不具备因果关系，出资人自然不必承担知识产权价值贬损的法律责任。

因此，知识产权出资后，如果出资人的侵权行为造成了知识产权的价值贬损，出资人承担资本补足及损失赔偿责任应当具备以下四个构成要件：出资人存在侵权行为、出资知识产权发生非正常价值贬损、出资人对该价值贬损存在主观过错、出资人侵权行为与知识产权价值贬损存在因果关系。

第二，授权类知识产权提前失权的情形。

授权类知识产权提前失权主要指授权类知识产权如商标权、专利权，在其法定保护期届满之前，被专利复审委员会或商标评审委员会以不符合专利权或商标权授予条件为由而宣告专利权或商标权无效的情况。以专利权出资为例，出资人将专利权转移给公司，并在公司的运营中得以实际使用时，第三人向专利复审委员会请求宣告该专利权无效，专利复审委员会经审查后认定该技术方案确有不应授予专利权之事由，则宣告该专利无效，并且"无效"的法律后果是"自始无效"。这对受资公司而言，意味着股东出资的专利权已经提前失权了，变得毫无价值。那么，在这种情况下，补足资本以及赔偿公司因此遭受损失的责任，是否应由出资人承担？还是只有在出资人具有过错的情况下，才承担上述责任？我国法律对此未做明确规定，但是由于专利权出资及专利使用权出资行为的性质和效果等同于专利权转让和专利实施许可行为，因此可以参考适用我国《专利法》第 47 条①关于专利无效宣告后的追溯力的规定。通过对该条款进行分析，在出资专利权提前失权的情况下，一般而言，对已经履行的专利权、专利使用权出资协议不具有追溯力，但是在以

① 我国《专利法》第 47 条规定：宣告无效的专利权视为自始即不存在。宣告专利权无效的决定，对在宣告专利权无效前人民法院作出并已执行的专利侵权的判决、调解书，已经履行或者强制执行的专利侵权纠纷处理决定，以及已经履行的专利实施许可合同和专利权转让合同，不具有追溯力。但是因专利权人的恶意给他人造成的损失，应当给予赔偿。依照前款规定不返还专利侵权赔偿金、专利使用费、专利转让费，明显违反公平原则的，应当全部或者部分返还。可见，该条包括四层意思：第一，专利权被宣告无效后，受该专利权保护的技术从一开始就是人人可以自由使用的技术；第二，专利权被宣告无效后，因为履行合同而支付的专利权转让费、专利权使用费无需退还；第三，如果专利权人明知自己以欺骗手段获得专利权，仍然将其出资、转让等，对因此给他人造成的损失，应当赔偿；第四，如果专利权人不返还专利转让费等，明显违反公平原则的，应当全部或部分返还。

下两种情况中，出资人须承担资本补足或损失赔偿责任。

其一，出资人对出资专利权的提前失权存在主观恶意。

我国《专利法》第 47 条第 1 款规定，宣告无效的专利权视为自始即不存在。据此，有学者认为，既然被宣告无效的专利，其法律效力是自始无效的，相对应的，专利权人基于无效权利而从被转让人处获得的收益（例如以该专利权转让或出资后获得的价款、公司股份等）则没有了法律基础，因此构成不当得利，应当返还。①如果适用民法上的不当得利规则，显然出资人应当将因专利权出资获得的股份退还给公司或者重新履行出资义务，此时无需考虑出资人对于专利权的提前失权是否存在主观过错。但由于技术方案的非物质性②、专利审查的客观局限性及我国的专利授权审查制度等诸多原因，某些本不应被授权的发明创造被授予了专利权，③问题专利的产生及事后被宣告无效是不可避免的。如采取民法上的不当得利规则，那么意味着出资人需对任何情形的专利权提前失权负责，显然出资人责任过重，这必然使得专利权出资行为的效力始终处于一种不稳定的状态，也不利于专利权的转化运用。因此我国《专利法》第 47 条第 2 款规定，宣告专利权无效的决定，对已经履行的专利实施许可合同和专利权转让合同，不具有追溯力。但是因专利权人的恶意给他人造成的损失，应当给予赔偿。可见，立法者并未将上述情形适用于民法中不当得利返还的规则，而是从促进技术传播与运用的角度，使权利人保有专利存续期间内由于专利权的行使所获得的利益，除非专利权人具有恶意。④该条款关于"恶意"的规定也表明了原专利权人承担返还责

---

① 李扬：《专利权无效后实施费等可否作为不当得利处理》，《知识产权》2010 年第 3 期；戴蕾：《论专利无效后相关费用的定性——以专利法第 47 条为视角》，《吉林工程技术师范学院学报》2014 年第 4 期。

② 此处的非物质性是指专利不像传统有形物那样具有特定的物理特征和物理边界，即专利不发生有形的占有，对专利的使用也不会发生有形的损耗，专利也无法进行有形的交付。详见：曹伟：《专利确权及无效诉讼制度研究》，法律出版社 2015 年版，第 53 页。

③ 例如我国的专利审查员在进行实质审查时一般依据专利文献进行检索进而认定某一发明创造是否具有新颖性，而法律所规定的新颖性采用书面公开标准。书面公开的标准，除了各国的专利文献外，还包括其他向社会公开的书面材料。这样法律所要求的比对文件的范围较专利审查员实际比对的专利文献的范围要大很多，也会导致专利审查员无法查清某一事实而授予专利权的情形时有发生。详见，董美根：《知识产权许可研究》，法律出版社 2013 年版，第 91 页。

④ 徐理智：《专利无效补偿机制之探讨》，《知识产权》2012 年第 6 期。

任的前提是其主观上存在过错,而且主观过错的形态是“故意”。也就是说,如果行为人利用专利授权制度的局限和漏洞,例如发明实质审查受到审查条件和审查能力的客观限制、对实用新型和外观设计不进行实质审查,将不具有新颖性、创造性和实用性的技术方案作为自己的发明创造申请专利等,以不正当手段获得专利授权,①这种“伪专利”或“问题专利”本身存在很大的被宣告无效的风险,而且专利权人在申请专利之初就很清楚这种风险,但是仍然将用欺骗手段获得的专利进行出资、转让、许可他人使用等,目的是获取非法利益,那么在这种情况下,因此给受让人、受资公司、被许可使用人造成损失的,专利权人应当承担赔偿责任。

那么还有一个重要的问题需要讨论,如何判断出资人存在“故意”的主观过错?在出资人就“伪专利”、“问题专利”出资后被宣告无效的情形中,出资人是否在申请这些专利权时存在主观过错并不那么明显和易于判断。本书认为,应当结合出资人的专业背景、所属的行业领域等情况进行综合分析。以“吴某诈骗案”②为例,吴某从网上下载并大量抄袭国家知识产权局向全社会公开的由他人申请的专利文献,稍作修改后重新打印形成新的专利申请文件,以上海西科水科学环保技术有限公司等十多家单位的名义向国家知识产权局申请专利授权。法院经过调查发现,这些单位或者没有向吴某提供过任何需申请专利权的技术资料,或者提供的技术资料与吴某实际申请专利授权的技术毫不相关。吴某的专利文件与其提起申请日期前他人已获授权的专利文献相比,只存在一些非实质性的改变,例如在他人专利文献的基础上改换专利名称、增减从属权利要求、改变附图标记等,而且吴某雇佣的员工证实,吴某给他们的图纸都是从网上下载的,因为图纸上都有网络标识。可见,法院查明的上述事实就足以证明吴某在申请专利授权时对于其专利文件是抄袭的、虚假的、侵犯他人专利权的这一事实的主观状态是明知的,其主观意图就是为了获取非法利益。

其二,明显违反公平原则。

我国《专利法》第47条第3款规定,依照前款规定不返还专利使用

---

① 孙健:《浅议专利权滥用》,《长江大学学报(社会科学版)》2012年第6期。

② 一审判决书:上海市第二中级人民法院(2004)沪二中刑初字第6号判决书。二审裁定书:上海市高级人民法院(2004)沪高刑终字第187号裁定书,【法宝引证码】CLI.C.49907。

费、专利权转让费，明显违反公平原则的，应当全部或者部分返还。本书认为，该条款适用于另外一种情况：出资人对于出资的专利权提前失权的情况并无主观恶意，按照第 2 款的规定，那么出资人不用承担资本补足的责任，但如果因此给受资公司造成重大损失的，即明显违反了公平原则，那么出资人应当承担补足全部或部分资本的责任。显然，该条款是对受资公司、受让人、被许可使用人给予一定的救济，通过弥补弱势一方的部分损失，平衡双方之间的利益。但这种平衡也会带来一些适用上的难题。其中最难以把握的就是，什么样的情况属于“明显违反公平原则”？法律没有详细规定，本书认为，以下两种情况应当属于“明显违反公平原则”。第一种情况：出资人已经将出资专利权转移给公司并获得相应股份，在受资公司尚未开始实施或刚刚开始实施“专利”中的技术方案时该专利就被宣告无效，也就是说，受资公司实际上未从该“专利”实施中实际上获得任何垄断地位以及垄断利益，①那么这种情况就属于显失公平；第二种情况：受资公司为获得该出资“专利”支付给股东的股份与其基于该“专利”所获得的收益相比存在明显的差距。例如受资公司为了实施该技术方案，投入了大量的人力、物力、财力，但由于该“专利”属于问题专利而导致依该技术方案生产出来的产品在市场上毫无竞争力，因此获得的经济收益很低，导致公司不仅没有盈利，反而损失惨重。这种情况也应当属于“明显违反公平原则”。当然，在具体个案中，应当综合考虑出资人通过出资获得的股份价值、受资公司使用该专利技术的时间长短以及该专利技术给公司带来的收益等多方面情况，来判断如果股东不承担资本填补责任的话，是否违反公平原则。

综上所述，一般情况下，当授权类知识产权在出资后被宣告无效时，出资人无需承担补足资本或退回股份的责任，原因在于：一方面，专利权与商标权必然在某种程度上具有被宣告无效的不稳定性。而且商标或专利的所有人自身并不具有对这种风险的可责难性；另一方面，虽然专利权在出资后被宣告无效，但从专利权转移到公司到其被宣告无效的这段时间内，受资公司基于该有效专利权的垄断地位也获得了相应的垄断利益，如果没有专利权的出资，受资公司就不可能获得这种垄断地位和

① 王晓君、刘铁光：《论专利无效宣告的追溯力——认真对待知识产权的特殊性》，《社会科学战线》2013 年第 12 期。

垄断利益。我国《商标法》对商标权被无效宣告后的追溯力问题，也做了类似规定，①此处不再赘述。总之，只有在出资人对知识产权被宣告无效存在主观恶意，或者虽然没有主观恶意但是不承担资本补足责任会“明显违反公平原则”时，出资人才需要对知识产权价值贬损承担资本补足或赔偿损失责任。

第三，出资知识产权存在品质缺陷的情形。

知识产权出资后，公司还会面临知识产权难以产业化、商业化的风险，这意味着股东出资的知识产权无法为受资公司带来预期的经济收益，知识产权出资的目的难以实现。以技术出资为例，通过考察实践中的技术出资纠纷及技术转让纠纷，不难发现，纠纷产生的主要原因在于技术标的难以成功转产，而影响技术产品化、商业化的最主要的因素就是出资技术存在缺陷。这是因为有些技术在出资前尚处于实验室试验成功阶段，能否真正转化成生产力、进行批量生产，恐怕只有到出资人交付技术后，受资公司通过组织批量生产试验时才能知晓。如果由于技术本身存在缺陷，如前文所提到的“林某与上海某医疗器械有限公司纠纷案”中的那样，必然会导致出资技术难以商业化，不仅无法为公司带来预期的经济收益，还会损害公司整体利益，包括其他股东及公司债权人的利益。在这种情况下，无论出资人主观上是否存在故意或过失，都应当承担出资技术价值贬损的责任，即出资人对其出资的知识产权承担瑕疵担保责任。因为出资人将出资知识产权的财产权交付给受资公司，并取得相应的股份，这具有某种双务、有偿合同的性质，所以应当类推合同法上有关风险负担、瑕疵担保责任等规定。而在实践中的技术合同转让纠纷中，如果转让方的技术存在严重技术错误，导致合同目的不能实现时，受让方可以行使合同解除权，并要求转让方退还转让费。例如在“中国中医研究院中药研究所（以下简称‘中药研究所’）诉江苏扬子江药业集团公司（以下简称‘扬子江公司’）非专利技术转让合同纠纷案”②中，中

---

① 我国《商标法》第47条规定：依照本法第四十四条、第四十五条的规定宣告无效的注册商标，由商标局予以公告，该注册商标专用权视为自始即不存在。宣告注册商标无效的决定或者裁定，对宣告无效前人民法院做出并已执行的商标侵权案件的判决、裁定、调解书和工商行政管理部门做出并已执行的商标侵权案件的处理决定，以及已经履行的商标转让或者使用许可合同，不具有追溯力。但是，因商标注册人的恶意给他人造成的损失，应当给予赔偿。依照前款规定不返还商标侵权赔偿金、商标转让费、商标使用费，明显违反公平原则的，应当全部或部分返还。

② 江苏省高级人民法院（2003）苏民三终字第042号民事判决书，【法宝引证码】CLI.C.7020。

药研究所与扬子江公司在1998年签订“黄芩清肺注射液技术项目转让协议”，约定中药研究所将非专利技术“黄芩清肺注射液项目”有偿转让扬子江集团，并承诺在公司成立后协助相关人员的临床研究、申请并获得新药证书。合同成立后，中药研究所依约交付了药品生产技术及相关资料，并协助扬子江公司通过了江苏省卫生厅药政管理局评审的初审。2000年6月双方向国家药品监督管理局（以下简称“药管局”）申请新药临床研究批准文件，但被退审，退审理由是：2000年4月药管局发布了关于中药注册管理的通知，要求新药中药注射剂应固定药材产地，建立药材和制剂的指纹图谱标准。而中药研究所并未按照新标准来准备申报材料，缺失指纹图谱，药学部分研究内容“距离新药的技术要求相差很远”。而中药研究所认为，即使再补充资料，制作相关的指纹图谱，也难以保证能够通过药管局的评审。在这种情况下，对于受让方来说，技术转让合同的目的——进入临床研究、获得新药证书并批量生产和销售，显然已经无法实现。因此，在转让技术存在“严重技术错误”，以致无法实现合同目的时，法院支持受让方行使合同解除权，转让方退还转让费及利息损失的要求。

由此看来，出资人对其出资的知识产权也应当负有保证义务。保证义务主要包括知识产权品质保证和权利保证。知识产权品质保证是指出资人应担保所提供的知识财产不仅性能要与告知的内容相符，例如专利权人提供的专利的性能应与专利说明书、权利要求书等文件所载明的内容相符，而且受资公司在以正确的方式使用该知识产权时，能够达到出资合同所约定的目标；权利保证是指出资人应保证在出资合同约定的范围内或条件下，出资知识产权权利的有效性及公司对出资知识产权拥有对抗第三人的权利。出资人违反以上两个方面的保证义务的，无论主观上是否有过错，都应当对公司承担相应的瑕疵担保责任。

（三）不同情形下，出资人承担的责任范围

前文分析了由于出资人侵权行为、授权类知识产权提前失权以及出资知识产权存在缺陷导致知识产权出资后价值贬损时，出资人承担何种性质的法律责任以及承担法律责任的前提条件。不同性质的法律责任意味着责任范围也有所不同。下文笔者将详细分析在上述三种情况下出资人承担法律责任的范围。

第一，出资人因其侵权行为而承担的侵权责任。

出资人因侵权行为导致出资后的知识产权价值贬损时，应当承担侵权责任。我国《侵权责任法》第15条规定的侵权责任承担方式有:(1)停止侵害;(2)排除妨碍;(3)消除危险;(4)返还财产;(5)恢复原状;(6)赔偿损失;(7)赔礼道歉;(8)消除影响、恢复名誉。本书认为,对于出资人侵权行为导致的知识产权价值贬损,最重要的是停止侵害和损害赔偿,即出资人必须首先停止违法的侵害行为,并通过赔偿损失来使受资公司就其所受"损失"而言,恢复到如同侵权行为没有发生时的状态。侵权法以填补损害为中心,侵权法作出补偿反应的一个正当理由是:损害赔偿能使侵权行为带来的破坏最小化。①可见,侵权法主要体现的是矫正主义(有错必纠)的思想。要确定损失赔偿的范围,必须首先确定受资公司因为出资的侵权行为而遭受的"损失",具体到个案,"损失"的含义是不同的。有的"损失"是指受资公司在侵权行为发生前所拥有的但现在不拥有的东西,如前文所述的出资人将出资的专有技术申请并获得专利授权,该专有技术已公开而且专利权归出资人,对于受资公司来说,相当于不再拥有该专有技术;有的"损失"是指受资公司没有得到其以前本可以得到的东西(如果不存在侵权行为的话),如以专利独占使用权出资后,出资人再次将该专利权许可给第三人使用,在这种情况下,受资公司原本可以实现的垄断地位和垄断利益化为泡影;等等。损失赔偿的基本标准应该是该知识产权价值贬损之前的市场价值与受损状态下的市场价值之间的差额。

第二,出资人因知识产权提前失权而承担的责任范围。

如前文所述,授权类知识产权在出资后提前失权的,出资人只在两种情况下承担法律:存在主观恶意以及"明显违反公平原则"。但这两种情况下承担的责任范围是不同的,仍然以专利权出资为例,在第一种情况下,即出资人主观存在恶意而导致出资专利权提前失权,参考我国《专利法》第47条第2款的规定,出资人不仅要补足资本(或退回所持的相应股份),而且还要赔偿因此给受资公司造成的损失;而在第二种情况下,出资人并无主观恶意,但如果专利权的提前失权给受资公司造成重大损失的,即明显违反了公平原则,那么出资人应当承担补足全部或部分资本的责任。在这里,有个问题需要讨论:在什么情况下,出资人应当承担补足全部资本的责

---

① R.E.Goodin, Utilitarianism as a Public Philosophy(Cambridge, 1995), ch.13.见:[澳]彼得·凯恩:《侵权法剖析》北京大学出版社2010年版,汪志刚译,第118页。

任，又在什么情况下，承担补足部分资本的责任？这不能一概而论，而应当具体分析个案的情况，来判定出资人应当承担的责任范围。以下将对实践中可能出现的两种情况进行分析。第一种情况是出资人刚刚履行完专利权出资义务，在受资公司尚未开始实施“专利”中的技术方案时就被宣告无效，即公司并未从该“专利”实施中获得任何垄断地位以及垄断利益，而股东却因此获得了相应的股份，显然是不符合公平原则的，出资人应当承担补足全部资本的责任；第二种情况是受资公司已经开始实施该专利技术，但可能实施时间比较短或其他原因，导致收益比较低，与受资公司的预期收益还有很大差距，在这种情况下，应当考虑到受资公司毕竟在实施该专利时获得了垄断利益，因此出资人应当只承担部分的补足责任。当然，实践中的情况千变万化，应当具体分析出资人通过出资获得的股份价值、受资公司使用该专利技术的时间长短以及该专利技术给公司带来的收益等多方面因素，来判定出资人承担法律责任的范围。

总之，一般情况下，出资人无需对出资后的授权类知识产权提前失权承担法律责任，除非出资人主观上存在恶意或者不承担补足资本责任会明显违反公平原则。而且在出资人存在主观恶意时，不仅要承担资本补足的责任，还需要对受资公司因此而遭受的损失承担赔偿责任。以上制度设计不仅有利于知识产权出资秩序的安全与稳定，而且很好地平衡了知识产权出资人和受资公司之间的利益。

第三，知识产权存在品质缺陷时，出资人承担的责任范围。

股东履行出资义务是公司创建的物质基础，也是获得股东身份的必要前提。为了保证公司资本的充实，维护公司整体利益，各国立法对股东和公司发起人都规定了严格的出资义务和违反出资义务的责任。如果出资知识产权存在自身缺陷导致其不具有实用性、可靠性，无法实现出资协议或公司章程所确定的目标，显然，出资人违反了出资义务。根据我国《公司法》第 30 条和第 93 条第 2 款的规定，出资人应当承担资本补足的责任，公司设立时的其他股东或发起人承担连带责任。①这显然是

① 我国《公司法》第 30 条规定：有限责任公司成立后，发现作为设立公司出资的非货币财产的实际价额显著低于公司章程所定价额的，应当由交付该出资的股东补足其差额；公司设立时的其他股东承担连带责任。《公司法》第 93 条第 2 款规定：股份有限公司成立后，发现作为设立公司出资的非货币财产的实际价额显著低于公司章程所定价额的，应当由交付该出资的发起人补足其差额；其他发起人承担连带责任。

填补公司资本、保证资本真实的有效途径。但从促进出资目的实现的角度来看,本书建议,可以参考合同法的瑕疵担保责任规则,即由出资人承担再履行的义务。具体而言,出资人可以通过对存在缺陷的出资知识产权进行修改、完善,最终交付符合公司章程规定的、能够实现出资目的的知识产权。如果出资人通过采取补救措施仍然难以达到合同目的,那么出资知识产权在出资时的作价金额与其实际价值(即作为有缺陷的知识产权的价值)的差额,出资人应当补足。综上所述,出资人是否对知识产权出资后的价值贬损承担补足资本或损害赔偿责任,并不能一概而论,只有在知识产权自身存在缺陷、授权类知识产权提前失权及出资人的过错等三种原因导致知识产权资本贬损的情况下,出资人才承担相应的法律责任,而且承担的法律责任性质不同,承担的责任范围也有很大差别,应当根据个案的具体情况进行具体分析判定。

四、受资公司董事的法律责任

如前文所述,在知识产权出资后,如果受资公司出现经营不当或商业决策失误时,也会导致知识产权价值的非正常贬损,损害公司整体利益。作为公司决策的主体,显然难辞其咎。原则上,公司所有的决策应当由股东做出,但由于公司的日常经营涉及很多商业决定,而且这些商业决定往往需要以最快的时间做出,以求得市场优势,在这种情况下,综合考虑股东们的意见再做出商业决定是不现实的,而且并非所有的股东都具有丰富的管理经验。因此,公司的发展需要股东赋权懂经营善管理的专业人士担任公司董事,进行经营决策,开展经营活动。正因为公司赋予了董事广泛治理公司的权利,根据权责相一致的原则,各国法律普遍要求董事应当以实现公司最大利益为出发点,勤勉尽职、合理行事。就知识产权出资后的实施运用而言,董事应当通过针对性的经营活动促使知识产权产生充分的经济价值,发挥最大的经济效益。问题是,在知识产权由于公司经营活动发生价值贬损的时候,例如出现前文中所述的由于公司怠于履行补充资料的义务而导致股东出资的专利申请权不能获得专利授权、公司经营问题导致的出资知识产权难以实现商业化、公司违法经营导致的商标权价值减损等情况,如何判断董事在上述情形下是否合理行事呢?如何判断其经营决策是否存在失误以及董事是否因此应当承担经营责任呢?下文笔者将结合相关的法学理论及我国法律对董事责任的相关规定进行详细分析。

（一）董事对知识产权价值非正常贬损承担经营责任的法理分析

长期以来，董事被视为公司的代理人，英国大法官 Cranworth LC 在 Aberdeen Rly Co v.Blaikie Bros(1854)一案中对“董事”有一个经典的论述：董事是代表公司处理公司日常经营事务的机构，公司只能通过代理人来行事，当然这些代理人有义务以实现公司最大利益作为其行为准则。Mummery LJ 在 Towers v.Premier Waste Management Ltd.一案中提出，正是由于公司董事被任命来代理公司行事，基于权利责任相对应的原则，公司董事对公司负有信义义务，董事应当积极为公司经营牟利，保护公司利益，对公司忠诚。①也就是说，正因为董事被赋予了经营管理公司的权力，可以对公司中观决策事项作出经营意思决定，因此董事不仅仅是现代公司和股东仰赖的受托人，而且是公司的“大脑”，其决策质量事关公司的盛衰兴旺。相应地，董事应当为公司的最大利益行事。但由于公司中董事利益和股东利益存在偏离，因此，公司结构中存在固有的代理成本问题，即董事可能隐秘地从事一些有利于自身利益但是有害于公司利益的行为，主要有懈怠渎职行为和自我交易行为。②而且这些行为很难提前预防，事后也很难发现。为了降低代理成本，各国法律普遍制定了董事义务制度，董事义务包含了对董事中饱私囊、损害股东利益等行为的限制，降低了董事将其个人利益凌驾于股东利益、公司利益之上的可能。③董事违反董事义务给公司造成损失的，应当承担经营责任。

就知识产权出资而言，出资人履行出资物价值评估、所有权转移及交付义务，才刚刚迈出了第一步，最为关键的是，知识产权在出资交付后，能否真正实现预期的出资目标？例如，知识产权出资后，能否成功实现商业化，为公司带来预期的经济收益？以专利申请权出资的，能否如预期般获得专利授权？商标权出资后，是否能够充分发挥该商标的显著性优势，为公司快速打开市场？而这些预期目标的实现，无一不仰赖于

---

① Alan Dignam & John Lowry. Company Law(7th edition). Oxford University Press, 2012: 333—334.

② 黄辉：《现代公司法比较研究——国际经验及对中国的启示》，清华大学出版社 2011 年版，第 147 页。

③ [美]弗兰克·伊斯特布鲁克、丹尼尔·费希尔：《公司法的经济结构》(中译本第二版)，罗培新、张建伟译，北京大学出版社 2014 年版，第 92—94 页。

公司董事及其管理下的经理层，如果董事们恪尽职守、勤勉尽责，将会在保障公司董事会合规决策的前提下，对上述知识产权出资目标的实现起着重要的促进作用。相反，如果公司的董事会制度有名无实，怠于履行经营管理义务，不仅难以实现上述目标，而且还会使出资的知识产权价值贬损。例如前文所提到的出资人以专利申请权出资后，受资公司未按照专利授权审查机关的要求履行补充材料的义务，导致最终未能获得专利授权；又如商标权出资后，由于董事的经营策略导致该商标权被“雪藏”并最终被撤销，更有甚者，有些董事片面追求利润的最大化而进行违法经营，损害消费者利益，最终导致产品上的商标权大幅贬值。而上述情形显然会损害公司及股东、债权人的整体利益，因此有必要强化董事的责任，明确其义务范围，这样能督促董事正确行使职权，进而确保公司不受董事违法、不当行为的侵害。下文笔者将在分析董事义务基础上，探究在具备何种条件下，董事需对出资知识产权的价值贬损承担损害赔偿的法律责任，以及享有损害赔偿请求权的适格主体有哪些。

（二）董事问责的前提：违反董事义务

如前文所述，当董事违反法定或约定的董事义务，其应当对因此给公司造成的损失承担经营者责任，即对董事问责的前提条件是：董事违反了董事义务。也就是说，判断董事是否应当对出资知识产权的价值贬损承担责任，关键在于判断董事是否违反了董事义务。那么董事负有哪些义务呢？随着公司制度的发展，董事会不仅仅是公司的决策机关，而是在实际上掌控着公司，决定着公司的生存与繁荣，因此，从权利与义务、权力与责任的关系出发，基于公平与正义，各国纷纷强化了对董事义务的规定。例如，根据日本《公司法》第 330 条的规定，董事与公司的关系是委托关系。作为受托者，董事负有善管注意义务。①即被股东委以经营重任的董事应当以处于董事地位者通常应有的注意履行其职务，不得做出有违公司和股东利益的经营决策。董事违反该义务给公司造成损失的应当承担损害赔偿责任。②另外，董事还负有忠实义务，即董事应当

---

① 日本《民法》第 644 条。[日]近藤光男：《最新日本公司法》（第 7 版），梁爽译，法律出版社 2016 年版，第 231 页。

② 日本《公司法》第 423 条第 1 款。详见：王保树主编：《最新日本公司法》，于敏、杨东译，法律出版社 2006 年版，第 241 页。

遵守法令、章程及股东大会决议的义务，忠实地履行其职务，①不得利用其职务为自己或第三人谋取利益而损害公司的利益。关于善管注意义务和忠实义务的关系，日本最高法院的判决曾明确指出，忠实义务是对善管注意义务的具体化，使其更加明确，并非基于公司与董事的委任关系而产生的善管注意义务之外的其他高度的义务。②与此相似，美国《公司法》也规定了董事的注意义务和忠实义务。其中注意义务与董事的决策质量相关，而忠实义务则涉及对具体交易适当性的评价。③根据英国《公司法》(2006)，虽然董事负有须根据公司章程行事、促进公司成功的义务等七大义务，但总而言之，核心义务只有两个：忠实义务和注意义务。这两个义务基本上构成了董事义务的全部内容。④总的来说，虽然各国法律对董事义务的表述存在不同之处，但纵观大陆法系和英美法系国家的相关规定，董事义务均主要由忠实义务和注意义务组成。

为了激励和约束董事为实现公司利益最大化而服务，我国《公司法》第 147 条第 1 款为董事设定了忠实义务和勤勉义务。虽然我国没有像上述多数国家一样规定注意义务，但我国学界⑤及司法界⑥对于“勤勉义务”的解释往往接近于英美普通法上的“注意义务”。我国关于忠实义务和勤勉义务的法律规定主要有：

第一，忠实义务。该义务要求董事要效忠公司，并以公司利益最大化作为其从事经营活动的指南。⑦我国公司法规定了以下两类违反忠实

---

① 日本《公司法》第 355 条。详见：王保树主编：《最新日本公司法》，于敏、杨东译，法律出版社 2006 年版，第 241 页。

② ［日］落合诚一：《公司法概论》，西村朝日律师事务所西村高等法务研究所监译，法律出版社 2011 年版，第 101 页。

③ ［美］罗伯特·W.汉密尔顿：《美国公司法》(第 5 版)，齐东祥译，法律出版社 2008 年版，第 332 页。

④ 林少伟：《英国现代公司法》，中国法制出版社 2015 年版，第 435、512 页。

⑤ 杨淦：《公司董事义务法律体系构建：域外经验与中国实践》，《商业研究》2014 年第 5 期。

⑥ 北京妙鼎矿泉水有限公司诉王某某案，北京市门头沟区人民法院(2009)门民初字第 4 号民事判决书，【法宝引证码】CLI.C.873229。上海川流机电专用设备有限公司诉李某某高级管理人员损害公司利益赔偿案，上海市闵行区人民法院(2009)闵民二(商)初字第 1724 号民事判决书，上海市第一中级人民法院(2009)沪一中民三(商)终字第 969 号民事判决书，【法宝引证码】CLI.C.1782952。

⑦ 刘俊海：《现代公司法》(第三版)上册，法律出版社 2015 年版，第 624—625 页。

义务的行为：①一是绝对禁止的行为，如挪用公司资金、将公司资金私存个人账户、以关联关系损害公司、接受贿赂或非法利益、收取回扣、泄密；二是违反公司章程，未经股东会、股东大会或者董事会同意，将公司资金借贷给他人或者以公司财产为他人提供担保、自我交易、侵占公司机会、违反竞业禁止义务等。

第二，勤勉义务。又称善管义务，不仅公司法，我国证券法及一些部门规章也规定了董事的勤勉义务。②勤勉义务类似于“善管义务”、“注意义务”，即要求董事处理公司事务应当恪尽职守、深思熟虑，并尽到普通谨慎之人在相似的地位和情况下所应有的合理的谨慎、勤勉和注意。可见，从履行义务的难度看，董事履行勤勉义务的难度显然比履行忠实义务的难度大，因为忠实义务属于公司法对董事最根本的要求，只要董事不被私利蒙住双眼，在任何时候都将公司利益置于个人利益之上，那么就可以尽到忠实义务，而勤勉义务则要求董事要充分发挥自己的聪明才智，认真履行法律、公司章程确定的职责，努力实现公司利益最大化。

第三，违反董事义务的责任追究。我国《公司法》第149条规定，如果董事执行职务时违反了法律、行政法规或公司章程的规定，给公司造成损失的，要承担赔偿责任。董事忠实义务和注意义务既属于法定义务，也可以在公司章程、出资协议中约定为契约义务，因此违反忠实义务和注意义务属于违反法律和公司章程的规定，在给公司造成损失的情况下，董事需承担赔偿责任。另外，我国《公司法》第147条第2款规定了公司的归入权问题，即如果董事违反忠实义务，那么因此获得的收入应当归公司所有，即公司享有归入权。从法条的表述上，主张归入权的前提是董事违反了忠实义务，而且实际获得了经济利益，在这种情况下，董

---

① 我国《公司法》第21条、第147条、第148条。

② 比如，我国《证券法》第152条规定：证券公司的董事、监事、高级管理人员未能勤勉尽责，致使证券公司存在重大违法违规行为或者重大风险的，国务院证券监督管理机构可以撤销其任职资格，并责令公司予以更换。《证券公司董事、监事和高级管理人员任职资格监管办法》第4条规定：证券公司董事、监事和高管人员应当遵守法律、行政法规和中国证监会的规章、规范性文件，遵守公司章程和行业规范，恪守诚信，勤勉尽责；第57条规定：证券公司董事、监事和高管人员未能勤勉尽责，致使证券公司存在重大违法违规行为或者重大风险的，中国证监会及相关派出机构可以撤销相关人员的任职资格，并责令公司限期更换董事、监事和高管人员；中国证监会发布的《上市公司章程指引(2014年修订)》[2014]47号第98条规定了董事的勤勉义务以及内容。

事应当将所获的不当利益返还给公司，而且对公司的损失承担赔偿责任。具体到知识产权出资领域，如果在公司的生产经营中，董事违反了忠实义务或注意义务并导致出资知识产权价值贬损，董事应当为此承担法律责任。下文笔者将探讨在出资知识产权出现价值贬损时，如何判断董事是否违反了忠实义务或注意义务，即董事忠实义务、注意义务的问责标准，并结合具体案例，分析董事在何种情况下需要对出资知识产权价值的贬损承担经营者责任。

（三）知识产权价值贬损情形下，董事忠实义务的问责标准及适用

通过前文分析，我国公司法对董事义务内容的规定主要侧重于忠实义务，采用了概括性条款和禁止性规则相结合的结构，从而使得在司法实践中对忠实义务的判定更加具有操作性。我国学者对137件经营者责任案件判决进行统计分析的结果也说明了这一点：关于经营者忠实义务纠纷的案件数量远远多于勤勉义务纠纷数量。①在法院判决中，除了援引《公司法》关于违反忠实义务的禁止性规定外，法官们也通过对忠实义务进行解释并在判决中适用概括性条款。这些解释也体现了英美普通法对忠实义务的界定，即：避免利益冲突规则和董事不得利用其地位牟利的规则。②可见，公司法的禁止性规定以及避免冲突规则、不牟利规则均为判断董事是否违反忠实义务的标准。

具体到知识产权出资领域，忠实义务要求公司董事在执行公司业务时要以公司利益作为自己行为的最高准则，不得从事上述公司法规定的违反忠实义务的行为；不能为了追求自己的利益而造成出资知识产权的价值贬损。例如在专有技术出资的情况下，股东将出资的专有技术转移给公司，那么该专有技术已经属于公司资产。如果公司董事利用职务之

---

① 中国政法大学王军老师通过对2001—2010十年间部分法院的经营者义务诉讼案件进行统计分析后发现，关于经营者忠实义务的纠纷远多于勤勉义务纠纷的数量。在137个经营者违反勤勉义务或注意义务的案件在全部样本中只有5件，其余均以被告违反忠实义务或非列举事由为诉由；法院判决被告违反勤勉义务的在所有判决被告承担责任的案件中只有3件，其余均以被告违反忠实义务或非列举事由为理由。详见：王军：《公司经营者忠实和勤勉义务诉讼研究——以14省、直辖市的137件判决书为样本》，《北方法学》2011年第4期。

② Rebecca Lee, Fiduciary Duty without Equity: "Fiduciary Duties" of Directors under the Revised Company Law of the PRC(2007), 47 Va. J.Int'l L.909(2007).详见：王军：《公司经营者忠实和勤勉义务诉讼研究——以14省、直辖市的137件判决书为样本》，《北方法学》2011年第4期。

便,将属于公司的专有技术以其本人的名义向国家专利局提出专利授权的申请,①如果获得专利授权,意味着该专有技术已经成为董事个人的财产,这种行为实质上属于侵占公司资产;例如在商标权出资的情况下,受资公司生产销售的商品或提供的服务应当符合出资商标的良好信誉,因为产品和服务的好坏直接关系到公司的市场地位。如果受资公司的董事只图眼前的经济利益,或者为了自己获得非法收益而允许成本低的劣质原材料进入公司的生产领域、为了缩减人工成本而降低对产品的质量要求甚至默许有质量问题的商品流入市场,结果这些存在质量问题的商品不仅会导致出资商标的信誉降低,而且还可能会引发消费者安全事故,最终失去消费者和市场,给公司造成难以挽回的巨大损失。那么公司董事为了自身利益而作出上述违法经营行为显然违反了忠实义务,根据我国《公司法》第 112 条第 3 款的规定,当时参与违法决议的董事应当对公司的损失承担赔偿责任,除非有证据证明某董事在决议时曾表示异议并记载于会议记录的,那么可以免除该董事的赔偿责任。

董事违反忠实义务并给公司造成经济损失的,除了应承担赔偿责任,根据我国《公司法》第 148 条第 2 款②的规定,公司对董事违反忠实义务所得收入享有归入权。即董事为了谋取经济利益而违反忠实义务的,公司有权将该董事因此获得的经济利益收归公司所有,而且归入权的行使并不以其给公司造成损失为前提。利益归入的目的是使董事在决定是否违反忠实义务时,首要考虑的是法律会剥夺其违反忠实义务而获得的利益,从这个意义上说,利益归入规则在很大程度上实现了预防和威慑的作用。③但是我国《公司法》对归入权规定比较简单,对归入权由谁来行使、怎样行使和行使有什么期限限制等问题都没作具体规定,这种缺憾也在很大程度上造成了适用上的难题。

(四)知识产权价值贬损情形下,董事勤勉义务的问责标准及适用

对于勤勉义务,我国公司法除了原则表述外,几乎没有涉及任何具体内容。虽然中国证监会发布的《上市公司章程指引(2016)》规定了董

---

① 吴某某、陈某某诉翟某某专利权纠纷案,【法宝引证码】CLI.C.89966。

② 我国《公司法》第 148 条第 1 款规定了董事、高级管理人员违反忠实义务的行为,第 2 款规定"董事、高级管理人员违反前款规定所得的收入应当归公司所有"。

③ Deborah A.DeMott. Causation in the Fiduciary Realm. Boston University Law Review, 2011, 91(3):851—872.

事的勤勉义务以及内容,①但其规制对象是上市公司董事,这就意味着,关于非上市公司董事的勤勉义务,缺乏具体标准,这无疑增加了司法裁判适用的困难。前文所述的司法实践中法官以董事违反勤勉义务而要求其承担法律责任的判决非常少的情况,也说明了适用难的问题。就勤勉义务问责标准在实践中的适用,一方面不能过于宽松,否则勤勉义务规则成了摆设,董事问责成了一句空话,但另一方面,也不能过于严苛,因为董事经营决策本身就存在风险,如果过于严苛,会导致职业经理人对董事职务望而却步,也不利于公司的创新与发展。由于我国学界及司法界对于"勤勉义务"的解释往往接近于英美普通法上的"注意义务",因此对域外注意义务的判定规则的研究有助于我们建立客观可行的问责标准。

第一,域外立法关于注意义务的问责标准。

通过分析域外注意义务的法律规则和适用标准,不难发现,对是否违反注意义务的判断标准主要有客观标准、主客观标准相结合两种类型。

其一,客观标准。

判断董事是否违反注意义务的客观标准是考察董事在公司经营活动中是否表现出一名处于类似地位的经营管理人员在类似情况下所应具备的勤勉、技能和经验。采取客观标准比较典型的是德国和日本。

德国法对董事注意义务的判定采取客观标准,②其《股份法》第 93 条规定了董事的注意义务和责任,其中第 1 款对董事注意义务的要求是:"尽到通常的、认真的业务管理者的注意。"可见,这种"注意义务"程度较高,对董事而言,可以理解为一种专业标准的注意。因此,在关于董

---

① 中国证监会发布的《上市公司章程指引(2016 年修订)》第 98 条规定:"董事应当遵守法律、行政法规和本章程,对公司负有下列勤勉义务:(一)应谨慎、认真、勤勉地行使公司赋予的权利,以保证公司的商业行为符合法律、行政法规以及国家各项经济政策的要求,商业活动不超过营业执照规定的业务范围;(二)应公平对待所有股东;(三)及时了解公司业务经营管理情况;(四)应当对公司定期报告签署书面确认意见,保证公司所披露的信息真实、准确、完整;(五)应当如实向监事会提供有关情况和资料,不得妨碍监事会或监事行使职权;(六)法律、行政法规、部门规章及本章程规定的其他勤勉义务。注释:除了以上义务外,公司可以根据具体情况,在章程中增加对董事勤勉义务的要求。"

② 赵旭东主编:《上市公司董事责任与处罚》,中国法制出版社 2004 年版,第 100 页;冯果:《公司法》,武汉大学出版社 2007 年版,第 256 页;白江:《公司治理前沿法律问题研究》,法律出版社 2015 年版,第 29 页。

事是否尽到注意义务的诉争中，董事承担特殊的举证责任（第93条第2款），即董事须证明其作出经营决定时的行为是基于适当的信息并为了公司利益而做出的理性行为，否则需要对违反该义务给公司造成的损失承担赔偿责任。①该条第3款进一步规定了具体的违反注意义务的行为。②联邦最高法院认为，“注意义务的标准应该是客观的，而且应该根据其最典型的特征来确定：它既取决于正常企业管理对相关知识和精力投入的要求，又取决于在具体情况下对相关知识和精力投入的正常要求”。③

另外，日本对董事义务的判定也采客观标准。日本以委任解释董事与公司之间的关系，其《民法》第644条规定受托人负有善良管理人的注意义务，日本《公司法》第330条规定，董事与公司的关系是委托关系。作为受托者的董事，对公司负有善管注意义务。这种情况下的善管注意义务是指董事应当以处于董事地位的人通常应有的注意履行其义务。④可见，日本采取的也是客观标准，即不以董事各自的个别的注意能力为标准，而是以处于董事地位者通常应有的注意程度为标准来履行职务，⑤不得作出有违公司和股东利益的经营决策。毋庸置疑，注意义务的法律规则对制约董事的不当经营行为，保护公司整体利益具有重大意义，但其负面作用也不容忽视：因为董事在不确定的情况下作出决策的例子很多，如果董事作出的有一定风险的经营决策最终没有取得预计的成功，那么公司和股东就可能在事后对董事作出的决策进行评价并追究他们违反注意义务的责任，这可能会影响他们的积极性，⑥而且最终必然会导

---

① 胡晓静、杨代雄译：《德国商事公司法》，法律出版社2014年版，第107页。

② 德国《股份法》第93条第3款规定了违反董事注意义务的九种行为：(1)向股东返还出资；(2)向股东支付利息或红利；(3)认购、购买、作为质物取得或者回收公司或者其他公司的自己的股票；(4)在发行价款全部缴纳前发行股票；(5)分配公司财产；(6)违反第92条第2款规定进行的支付；(7)向监事提供报酬；(8)提供信用贷款；(9)在附条件增资时，在确定的目的之外或者在支付全部对价前发行附条件增资股。详见：《德国商事公司法》，胡晓静、杨代雄译，法律出版社2014年版，第107—108页。

③ ［德］托马斯·莱塞尔、吕迪格·法伊尔：《德国资合公司法》，高旭军等译，法律出版社2005年版，第162页。

④ ［日］前田庸：《公司法入门》，王作全译，北京大学出版社2012年版，第315页。

⑤ ［日］山本为三郎：《日本公司法精解》，朱大明等译，法律出版社2015年版，第186页。

⑥ ［日］佐藤孝弘：《中国公司治理法律制度的形成与价值》，中国法制出版社2012年版，第75页。

致董事们在决策时畏首畏尾，避免作出有任何风险的经营决策。这种“安全经营”的理念对公司和其股东而言，却不一定是一件好事。因为从股东利益最大化的角度来看，如果董事在该承担风险的时候不作出勇敢承担风险的经营决策，那么公司就无法获得发展。因此，为了平衡二者之间的关系，日本引入了美国的经营判断规则，其法理是要求公司原则上要尊重董事的经营判断，即使因此遭受损失，也不宜认定董事懈怠了必要的注意义务。①但如果董事在判断过程中存在明显的错误、疏忽以及判断本身也存在明显的不当之处，那么董事难免还要承担违反善管注意义务的责任。

其二，主客观相结合的标准。

与德国和日本采取的客观标准不同，英国和美国对董事是否违反注意义务的判断都采取主客观相结合标准，但“主观标准”的含义却并不完全相同。英国法最初对董事注意义务的判断采取的是主观标准，在经典的 Re City Equitable Fire 一案②中，罗默（Romer）法官提出注意义务的判断应以“合理注意”为标准，即根据董事个人的能力情况，只有董事在尽了自己最大努力的情况下，才被视为履行了注意义务。1986 年《破产法》第 214 条对董事的注意义务的衡量引入了主客观相结合的双重标准，即在判定董事是否违反注意义务时，首先考察董事在公司经营活动中是否表现出一名处于类似地位的经营管理人员在类似情况下所应有的注意，同时还要结合该董事个人所具有的技能加以考虑。③而从美国以往的司法实践来看，其法院虽然也是主要采取主客观相结合的标准来判断董事是否违反了注意义务，④但这里的“主观标准”包括两个方面，即在判断董事是否尽到合理注意时，一方面应当对董事的特殊技能、背景或专业技术予以适当考虑，⑤另一方面，还要考察董事主观上是否具有“重大过失”。董事并不是对任何过失行为所引发的对公司的损害都要承担法律责任，而仅仅对重大过失所导致的损害承担法律责任。⑥

---

① ［日］前田庸：《公司法入门》，王作全译，北京大学出版社 2012 年版，第 315 页。

② Re City Equitable Fire Insurance Co.Ltd.［1925］1 Ch 407.

③ 葛伟军：《英国公司法要义》，法律出版社 2014 年版，第 257—258 页。

④ 李强：《董事注意义务研究》武汉大学 2009 年博士学位论文。

⑤ 美国法律研究院通过并颁发布，楼建波等译《公司治理原则：分析与建议》（中译本），法律出版社 2006 年版，第 175 页。

⑥ 丁丁：《商业判断规则研究》，吉林人民出版社 2004 年版，第 67—70 页。

另外,美国公司法确立了经营判断规则(Business Judgment Rule,也称"商业判断规则"),即董事对基于合理信息和一定理性作出的经营决策不承担责任,即使从公司的角度来看,这个决定是灾难性的。[①]作为一个司法审查规则,它有助于法院处理对董事履行职责的评价问题,而且它直接包含举证责任划分的具体标准,对于合理协调公司董事、股东、公司债权人之间的利益关系具有很强的现实意义。虽然该规则一直在判例中演进和变革,也有学者质疑该规则几乎掏空注意义务,制约了董事问责,[②]但该规则自从诞生以来受到普遍的推崇和效仿,[③]充分说明它适应了当今商业活动复杂化、具有风险性的特点,在保证公司根本利益免受恶意行为侵害的前提下,为董事及董事会创造了较宽松的环境,鼓励其发挥企业家主动创新精神,有助于公司的稳定有序运行,在公平与效率间确定了制衡原则。

第二,我国董事勤勉义务问责标准的建构及适用。

如前文所述,各国对董事是否违反注意义务的判断标准主要有两种:客观标准和主客观相结合的标准,虽然问责标准不同,但毋庸置疑的是,客观标准已经成为一个统一的基石,是对董事提出的最低要求。我国学界和司法界也大多用客观标准来诠释勤勉义务,[④]此处不再赘述。但是单纯的客观标准也存在问题,一方面,当董事的经营能力高于"普通谨慎之人"时,采用客观标准显然降低了对他们的要求,那么董事可能不会如股东期待的那样尽展才华,而且该标准的适用会让有过错的董事免于承担责任。另一方面,单纯的客观标准也加重了那些经营能力低于一般水平的董事的义务。相比较来说,英美主客观相结合的标准更加科学全面,因为它同时考虑到不同董事之间经营能力的差异,显然更具有合理性。

---

① [美]罗伯特·W.汉密尔顿:《美国公司法》(第5版),齐东祥译,法律出版社2008年版,第332—339页。

② Joseph W.Bishop, Jr., Sitting Ducks and Decoy Ducks: New Trends in the Indemnification of Corporate Directors and Officers, 77 Yale Law Journal, 1968.见:朱羿锟:《董事问责标准的重构》,北京大学出版社2011年版,第11页。

③ 朱羿锟:《董事问责标准的重构》,北京大学出版社2011年版,第11页。

④ 陈某某等与吴某某公司董事损害公司利益赔偿纠纷上诉案,浙江省高级人民法院(2010)浙商终字第37号民事判决书,【法宝引证码】CLI.C.332514;北京卓越华盛供热投资管理有限公司诉张某某损害公司利益赔偿案,北京市第一中级人民法院(2011)一中民终字第14843号民事判决书,【法宝引证码】CLI.C.7207235。

因此，在我国的司法实践中，建议法官采取主客观相结合的标准作为判定董事是否违反注意义务的司法规则，即首先以与具有通常经营能力的同行在相同规模的公司面临相似情形时所应具有的注意程度作为问责标准，[①]若有证据表明特定董事的知识、经验和经营能力高于或低于此种客观标准时，应以该董事是否诚实地贡献出其实际拥有的全部能力作为问责标准。该标准一方面可以督促董事恪尽职守，另一方面又可以保护他们不会因此承担过多的决策风险。

具体到知识产权出资领域，当知识产权出资后在公司的生产经营中发生价值贬损时，如何判断董事是否违反了勤勉义务？董事是否应当对出资知识产权的价值贬损承担赔偿责任呢？应当针对实践中的个案进行具体分析。本书认为，在著作权出资、技术出资和商标权出资的情况下，作为受资公司的董事，其应当履行以下勤勉义务。

其一，在著作权出资的情况下，董事应当履行的勤勉义务。公司获得股东出资的著作权后，可以通过自己行使著作权来获得收益，也可以将著作财产权的全部或一部分许可给他人使用，借助他人的力量来开发、利用作品，以获得报酬。无论采用哪种方式，受资公司的董事、高级管理人员都应当立足实际，为出资作品量身定做营销方案，打造不断延伸的产业链，形成作品到产品系列的多样化，实现效益和利润最大化。同时还要重视在网络环境下的著作权保护问题，利用防火墙技术、加密技术、数字签名、数字水银等技术措施，防止作品被擅自获取或传播。[②]上述为“普通谨慎的董事”应当尽到的勤勉义务，但具体到个人，还需考虑该董事的职业经验、专业水准等因素。

其二，在技术出资的情况下，董事应当履行的勤勉义务。股东以技术出资后，“普通谨慎的董事”应当从以下几个方面来实现对出资技术的运用：(1)利用出资技术的先进性实现企业产品的利益最大化。应当为技术股东提供工业试验的基地和配套资金、人员，积极向有关政府部门申请并获得各种生产销售产品的审批文件等，将股东出资的技术与公司的生产经营活动结合起来，确保在最短的时间内将出资技术转化成商品并使之进入市场流通领域，或者利用出资技术的先进性使其产品占领更

---

① 刘俊海：《现代公司法》（第三版）上册，法律出版社 2015 年版，第 632—633 页。

② 曾德国：《知识产权管理》，知识产权出版社 2012 年版，第 134 页。

大的市场份额，占领市场竞争的制高点，将出资技术从潜在的生产力转化为现实的生产力。(2)如果是以专利申请权出资，受资公司还应当积极关注专利申请的进展状况，在规定时间内补充国家专利局要求的相关材料、及时提起实质审查等，如果由于董事怠于行使以上义务，而导致公司未能获得专利授权，应当承担因此造成的出资知识产权价值贬损的赔偿责任。(3)在出资技术为专有技术的情况下，为了有效地保护该技术秘密，董事或董事会还应当制定相关的保密制度，对内部员工而言，只允许确有工作需要的员工接触技术秘密，而且将其需要接触的技术秘密控制在最小的范围内，对于员工接触和使用技术秘密的程序、手续及使用方式、时间等予以规范和记录，确保公司能够控制和监督员工接触和使用商业秘密的情况。①对外部人员而言，如果在与外部商事主体进行贸易或合作的过程中有可能涉及公司的技术秘密，应当提前与对方签订保密协议或保密条款，在谈判、考察、交流中，相关人员要特别谨慎，避免技术秘密的泄露。除了公司自己使用出资技术之外，董事也可以根据市场状况、公司自身状况来决策是否将出资技术授权许可给第三人使用，因为技术许可不仅仅能为公司获得许可费收益，而且还能通过交叉许可实现知识或信息的交换，加强双方的合作，实现互补共赢，联合占领市场。

其三，在商标权出资的情况下，董事应当履行的勤勉义务。对于股东出资的商标权，董事及董事会应当综合考虑市场情况及本公司生产经营状况，来决定由公司自己使用商标还是许可他人使用商标，或者同时采用上述两种方式来获取经济收益。

首先，在公司自己使用出资商标的情况下。“普通谨慎的董事”应当正确而有效地使用出资商标，主要有以下几个方面：

(1) 保证商品质量，提高商标的声誉。商标信誉的好坏从根本上说是由商品质量决定的。商品质量的优劣会通过商标传递给消费者。一个商标一旦用于某种产品，经过长期的反复使用，会在生产者、经营者和消费者心目中成为一定质量的象征。另外，商品的质量越好，商标的信誉价值就越大，它在市场上的竞争力也越强。因此，公司使用出资商标时，必须保证商品质量。

(2) 强化市场营销，提高商标声誉。即通过广告宣传等市场营销策

① 安雪梅：《知识产权管理》，法律出版社 2015 年版，第 137—138 页。

略，提高商标的市场知名度，传播商标的核心价值观念，培育消费者的商标情节。

（3）严格按照法律规定使用出资商标。根据我国《商标法》和《商标法实施条例》的规定，在使用出资商标的过程中，应当符合以下要求：[①]在核定的商品范围内使用，不得擅自扩大商品适用范围；如果出资商标为注册商标，按照在商标局核准的商标样式使用，不得随意更改商标的文字、图形等构成要素；如果商标权发生转让、许可等权利变动或者商标权期限届满时，及时办理法律规定的手续；不得无正当理由连续三年不使用出资商标。

相反，如果董事并未积极采取上述经营策略，而疏于履行对产品质量的监管义务，导致使用出资商标的产品粗制滥造，质量低劣，侵害消费者权益的，受资公司不仅商业信誉受损，而且要承担对消费者的损害赔偿责任以及我国《商标法》第 45 条规定的罚款等行政责任，甚至难以继续经营下去。另外，还有一些公司在接受股东的商标权出资后，不但没有予以"重用"，反而将出资商标收藏起来，使之渐渐淡出大众视线，[②]甚至因为连续三年不使用而被国家商标局撤销。[③]或者，董事对出资商标在长时间内没有进行"真实"的使用，[④]一旦有第三人提出撤销申请，而且

① 我国《商标法》第 42 条、第 43 条、第 48 条、第 49 条。

② 如上海家化将"美加净"商标权出资到美国庄臣（Johnson）公司后，Johnson 公司将"美加净"商标雪藏，导致本已颇有声誉的商标在社会公众中逐渐淡化。张剑：《美加净：复苏之艰难》，《日用化学品科学》2004 年第 11 期。百事可乐与天府可乐联姻后放弃生产、销售、推广天府可乐也是典型的雪藏事件。详见曾德国：《知识产权管理》，知识产权出版社 2012 年版，第 134 页。

③ 我国《商标法》第 49 条第 2 款规定：没有正当理由连续三年不使用的，任何单位或者个人可以向商标局申请撤销该注册商标。《商标法实施条例》第 39 条第 2 款进一步规定：商标局应当通知商标注册人，限其自收到通知之日起 2 个月内提交该商标在撤销申请提出前使用的证据材料或者说明不使用的正当理由；期满不提供使用的证据材料或者证据材料无效并没有正当理由的，由商标局撤销其注册商标。

④ 关于"商标使用"的判断规则，最高人民法院 2010 年《关于审理商标授权确权行政案件若干问题的意见》指出：商标人自行使用、许可他人使用以及其他不违背商标权人意志的使用，均可认定为属于实际使用的行为……没有实际使用注册商标，仅有转让或许可行为，或者仅有商标注册信息的公布或者对其商标享有专有权的声明等的，不宜认定为商标使用。我国司法机关也在相关案件[北京市第一中级人民法院（2006）一中行初字第 1052 号行政判决书、北京市高级人民法院（2007）高行终字第 78 号行政判决书（"康王"商标案）、北京市高级人民法院（2006）高行终字第 78 号民事判决书（"GNC"商标案）、北京第一中级人民法院（2010）一中知行初字第 2962 号行政判决书（陈某某诉商评委、第三人德国保时捷商标行政纠纷案）]的裁判中明确指出，商标使用应当是商标被实际的使用在商品或服务上，并真实的进入商品流通领域，被消费者所认知，发挥向消费者昭示商品来源的功能。

商标局经过审核后做出了撤销注册商标的决定，那么对于该商标的价值贬损，显然董事很难证明自己已经尽到了勤勉义务。

其次，在通过许可他人使用商标权而获得商标收益的情况下，“普通谨慎的董事”应当谨慎选择被许可人，通常应当对对方的信誉情况、产品质量状况和经营管理情况进行调查，这既关系到其借助商标许可实现经济利益的程度，又关系到商标的保护和发展。在商标权使用许可合同中，应当明确商标权许可使用的方式、地域范围及期限、许可费用的计算与支付、保证商品质量的约定措施等。在商标权许可使用过程中，最重要的是对被许可人的产品或服务质量进行有效的控制和监督，例如对被许可人的原材料、商品销售渠道、价格、包装等进行一定的限制，进行全面的质量监控。如果被许可人的产品或服务质量不佳，则会破坏商标的质量和信誉保证功能，导致商标贬值。

总的来说，对于知识产权出资后发生价值贬损的情况，如何判断董事是否尽到了勤勉义务、是否承担赔偿责任，在司法实践中，有赖于法官合理斟酌具体个案中的具体事实进行判断，不仅应当考虑普通谨慎公司高管在类似情况下的做法、公司的经营范围、公司目的、经营战略计划、公司治理结构、业务执行方法等客观情况，而且要考虑到该董事个人的职业经验、专业背景等各种主观方面的情况。

第六章　结论与展望

随着国家知识产权战略的深入实施，知识产权的转化运用也引起了各行各业的重视，知识产权不仅可以通过转让、许可与质押等方式为权利人带来经济收益，而且可以通过作价入股的方式，将知识产权与企业的资金、人员等有形生产要素相结合，使发明创造和研发成果产业化，实现知识产权价值的最大化。关于知识产权出资的研究，并不是一个新鲜的课题，也很难写出新意。但纵观近年来关于知识产权出资的理论成果，其中对知识产权出资中的风险及法律规制的研究尚很薄弱，实证研究更显不足。这使得笔者能够从分析实践中的知识产权出资纠纷案例入手，多侧面、多角度、多层次对知识产权出资风险进行研究。通过澄清前人的观点，并加以比较和分析，笔者对于知识产权出资风险及其法律规制，也有了一些自己的思考和体会。在本书的内容即将结束之际，笔者拟对本书的研究成果做一总结。

第一节　结　　论

本书从收集和分析实践中的出资纠纷案例着手，并尽可能地在诸多方面探索知识产权出资风险的特殊性。通过对这些风险进行归纳分类，本书总结出知识产权出资可能给受资公司带来的五类风险，即知识产权评估不实、隐性知识产权出资、出资知识产权缺乏实益性、知识产权出资交付中的风险以及出资知识产权价值非正常贬损的风险。本书通过对相关司法案例的分析，结合公司法、知识产权法、合同法，以及企业管理、法经济学的相关理论，并参考和借鉴域外相关法律规定和学说，深入探讨对上述知识产权出资风险如何予以法律防范和规制。同时，对我国相关法律制度存在的不足进行论证分析，并进一步提出完善建议。本书力求实现对知识产权出资风险的法律防范和规制，以平衡出资人、受资公司和公司债权人之间的利益，实现知识产权出资目的。具体总结如下：

一、知识产权评估不实及其法律规制

本书通过对实践中知识产权评估不实的案例进行分析，总结了导致知识产权评估不实的四个原因：现行知识产权出资评估途径的局限性；缺乏可参考的知识产权评估信息；知识产权价值评估方法的局限；知识产权评估的法律风险。通过对上述四个因素进行分析，本书提出了以下法律防范和法律规制措施：

首先，在评估途径上，由于知识产权评估报告只是供出资人和受资公司参考的意见，一味地适用强制评估规则，忽略出资人及受资公司对出资知识产权价值的认可，不仅不符合市场经济法治的要求，也增加了公司的设立成本。本书认为，为了消除强制评估规则的上述负面影响，消除立法和实践中做法的不统一，我们可以借鉴域外知识产权出资评估规则，同时考虑到出资知识产权的性质，完善我国知识产权评估途径的多层次选择机制。具体而言，如果出资知识产权属于国有资产，应当适用资产评估机构评估；如果出资知识产权属于非国有资产，则适用协商作价和强制评估相结合的评估途径。为了防止出资人滥用权利，损害公司和其他股东的利益，在出资人享有自由选择评估方式权利的同时，还应当对出资知识产权价值承担举证责任。其次，知识产权价值评估面临的最大的问题是数据缺失、资料缺乏权威性。本书认为，如果能够建立一个完整公允的知识产权交易信息数据库，收集现实中的知识产权交易的信息和数据，那么知识产权出资人、接受知识产权出资的公司以及知识产权评估专家对知识产权价值的估计就可以基于更真实、更广泛的知识产权交易信息和已得到验证的假设，在此基础上得出的评估结果及评估报告也更加真实，更容易得到认可。而欧盟委员会专家组在《知识产权价值评估报告》中提出的建立知识产权交易信息数据库的设想和方案，为我们建立统一的知识产权交易信息数据库提供了思路和借鉴。再次，在评估过程中，具体选择哪种评估方法，应当考虑到被评估知识产权的特点，并且根据所能获得的信息资料来选择最适合的评估方法。在有些情况下，例如在评估所需信息的真实性和全面性都达不到要求的情况下，综合运用多种评估方法能使评估结果更客观全面。最后，针对知识产权评估中的法律风险，可以通过有效的防范对策予以规避，即评估人员在选择评估方法、建立评估模型时，必须要充分考虑影响知识产权价值的法律因素。因为不同类型的知识产权，差别非常大，除了都具有非物质性，这些知识产权之间几乎不具有共同特征，因此，不同的知识产权类型，影响其价值的法律因素也不相同。本书分析了实践中出资概率较高的专利权、商标权和专有技术，在价值评估时，应当特别考虑的法律因素。

二、隐性知识产权出资及其法律规制

股东在履行自己的现金出资义务后，公司将收到的股金用于购买该股东的知识产权，也就是说，股东通过“现金出资+知识产权交易”两个行为来完成了知识产权出资。从表面上看，这是两个合法的行为，但从这种出资安排的结果来看，这实质上构成了一个知识产权出资行为，并且规避了关于知识产权出资的法律规定。这种隐性知识产权出资规避了强制性的法律规定，违反了股东平等原则，给公司和其他股东的利益造成损害。从保证资本真实和保护债权人利益的角度出发，应当予以立法规制，而欧美等国较为完善的隐性知识产权出资制度及信义义务制度，值得我们借鉴。首先，关于隐性知识产权出资的认定，本书认为，应当综合考察股东与公司之间的现金出资和知识产权交易行为，如果这些行为最终导致股东将自己的知识产权卖给公司并抵消了自己的现金出资义务，就应当认定为隐性知识产权出资行为。至于交易价额是否与现金出资额完全一致、交易行为发生在公司成立前还是成立后，则不应当予以限制。在考察股东与公司的知识产权交易时，应当适用臂长测试标准（arm's length test）：公司在同等情况和条件下，是否会与一个非股东的第三人进行这样的交易。如果不会，那就说明交易标的并非公司经营所需或者交易价格被高估，远远超出了市场价，那么这种对公司不利的交易就应当被禁止。其次，隐性知识产权出资协议达成的时间是在公司成立前还是成立后，其产生的法律后果是不同的。对于股东与设立中的公司的知识产权交易应当载入公司章程并由独立第三方进行对该知识产权进行价值评估，以考察该交易是否公平合理，在公司成立以后，还应当经过董事会决议认可该交易合同。另外，如果购买股东知识产权的交易行为并非设立公司的必要行为，而是属于发起人以设立中的公司的名义从事的经营活动，法律则应该明文禁止，否则容易造成发起人滥用公司财产，损害公司财产基础的后果；公司成立后，股东以知识产权交易抵消现金出资义务的，公司其他股东或者债权人对此提出异议的，股东应当举证证明在该知识产权转让给公司时，该知识产权交易的标的确实为当时公司经营所需，而且价格是公正合理的。如果股东无法证明，则可以认定为股东通过隐性知识产权出资使其他股东误认为自己已经全部出资，但实际上并未履行或未完全履行出资义务，要承担差额责任。

三、出资知识产权缺乏实益性及其法律规制

由于我国公司法并未要求出资物必须具有实益性，因此，学者们对是否应当对缺乏实益性的出资行为进行法律规制颇有争论。归根结底，这种争论实质上是“保护公司整体利益”与“保障投资自由”两种理念的冲突。那么到底应当如何平衡二者的关系呢？本书认为，从知识产权出资的立法目的、知识产权的特殊性，以及保护受资公司整体利益的角度来看，要求出资知识产权具有实益性是十分必要的。如果公司接受无益于生产经营的知识产权出资，不仅会造成经营的负担，影响公司资本的经营效率，而且会损害其他股东的利益，破坏公司股东利益和治理结构的制衡。因此，知识产权出资应以保护公司整体利益为基本出发点，以资本效率为首要价值目标，要求股东出资的知识产权具有“实益性”，即出资知识产权应当是公司生产经营所需，能为公司所用，能为公司带来经济收益。但对这种“必需性”不能作过于严格的理解。因为企业的经营实效取决于多种因素，这种“必需性”只是一种可能性而非必然性。另外，如果公司的控制人通过不当行为控制公司接受缺乏实益性的知识产权出资，损害公司及其他股东的利益，则属于对公司的过度控制，应当通过完善公司控制人制度、明确其相关义务和法律责任，引导公司控制人依照法律法规和公司章程的规定行使权利。

四、知识产权出资交付中的风险及法律规制

不同类型的知识产权，其出资交付中存在的问题也有所不同，给受资公司带来的风险也各不相同，值得分别研究。本书对实践中较为常见的知识产权出资类型，如著作权、技术、商标权在交付履行中可能存在的风险问题进行详细分析，并提出了相应的法律规制建议。

首先，在著作权交付履行中，主要存在两大风险：出资著作权存在权利瑕疵；著作人身权对出资的阻碍。对于前者，本书建议通过完善我国著作权登记制度，即增强著作权登记法律效力，厘清著作权管理工作体制,以及建立统一的著作权信息管理系统,来便于受资公司和其他股东查询出资作品的著作权归属及权利状态;对于后者,通过对著作人身权的出资转让性分析,本书认为,著作人身权是可以随同著作财产权一同出资转让的。作者自愿出资转让作品的著作人身权给公司使用是不会损害作者任何利益的,而且公司只有在取得出资作品的著作人身权后才能更加有效地利用出资作品,使出资作品更大地发挥其经济价值,但是,由于著作人身权的特殊性、复杂性,还应当对其出资行为予以适当的法律规范。

其次,在技术交付履行中,可能会存在三种风险:对出资技术信息的约定不明确引发交付争议、出资技术存在权利瑕疵、隐瞒出资技术真实信息而引发交付争议。对于前两类风险,可以通过明确出资协议和出资义务来进行防范,而对于第三种风险,最根本的解决方法是取消各地对技术出资形式的限制。但关键问题是:是否所有的技术形式都具有出资适格性。本书认为,专利使用权是具有出资适格性的,但为了平衡出资人与受资公司、债权人之间的利益,建议将专利使用权出资的主体限定为专利权人,专利使用权出资的客体限定为独占使用权和排他使用权,普通许可使用权不宜进行出资。另外,专利申请权也具备出资客体的"五要件",因此在立法选择上应当允许出资人以专利申请权作为出资标的。但是,受资公司可能最终无法获得专利授权,如果出资人对未获得专利授权不存在主观过错,则不应当承担资本补足责任和出资违约责任,因为公司在接受出资前已明知此风险,而此种风险也是影响专利申请权作价金额的重要因素。

最后,在商标权交付履行中,主要存在三类风险:第一,出资人以非法取得的商标权出资。为了防范这种情况的发生,一方面,应当要求股东对其出资的商标权负有权利保证义务;另一方面,要强化国家商标局对商标转让的核准审查工作。第二,由于出资人的过错导致履行不能。在这种情况下,出资人实质上未履行出资义务,不仅应当承担资本补足的责任,还要对其他已经履行出资义务的股东承担违约责任。第三,近似商标一并转让制度带来的出资风险。我国的近似商标一并转让制度设计的目的,在于防止近似商标由于分属于不同主体而导致市场混淆。从该制度的实践效果来看,虽然在一定程度上防止了市场混淆,但在法律适用上引起了很大争议,而且违反了当事人意思自治原则。通过分析相关的法理和经济学理论，借鉴域外两种近似商标转让模式，本书认为，我国应当选择近似商标自由转让模式，并通过近似商标共存协议、加注标记、近似商标的撤销等配套制度，实现保护私权与维护公共利益的平衡。

五、出资知识产权价值非正常贬损的风险及其法律规制

知识产权出资后，在公司的生产运营中，其价值可能会发生非正常的贬损。本书通过对实践中相关案例进行分析，将导致知识产权发生非正常价值贬损的原因归纳为两类：出资人过错及公司决策不当。而公司董事作为公司经营决策的主体，应当对决策不当而导致的知识产权价值贬损承担责任。本书结合我国相关法律规定，探讨在上述情况下这两类主体的法律责任问题。首先，笔者分析了在三种情形下，即出资人侵权行为、授权类知识产权提前失权、出资知识产权存在品质缺陷，出资人应当承担什么性质的法律责任，承担法律责任的构成要件及承担责任的范围；其次，董事作为公司经营决策的主体，当其违反法定及约定的义务时，他就要承担某种赔偿责任。本书探讨了董事在经营管理中应负的义务，即忠实义务和勤勉义务。并结合域外相关立法学说以及具体案例，分析在哪些情况下可以对董事问责，即当知识产权出资后在公司的生产经营中发生价值贬损时，如何判断董事是否违反了勤勉义务或忠实义务，以及董事是否应当对出资知识产权的价值贬损承担赔偿责任。

第二节 进一步工作的方向

虽然笔者为本书的研究做了相当的努力，但依然任重道远，尚有许多有待进一步深入进行的研究工作，这里择其要者简要讨论如下：

第一，知识产权价值评估中，影响其评估价值的因素有很多，本书一方面囿于篇幅，另一方面囿于本人的知识结构，因此只从法律角度来分析影响专利权价值的因素，即法律因素。以专利权为例，影响专利价值的因素包括四大类：技术因素、市场因素、竞争因素和法律因素。实践中，评估人员往往通过对上述影响因素及作用机理的分析，建立专利价值评估指标体系及分析模型，进而计算出专利权价值。本书只分析了影响专利权价值评估的法律因素，但是，如何针对专利评价指标体系建立有效分析模型,如何提供一种实务可操作的、定量化评价专利技术质量的方法和工具,是有待进一步研究的重要课题。

第二,数据缺失、资料缺乏权威性是知识产权评估面临的最大的问题。为了解决这一问题,本书提出了参考和借鉴欧盟委员会专家组在2013年发布的《知识产权价值评估报告》中提出的建立知识产权交易信息数据库的设想和方案,在此基础上,建立我国统一的知识产权交易信息数据库。如果能够建立一个完整公允的知识产权交易信息数据库,毫无疑问,这对知识产权出资中价值评估会产生非常大的积极作用。但如何建立数据库,如何保护信息人的商业秘密,如何对数据库的使用主体进行限制以及如何监管数据库,限于水平和时间,本书的研究尚浅,需要进一步深入研究和论证。

总之,本书对知识产权出资风险的法律规制作出了一些探索,但关于此方面的深入研究还需要法学界和管理学界作出更为艰辛的学术跋涉。

参考文献

外文文献

［1］大隅健一郎.「ノウハウの現物出資」法学論叢，1963，73卷5・6号。

［2］盛岡一夫.ノウ・ハウの現物出資，東洋法学，1975（2）。

［3］久保寛展.ドイッにおける隠れた現物出資の理論，同志社法学五〇卷三号。

［4］Eva Micheler. Disguised returns of capital-an arm's length approach. The Cambridge Law Journal，2010，Vol.69（1）.

［5］Postrach，Krzysztof. PROBLEMY UKRYTYCH APORTÓW W SPÓLKACH PUBLICZNYCH，Studia Prawno-Ekonomiczne 91（2014）.

［6］Christian Kersting. Hidden Contributions in Kind（Verdeckte Sacheinlage），Die Aktiengesellschaft，2008 Vol. 24：883 et seq，Electronic copy available at：http://ssrn.com/abstract=1314983.

［7］Reinier Kraakman；John Armour；Paul Davie：The Anatomy of Corporate Law：A Comparative and Functional Approach，Oxford University Press，2009.

［8］Susan Watson and Chris Noonan. The corporate shield：What happens to directors when companies fail? Business Review，2005（8）.

［9］Shawn Riley，Esq.，and Ann Zarick，Esq. Director Liability to Creditors：The Changing Landscape，INSIGHTS，SPRING 2011.

［10］Nichols M. Reasonableness Standard Versus Business-Judgment Rule. Business Torts Journal［serial online］. 2012，Vol.19（2）.

［11］Varzaly，Jeniter. Protecting the authority of directors：an empirical analysis of the statutory business judgment rule. Journal of

Corporate Law Studies[serial online]. October 2012, Vol.12(2).

[12] Fawcett, Denise. Valuation of Intellectual Property. The Licensing Journal, 2014, Vol.34(5).

[13] Philipp Sandner. The Valuation of Intangible Assets—An Exploration of Patent and Trademark Portfolios. Gabler, 2010.

[14] Christopher Buccafusco, Christopher Sprigman. Valuing Intellectual Property: An Experiment, Cornell Law Review, 2010, Vol.96(1).

[15] Jones, Stewart. Does the capitalization of intangible assets increase the predictability of corporate failure? Accounting Horizons, 2011(3).

[16] Wirtz, Harald. Valuation of Intellectual Property: A Review of Approaches and Methods. International Journal of Business and Management 2012.7(9).

[17] Russell L.Parr, Gordon V.Smith: Intellectual Property Valuation, Exploitation and Infringement Damages Cumulative Supplement, Wiley, 2016.

[18] Wilson, B. S. Retrospective valuations of intellectual property. Journal of Technology Transfer, (2012) 37(1).

[19] Reilly, R.F.. The intellectual property valuation process. The Licensing Journal, 2013. Vol.33(2).

[20] Roberta Romano, Foundations of Corporate Law, 2d, Foundation Press 2010.

[21] William J.Murphy, John L.Orcutt, Paul C.Remus: Patent Valuation, Wiley, 2012.

[22] Frank Easterbrook, Daniel R.Fischel: The Economic Structure of Corporate Law, Harvard University Press; First Edition edition (February 1, 1996)

[23] Steven D.Walt; Jody S.Kraus: The Jurisprudential Foundations of Corporate and Commercial Law, Cambridge University Press, 2007.

[24] Daniel Kahneman, Jack Knetsch, and Richard Thaler: Experimental Tests of the Endowment Effect and the Coase Theorem, The Journal of Political Economy 98 (December 1984).

[25] Jack Knetsch and J.A.Sinden, Willingness to Pay and Compensation Demanded: Experimental Evidence of an Unexpected Disparity in Meas-

ures of Value, The Quarterly Journal of Economics 99(1984).

[26] Christopher Buccafusco, Christopher Sprigman: Valuing Intellectual Property: An Experiment, Cornell Law Review, 2010, Vol.96(1).

[27] Luca Enriques & Jonathan R. Macey, Creditors Versus Capital Formation: The case against the European legal capital rules, Cornll Law Review, 2001, Vol.86.

[28] William J.Murphy, John L.Orcutt, Paul C.Remus. Patent valuation: improving decision making through analysis. Wiley, 2012.

[29] Pennington, Robert R.Pennington' Company Law(8th ed). Butterworths, 2001.

[30] William J.Murphy, John L.Orcutt, Paul C.Remus. Patent Valuation: Improving Decision Making through Analysis. John Wiley & Sons, Inc., Hoboken, New Jersey, 2012:19、20.

[31] Wirtz, Harald. Valuation of Intellectual Property: A Review of Approaches and Methods. International Journal of Business and Management, 2012, Vol.7(9).

[32] Hillman, Amy J., Gerald D., Keim. Shareholder Value, Stakeholder Management, and Social Issues: What's the Bottom Line? Strategic Management Journal, 2001, 22(2).

[33] Peter W. Kontes The CEO, Strategy, and Shareholder Value: Making the Choices That Maximize Company Performance, Wiley, 2010.

[34] Stefan Grundmann/Florian Mösleinhttp: European Corporate Law Study Group Germany, available at://static.luiss.it/siti/media/8/20090224-iv-Report-Germany-Bruno.pdf.

[35] Marcus Lutter: Legal Capital in Europe, European Company and Financial Law Review, special volume 1, Walter de Gruyter, 2006.

[36] James D.Cox and Thomas Lee Hazen. Cox and Hazen on corporations, 2nd edn. Wolters Kluwer, 2003, Vol.II.

[37] Inc. McKinsey & Company, Tim Koller, Marc Goedhart, David Wessels: Valuation: Measuring and Managing the Value of Companies, 5th Edition Wiley, 2010.

[38] Eva Micheler. Disguised Return of Capital—An Arm's Length Ap-

proach. The Cambridge Law Journal, March 2010,Vol.69(1).

[39] P.D.Finn, Fiduciary Obligations, Law Book Company, 1977.

[40] Grigor Grigorov, Corporations and partnerships in Bulgaria. Kluwer Law International, 2011.

[41] World Intellectual Property Organization: Collective Administration of Copyright and Neighboring Rights: Study On, and Advice For, the Establishment and Operation of Collective Administration Organizations, World Intellectual Property, 1990.

[42] Alan Dignam & John Lowry. Company Law(7th edition). Oxford University Press, 2012.

[43] Rebecca Lee, Fiduciary Duty without Equity: "Fiduciary Duties" of Directors under the Revised Company Law of the PRC(2007), 47 Va.J. Int'l L.909(2007).

[44] Deborah A. DeMott. Causation in the Fiduciary Realm. Boston University Law Review, 2011, 91(3).

[45] James Lam Enterprise Risk Management: From Incentives to Controls, Wiley, 2014.

[46] Joseph W. Bishop, Jr., Sitting Ducks and Decoy Ducks: New Trends in the Indemnification of Corporate Directors and Officers, 77 Yale Law Journal, 1968.

[47] Sim Segal: Corporate Value of Enterprise Risk Management: The Next Step in Business Management, Wiley, 2011.

[48] Robert R.Moeller: COSO Enterprise Risk Management: Establishing Effective Governance, Risk, and Compliance (GRC) Processes, Wiley, 2011.

[49] Lesley Ellen Harris: Canadian copyright law(4th edition), John Wiley & Sons, Inc., 2013.

[50] Pamela Samuelson and Members of The CPP. The copyright principles project: directions for reform, Berkeley technology law journal, 2010, Vol.25.

[51] Dotan Oliar、Nathaniel Pattison、K.Ross Powell. Copyright Registrations: Who, What, When, Where, and Why. Texas Law Review, 2013,

Vol.92.

[52] W.V.Horton Rogers: Unification of Tort Law: Multiple Tortfeasors, Kluwer Law International, 2004.

中文文献

[1] 张林鸿:《保护的目的还是应用——评〈知识产权资本化研究〉》,《产业与科技论坛》2010 年第 8 期。

[2] 朱双庆:《技术入股型公司治理》,法律出版社 2013 年版。

[3] 赵荣、朱晓力:《专利出资评估途径的多层次选择机制研究——以现行强制评估制度的局限性为视角》,《知识产权》2012 年第 4 期。

[4] 钱中生:《计算机网络犯罪防范与惩治实务全书》(第一卷),中央民族大学出版社 2001 年版。

[5] 王迁:《知识产权法教程》,中国人民大学出版社 2014 年版。

[6] 吴汉东:《知识产权法》,中国政法大学出版社 2004 年版。

[7] 刘春田:《知识产权法》(第 2 版),中国人民大学出版社 2002 年版。

[8] 郑成思:《知识产权法》(第二版),法律出版社 2003 年版。

[9] 魏玮:《知识产权价值评估研究》,厦门大学出版社 2015 年版。

[10] 刘树成:《中国社会科学院经济研究所:现代经济辞典》,江苏人民出版社 2005 年版。

[11] 刘俊敏:《国有企业知识产权投资应注意风险防范》,《法学杂志》1998 年第 6 期。

[12] 张炳生:《知识产权出资制度研究》对外经贸大学 2007 年博士学位论文。

[13] 刘春霖:《论股东知识产权出资中的若干法律问题》,《法学》2008 年第 5 期。

[14] 王吉法:《知识产权资本化研究》,山东大学出版社 2010 年版,第 70—97 页。

[15] 张兰芳、蒋静茹:《知识产权出资的风险与防范》,《石家庄铁道大学学报(社会科学版)》2014 年第 3 期。

[16] 胡震远:《知识产权资本化研究》,中国法制出版社 2013 年版。

[17] 方江宁:《知识产权法基础理论》,知识产权出版社 2014 年版。

[18] 罗亚海、王云凤:《著作权出资的法律思考》,《当代法学论坛》2006 年第 2 期。

[19] 王月:《股东著作权出资法律问题研究》,《电子知识产权》2011 年第 9 期。

[20] 陈奇伟、张海宝:《我国软件著作权出资制度的缺陷与重构》,《南昌大学学报》2013 年第 6 期。

[21] 衣庆云、查世名:《专利权出资的风险与防范》,《知识产权》1999 年第 6 期。

[22] 姜山赫、孙乾:《以专利使用权出资设立公司的法律问题》,《中国律师》2011 年第 9 期。

[23] 衣庆云:《专利申请权和专利使用权入股问题探析》,《当代法学》2000 年第 1 期。

[24] 刘春霖:《知识产权出资标的物研究》,《法商研究》2009 年第 2 期。

[25] 胡震远:《论专利申请权的资本能力》,《暨南学报(社会科学版)》2012 年第 9 期。

[26] 骆增进:《法学视角下专利申请权出资适格性分析》,《大连海事大学学报(社会科学版)》2013 年第 5 期。

[27] 杜文利、吴永夺:《专有技术出资法律问题刍议》,《安徽电子信息职业技术学院学报》2009 年第 1 期。

[28] 朱秀:《专有技术出资应当注意的问题》,《冶金财会》2012 年第 8 期。

[29] 董新凯、崔杰:《以商标权投资的策略》,《特区经济》2008 年第 10 期。

[30] 钱进:《商标权出资方式的案例思考》,《中华商标》2013 年第 12 期。

[31] 张建民:《对我国无形资产评估结果失真的分析》,《金融教学与研究》2009 年第 2 期。

[32] 苏平:《美国知识产权资产评估方法选择及其启示——以我国上市公司的知识产权资产评估为视角》,《知识产权》2010 年第 3 期。

[33] 陈丽蓉、孙芳城:《知识产权评估现状、原因及对策分析》,《财会通讯》2010 年第 7 期(中)。

[34] 唐艳:《我国知识产权评估中存在的问题及对策》,《财会研究》2012 年第 5 期。

[35] 刘慧琳、王成勇:《知识产权价值评估分析——以云南白药企业为例》,《现代商贸工业》2014 年第 13 期。

[36] 李红梅、万君康:《计算机软件的价值评估》,《知识产权》2000 年第 3 期。

[37] 李正伟:《浅谈收益法在无形资产评估中的应用》,《财会通讯》2013 年第 1 期(中)。

[38] 白福萍、郭景先:《知识产权评估背景因素与评估方法的选择》,《财会月刊》2012 年第 12 期下旬。

[39] 杨雄文:《知识产权评估基础理论解析》,《知识产权》2010 年第 1 期。

[40] 周林彬、冯曦:《我国无形资产出资立法的反思与完善——无形资产出资的法与经济学分析》,《法商研究》2004 年第 1 期。

[41] 张兰芳、蒋静茹:《知识产权出资的风险及防范》,《石家庄铁道大学学报(社会科学版)》2014 年第 3 期。

[42] 孙昌兴、于运杰:《知识产权出资缩水时的股东责任》,《技术经济与管理研究》2008 年第 4 期。

[43] 李逸竹:《技术性知识产权出资评估之现有机制与完善——以宁波 GQY 评估报告为基础》,《江汉学术》2014 年第 2 期。

[44] 郑克中:《客观效用价值论》,山东人民出版社 2003 年版。

[45] 赵旭东:《公司法学》(第四版),高等教育出版社 2015 年版。

[46] 姜楠:《无形资产评估》,中国财政经济出版社 2015 年版。

[47] 唐春:《基于国际专利制度的同族专利研究》,《情报杂志》2012 年第 6 期。

[48] 吕晓蓉:《专利价值评估指标体系与专利技术质量评价实证研究》,《科技进步与对策》2014 年第 20 期。

[49] 郑成思:《知识产权价值评估中的法律问题》,法律出版社 1999 年版。

[50] 刘燕:《公司法资本制度改革的逻辑与路径——基于商业实践视角的观察》,《法学研究》2014 年第 5 期。

[51] 高旭军:《知识产权入股法律问题研究》,《美中法律评论》2005

年第 11 期。

[52] 朱雪忠、郭威:《企业知识产权出资问题研究》,《商丘师范学院学报》2008 年第 1 期。

[53] 申屠晓娟:《基于公司法人财产制度的知识产权出资权利形态分析》,《浙江学刊》2012 年第 2 期。

[54] 邓峰:《资本约束制度的进化和机制设计——以中美公司法的比较为核心》,《中国法学》2009 年第 1 期。

[55] 赵旭东:《资本制度变革下的资本法律责任——公司法修改的理性解读》,《法学研究》2014 年第 5 期。

[56] 林晓镍:《股东利益的冲突与衡平——探寻股东关系的基本原则》,《法学评论》2001 年第 1 期。

[57] 施天涛:《公司法论》,法律出版社 2006 年版。

[58] 王保树主编:《公司收购:法律与实践》,社会科学文献出版社 2005 年版。

[59] 刘凯:《控制股东的信义义务及违信责任》,《政法论坛》2009 年第 2 期。

[60] 胡鸿高、胡伟:《控制股东信义义务的法理检视》,《云南大学学报(法学版)》2010 年第 6 期。

[61] 胡晓静、杨代雄译:《德国商事公司法》,法律出版社 2014 年版。

[62] 林少伟:《英国现代公司法》,中国法制出版社 2015 年版。

[63] 葛伟军:《英国公司法要义》,法制出版社 2014 年版。

[64] 苗壮:《美国公司法:制度与判例》,法律出版社 2007 年版。

[65] 胡光志、杨署东:《信义义务下的美国小股东保护制度及其借鉴》,《法律科学(西北政法大学学报)》2008 年第 6 期。

[66] 刘建功:《〈公司法〉第 20 条的适用空间》,《法律适用》2008 年第 1、2 期。

[67] 王东光:《隐形现物出资规制比较研究》,《清华法学》2010 年第 4 期。

[68] 冷铁勋:《澳门公司法论》,社会科学文献出版社 2012 年版。

[69] 程春华:《举证责任分配、举证责任倒置与举证责任转移——以民事诉讼为考察范围》,《现代法学》2008 年第 2 期。

[70] 高旭军:《论德国公司法中禁止隐性实物出资问题》,《南开学报》2001 年第 2 期。

[71] 薄燕娜:《股东出资形式法律制度研究》,中国政法大学 2004 年博士学位论文。

[72] 叶敏:《公司控制人的法律分析》,中国政法大学出版社 2015 年版。

[73] 石少侠主编:《公司法教程》,中国政法大学出版社 2002 年版。

[74] 冯果:《公司法》(第 2 版),武汉大学出版社 2007 年版。

[75] 杨延超:《知识产权资本化》,法律出版社 2008 年版。

[76] 刘春霖:《知识产权资本化研究》,法律出版社 2010 年版。

[77] 金玄武:《公司现物出资制度研究》,山东大学出版社 2011 年版。

[78] 王虎、李长健:《专利权出资客体法律探微》,《理论月刊》2005 年第 10 期。

[79] 张文德:《知识产权运用》,知识产权出版社 2015 年版。

[80] 李玉香:《现代企业知识产权类无形资产法律问题》,法律出版社 2002 年版。

[81] 赵玲:《企业知识产权出资问题研究》,《科技与法律》2009 年第 3 期。

[82] 刘远山,余秀宝,蔡清明:《我国专利权投资入股论要——以〈公司法〉的规定为视角》,《海南师范大学学报(社会科学版)》2011 年第 2 期。

[83] 马俊驹、余延满:《民法原论》(第 4 版),法律出版社 2010 年版。

[84] 王利明:《合同法分则研究》(上卷),中国人民大学出版社 2012 年版。

[85] 李友根:《人力资本出资问题研究》,中国人民大学出版社 2004 年版。

[86] 刘俊海:《现代公司法》(第二版),法律出版社 2011 年版。

[87] 徐来:《论实际控制人控制的本质》,《金融与经济》2012 年第 4 期。

[88] 叶敏:《公司控制人的法律分析》,中国政法大学出版社 2015

年版。

[89] 汪世虎、杨淦:《实际控制人信义义务的法律机制构建》,《深圳大学学报(人文社会科学版)》2015 年第 5 期。

[90] 赵志刚:《公司集团基本法律问题研究》,北京大学出版社 2006 年版。

[91] 冯晓青:《知识产权法》,中国政法大学出版社 2008 年版。

[92] 赵海燕:《合作作品判断标准辨析及权属和行使探讨》,《西部法学评论》2015 年第 1 期。

[93] 张冬梅:《著作权重复移转纠纷案件审理中的疑难问题》,《人民司法》2009 年第 9 期。

[94] 张乃根:《法经济学:经济学视野里的法律现象》,上海人民出版社 2014 年版。

[95] 黄玉烨、罗施福:《论我国著作权转让登记公示制度的构建——从著作权的"一女多嫁"谈起》,《法律科学》2005 年第 5 期。

[96] 苏平:《知识产权登记法律效力比较与借鉴》,《知识产权》2011 年第 8 期。

[97] 唐艳、苏平:《论著作权转让与登记制度型构——兼论对民法物权理论的借鉴与扬弃》,《徐州师范大学学报(哲学社会科学版)》2012 年第 6 期。

[98] 索来军:《著作权登记制度概论》,人民法院出版社 2015 年版。

[99] 杨红军:《版权许可制度论》,知识产权出版社 2013 年版。

[100] 何焕锋:《著作权公示制度探析》,《山东社会科学》2009 年第 11 期。

[101] 许辉猛:《著作权基本权利》,知识产权出版社 2011 年版。

[102] 杜颖、张启晨译:《美国著作权法》,知识产权出版社 2013 年版。

[103] 李扬译:《日本著作权法》,知识产权出版社 2011 年版。

[104] 李明德:《美国知识产权法》(第二版),法律出版社 2014 年版。

[105]《十二国著作权法》翻译组译:《十二国著作权法》,清华大学出版社 2011 年版。

[106] 范长军译:《德国著作权法》,知识产权出版社 2013 年版。

［107］林华:《著作权转移规则研究》中国社会科学院2012年博士学位论文。

［108］陈奇伟、张海宝:《我国软件著作权出资制度的缺陷与重构》,《南昌大学学报(人文社会科学版)》2013年第6期。

［109］郑成思:《版权法》(修订本),中国人民大学出版社1997年版。

［110］胡立峰:《论著作权法中作者的收回权》,《广东商学院学报》2008年第3期。

［111］李明发,宋世俊:《著作人身权转让质疑》,《安徽大学学报(哲学社会科学版)》2003年第5期。

［112］张俊浩:《民法学原理》(修订第三版),中国政法大学出版社2000年版。

［113］何炼红:《著作人身权转让之合理性研究》,《法商研究》2001年第3期。

［114］韦之:《知识产权论》,知识产权出版社2002年版。

［115］张少峰:《试析著作人身权与委托作品的著作权归属》,《学术论坛》2005年第7期。

［116］李莉:《论著作人身权的双重性》,《中国法学》2006年第3期。

［117］余秀宝:《著作人身权转让及其本土化构建研究——基于新媒体技术背景下的讨论》,《汕头大学学报(人文社会科学版)》2014年第6期。

［118］谭启平、蒋拯:《论著作人身权的可转让性》,《现代法学》2002年第2期。

［119］陈健:《知识产权权利制度研究》,中国政法大学出版社2015年版。

［120］郑成思:《知识产权法》,法律出版社2003年版。

［121］张玲、王果:《论专利使用权出资的制度构建》,《知识产权》2015年第11期。

［122］陆飞:《专利申请权的基本特性与转让合同的标的》,《知识产权》1991年第3期。

［123］骆增进:《两岸知识产权出资规定的比较研究》,武汉大学

2014年博士学位论文。

[124] 曾旻辉、郑友德:《从“黑天鹅商标案”看商标权非法转让救济方式的缺失》,《知识产权》2013年第2期。

[125] 戴涛、杨林:《分割转让近似商标的合同效力探析》,《江苏警官学院学报》2012年第4期。

[126] 孙国臻:《近似注册商标分开转让合同纠纷裁判及其价值选择》,《人民司法》2014年第21期。

[127] 曲天明:《注册商标转让合同效力与商标权属变动的关系研究》,《青岛科技大学学报(社会科学版)》2011年第4期。

[128] 张体锐:《商标法上混淆可能性研究》,知识产权出版社2014年版。

[129] 李雨峰、倪朱亮:《寻求公平与秩序:商标法上的共存制度研究》,《知识产权》2012年第6期。

[130] 苏华、杨理可:《“理性经济人”假设的合理性新探》,《河南师范大学学报(哲学社会科学版)》2011年第4期。

[131] 宁立志:《知识产权权利限制的法经济学分析》,《法学杂志》2011年第12期。

[132] 戴哲:《论商标共存协议的效力认定——美国法的司法实践与借鉴》,《重庆工商大学学报(社会科学版)》2014年第2期。

[133] 刘燕:《论注册商标转让的限制》,《吉林大学社会科学学报》2013年第5期。

[134] 陈武:《论近似商标共存制度》,《知识产权》2008年第3期。

[135] 程啸:《侵权行为法总论》,中国人民大学出版社2007年版。

[136] 李扬:《专利权无效后实施费等可否作为不当得利处理》,《知识产权》2010年第3期。

[137] 戴蕾:《论专利无效后相关费用的定性——以专利法第47条为视角》,《吉林工程技术师范学院学报》2014年第4期。

[138] 曹伟:《专利确权及无效诉讼制度研究》,法律出版社2015年版。

[139] 董美根:《知识产权许可研究》,法律出版社2013年版。

[140] 徐理智:《专利无效补偿机制之探讨》,《知识产权》2012年第6期。

［141］孙健:《浅议专利权滥用》,《长江大学学报(社会科学版)》2012 年第 6 期。

［142］王晓君、刘铁光:《论专利无效宣告的追溯力——认真对待知识产权的特殊性》,《社会科学战线》2013 年第 12 期。

［143］黄辉:《现代公司法比较研究——国际经验及对中国的启示》,清华大学出版社 2011 年版。

［144］杨淦:《公司董事义务法律体系构建:域外经验与中国实践》,《商业研究》2014 年第 5 期。

［145］王军:《公司经营者忠实和勤勉义务诉讼研究——以 14 省、直辖市的 137 件判决书为样本》,《北方法学》2011 年第 4 期。

［146］赵旭东:《上市公司董事责任与处罚》,中国法制出版社 2004 年版。

［147］白江:《公司治理前沿法律问题研究》,法律出版社 2015 年版。

［148］李强:《董事注意义务研究》,武汉大学 2009 年博士学位论文。

［149］美国法律研究院通过并颁布,楼建波等译:《公司治理原则:分析与建议》(中译本),法律出版社 2006 年版。

［150］丁丁:《商业判断规则研究》,吉林人民出版社 2004 年版。

［151］朱羿锟:《董事问责标准的重构》,北京大学出版社 2011 年版。

［152］曾德国:《知识产权管理》,知识产权出版社 2012 年版。

［153］安雪梅:《知识产权管理》,法律出版社 2015 年版。

［154］［日］田山辉明:《日本侵权行为法》,顾祝轩、丁相顺译,北京大学出版社 2011 年版。

［155］［日］佐藤孝弘:《中国公司治理法律制度的形成与价值》,中国法制出版社 2012 年版。

［156］志村治美:《现物出资研究》,于敏译,法律出版社 2001 年版。

［157］［日］前田庸:《公司法入门》(第 12 版),王作全译,北京大学出版社 2012 年版。

［158］［美］E.博登海默:《法理学——法哲学及其方法》,邓正来等译,华夏出版社 1987 年版。

［159］［日］近藤光男:《最新日本公司法》,梁爽译,法律出版社2016年版。

［160］［美］罗伯特·W.汉密尔顿:《美国公司法》(第5版),齐东祥译,法律出版社2008年版。

［161］［韩］李哲松:《韩国公司法》,吴日焕译,中国政法大学出版社2000年版。

［162］［日］志村治美:《现物出资研究》,于敏译,王保树审校,法律出版社2001年版。

［163］［西］德利娅·利浦西克:《著作权与邻接权》,中国对外翻译出版公司和联合国教科文卫组织2000年版。

［164］［澳］彼得·凯恩:《侵权法剖析》,汪志刚译,北京大学出版社2010年版。

［165］［日］山本为三郎:《日本公司法精解》,朱大明等译,法律出版社2015年版。

［166］［德］托马斯·莱塞尔,吕迪格·法伊尔:《德国资合公司法》,高旭军等译,法律出版社2004年版。

［167］［日］落合诚一:《公司法概论》,西村朝日律师事务所西村高等法务研究所监译,法律出版社2011年版。

［168］［日］田村善之:《日本知识产权法》(第4版),周超等译,知识产权出版2011年版。

［169］［荷］J.施皮尔主编:《侵权法的统一:因果关系》,易继明译,法律出版社2009年版。

图书在版编目(CIP)数据

知识产权出资风险的法律规制研究/王娟著.—上海:上海人民出版社,2018
(上海法学文库)
ISBN 978-7-208-15211-3

Ⅰ.①知… Ⅱ.①王… Ⅲ.①知识产权法-风险管理-研究 Ⅳ.①D913.04

中国版本图书馆 CIP 数据核字(2018)第 107906 号

责任编辑 秦 堃 史尚华
封面设计 王斯佳

上海法学文库
知识产权出资风险的法律规制研究
王 娟 著

出 版 上海人民出版社
(200001 上海福建中路 193 号)
发 行 上海人民出版社发行中心
印 刷 常熟市新骅印刷有限公司
开 本 720×1000 1/16
印 张 12.75
插 页 2
字 数 200,000
版 次 2018 年 8 月第 1 版
印 次 2018 年 8 月第 1 次印刷
ISBN 978-7-208-15211-3/D·3227
定 价 45.00 元